LOS VECINOS
DEL NORTE

DAVID ELLSWORTH

and

MARGARITA MILLAN COLLADO

LOS VECINOS DEL NORTE
Copyright © 2014 by David Ellsworth

ISBN (9781505642544)

TABLE OF CONTENTS

INTRODUCCIÓN

La perspectiva es lo que separa la historia de la opinión, recuentos patrióticos de crudas realidades. Los historiadores no negarían que los libros de texto usados para enseñar la historia nacional, están típicamente prejuiciados y sujetados a inserciones y omisiones que eventualmente crean la imagen que uno tiene de su tierra nativa. En los Estados Unidos no es diferente. La nobleza atribuida a los padres fundadores, difícilmente representa lo que ellos realmente fueron. El presidente que procreó seis hijos con una de sus esclavas negras, es difícilmente la imagen representativa que se encuentra en los textos del salón de clases. Es raramente publicado el hecho de que Dolly Madison y sus hermanas que vivían en la Casa Blanca fue una chica a la que le gustaban las fiestas. Ellas sabían cómo vivir bien. Es un hecho que uno de los miembros del gabinete de James Madison, le dijo una vez: "Sé que no quieres oír esto, pero tu esposa ha convertido a la Casa Blanca en un burdel." (1) Por supuesto, nada se escribió acerca de las intrigas y conspiraciones elaboradas en la Oficina Oval porque generalmente permanecieron ocultos. A los ojos del ciudadano común, esos asuntos clandestinos no son indispensables para la defensa nacional, o el bienestar general, pero para las víctimas de esos asuntos secretos, la historia se convierte en algo diferente. Lo que los ciudadanos de la naciente América llamaron "Destino Manifiesto", representó para los nativos americanos un genocidio. Lo que para la prensa americana fue llamado espionaje después de la explosión a bordo del USS Maine, para los cubanos fue una conspiración y en la actualidad muchos historiadores están de acuerdo con ellos.

Henry Kissinger justificó la instrucción estadounidense en los asuntos de Chile con, "No sé por qué necesitamos quedarnos parados a observar a un país yendo hacia el comunismo por la irresponsabilidad de su propio pueblo." Por lo tanto El Secretario de Estado estuvo declarando que los Estados Unidos tenían el "derecho" de intervenir en los procesos democráticos de otra nación. Se temió que Salvador Allende guardaría su promesa si resultaba electo, nacionalizara las más grandes industrias y proveyera al pueblo con un distribución más equitativa de la riqueza nacional chilena.

En los meses que siguieron, los Estados Unidos gastaron más dinero para derrocar a Salvador Allende, que Lindon B. Johnson y Barry Goldwater gastaron juntos en las elecciones nacionales de ese año. Pero no funcionó, Allende ganó y la intriga se incrementó. En pocos meses, la CIA organizó un Golpe y finalmente Allende fue asesinado y un hombre elegido por los Estados Unidos fue puesto en la presidencia. Augusto Pinochet se convirtió en el líder de Chile y en los años que siguieron fue responsable de tres mil muertes y decenas de miles de arrestos, torturas y desapariciones. Los Estados Unidos llamaron a esto, protección de sus intereses, pero el pueblo de Chile llamó a esto, la etapa más oscura de la historia nacional.

Como ciudadanos estamos entrenados desde pequeños a pensar de cierta forma acerca de nuestra nación. Nosotros esperamos ser patriotas y leales, y creemos que el carácter nacional representa toda la nobleza de la especie humana. El adoctrinamiento siempre disfraza la verdad y es la verdadera cosa de la que dependen los conspiradores, para hacer ver a la opinión pública, sus acciones justificadas.

Este es el recuento de cómo los Estados Unidos son vistos por los ciudadanos de México; la larga crónica de abusos y decepciones fluyen a través de estas páginas con cada esfuerzo, fueron hechas para apoyar cada relato con referencias bibliográficas.

De hecho es perturbador ver a aquellos como Lou Dobbs, mentir abiertamente al público, reclamando que los libros de texto en México, enseñan a los niños el concepto de "reconquista". Nada podría estar más lejos de la verdad, en lugar de ser retados por su inclinación a presentar información fraudulenta, Dobbs continúa su violencia contra México y su pueblo. Sus reclamos son tan absurdos que él sugirió: "Hay varios ciudadanos mexicanos y varios mexicanos-americanos, que quieren ver California, Nuevo Mexico y otras partes del sudoeste de los Estados Unidos cedidos a México. Estos grupos llaman a esto la "reconquista" y ellos opinan que los millones de mexicanos ilegales, en particular, los que entran a los Estados Unidos como un ejército potencial de invasores que toman el poder" (2) Nunca es suficientemente responsable de proveer referencias y evidencias y ciertamente sus desinformaciones son creídas por algunos. Aunque para los mexicanos, las acusaciones infundadas son condenadas, viniendo de alguien sin credenciales, sin certificación para exponer opiniones dañinas sobre los medios radiofónicos.

Si buscamos ser verdaderamente precisos, entonces debemos reconocer la posición del pueblo mexicano en su entendimiento del pasado. Esto es un conflicto con muchas de las historias dichas al norte de la frontera, que encuentran esencia en los records públicos y en los escritos de los historiadores. Entre las cosas más estimadas que los mexicanos tienen, esta la hazaña de sus queridos Niños Héroes, seis defensores de Chapultepec que murieron en sus puestos. Al final del Siglo XX, muchos escritores, eligieron parafrasear los comentarios del Brigadier mexicano, General Alfonso Chávez Marín, y mantener que los Niños Héroes no fueron tan heroicos después de todo; fueron usando drogas antes de la Batalla. La afirmación parece ser un intento de humillación al pueblo de México y debilitar sus culminantes horas.

México ha padecido mucho en manos del Gobierno de los Estados Unidos. Un ejemplo es la pérdida de más del 50% de su territorio, como resultado de una conspiración que tuvo forma en la Casa Blanca. Trabajadores del Programa Bracero, encontraron señales en la ventana del restaurant San Antonio, "No se permiten perros o mexicanos." El *USA Today* reportó: "El Gobierno de Estados Unidos castigó a México, por abusos a los derechos humanos en su guerra contra las drogas y cárteles, cortando $26 millones de una entrada de ayuda por $175 millones, demandando que los soldados mexicanos deben ser juzgados en cortes civiles." Para los mexicanos, el cuestionamiento más obvio fue, ¿con qué derecho podrían los Estados Unidos "castigar" a cualquier nación por abusos contra los derechos humanos?, ¿No estuvieron los Estados Unidos torturando prisioneros en Guantánamo?, ¿No está México luchando una guerra contra las drogas, que los Estados Unidos perdió hace décadas?, ¿No están los mexicanos muriendo por el mercado de drogas de los Estados Unidos?

Esta perspectiva y este escrito trata gráficamente con el punto de vista conocido al sur de la frontera. Nada de lo que está escrito aquí fue concebido para ofender, pero incluso las ofensas están sujetas a la perspectiva.

EL VECINO INVASOR

Los libros de texto de la moderna escuela primaria en México, explican la Invasión Norteamericana de 1847 con una simpleza increíble. El hecho de que México perdió el 55% de su territorio como resultado de ese conflicto, no puede ser negado. La pérdida de esas tierras es descrita con la misma simpleza, solamente se menciona que el Presidente Santa Anna vendió ese territorio al precio de quince millones de dólares. La implicación de esta historia es que las negociaciones que tuvieron lugar entre ambas naciones fue el acuerdo de que México cedió el territorio del norte por ese precio; nada podría estar más lejos de la verdad. Aún la mayoría de los mexicanos creen que ese territorio fue vendido y que parte de la razón para venderlos fue la gran deuda que México tenía con Estados Unidos de Norteamérica.

Qué los niños no son enseñados sobre esta creencia común que poseyó el pueblo americano de que ellos tienen el derecho divino de expandir su nación a cualquier costo.

A los niños no se les ha enseñado que los 3.5 millones de dólares reclamados por Estados Unidos a México representaban una compensación por las pérdidas de las posesiones e inversiones norteamericanas durante la Guerra de Independencia (1810-1821). Los gringos que vivían en México durante ese tiempo sufrieron pérdidas en sus intereses y negocios, por lo que reclamaban un pago por esas pérdidas; ellos creyeron que fue justo que el gobierno de México reembolsara sus pérdidas, pero no tuvieron el mismo sentimiento de justicia veinticinco años después cuando el gobierno de Estados Unidos le pagó a México cinco centavos por cada hectárea que ellos robaron en la frontera norte.

Desde tempranos días, cuando los colonizadores llegaron a tierra en Nueva Inglaterra, trajeron con ellos la creencia de que fueron gratificados y que Dios les prescribió ese destino a ellos. Ellos no fueron simplemente un pueblo migrante en nuevas tierras, ellos fueron enviados ahí por su creador y estuvieron complacidos con el designo del Señor.

Fue un pueblo que había aceptado la religión Protestante, ofensiva par una nación donde la mayoría de sus ciudadanos pertenecían a la Iglesia de Inglaterra. La Reyna Elizabeth – hermana y sucesora de la Reyna Católica (Sangrienta) Mary (María), había determinado establecer la Iglesia de Inglaterra como la única Iglesia. Mientras la Reyna Mary, había procesado protestantes en el pasado, el gobierno ahora castigaba a aquellos que rehusaban formar parte de la Iglesia de Inglaterra. Fue formada la idea de ir al Nuevo Mundo, para eso se requirió del permiso del Rey. Para este tiempo la Reyna Elizabeth había muerto y el Rey James estaba en el trono. El nuevo rey fue muy diferente a las reinas anteriores a él; persiguió a todos, Protestantes, Católicos y Separatistas; todo aquel que no conformó ni obedeció a la autoridad de la Iglesia de Inglaterra. Uno de los grupos que se rehusaron a conformar y abandonaron las creencias de la Iglesia Protestante fue conocido como Los Puritanos. El nombre les fue proporcionado por la creencia de que ellos fueron un pueblo puro y noble. El Rey James estuvo particularmente enojado con los Puritanos por su terquedad, resistencia y su primer proclama: "Haré que se conformen, o los exiliaré de este territorio, o les haré algo peor".

A los intransigentes puritanos se les llamó también Separatistas ya que rehusaron participar en la Iglesia de Inglaterra (en la actualidad ocasionalmente se le llama Iglesia Anglicana) porque continuó usando parte de los rituales y tradiciones del catolicismo. Ellos alegaron que su única lealtad fue con Jesús y no a la jerarquía de la Iglesia de Inglaterra o al mismo Rey. Como primer punto, ellos pidieron permiso para formar su Iglesia y el Rey James de inmediato les negó esa petición.

Obviamente la vida fue difícil para los Puritanos en Inglaterra, fueron ridiculizados por sus vecinos y muchas veces llevados a la corte por ser tan obstinados. Finalmente un grupo de Separatistas viviendo cerca de la Villa de la Congregación Scrooby al este de Retford, Notthinghamshire tomó la decisión de ir a Holanda, esto fue anotado en su crónica. Con la situación creciendo de manera más intensa, la Congregación Scrooby se dio cuenta de que no podían quedarse, además no les permitieron irse. Ellos fueron literalmente prisioneros en su propia tierra; sin pasaportes no permisos del Consejo Privado del Rey, ellos no pudieron irse.

En 1607, los separatistas pensaron que habían encontrado una solución. Se hizo un acuerdo con el capitán de un barco que los llevaría a Holanda por una cuantiosa suma de dinero. Una vez que ellos estuvieron a bordo del barco y habiendo pagado el costo, los Separatistas fueron rápidamente arrestados por el Sheriff del Rey y sus hombres. Traicionados por el capitán del barco, tenían todas sus posesiones confiscadas y fueron llevados con el magistrado; muchos de ellos pasaron un tiempo en la cárcel.

Fue en el año 1607 que la Colonia de Jametown fue establecida en el área que se conocería como Virginia.

La siguiente primavera, los Separatistas intentaron otro escape de Inglaterra; este intento fue más trágico que el primero. William Bradford, que más tarde se convirtió en el Gobernador de Virginia escribió acerca de su experiencia que incluye ese desastroso evento. "mientras carga su barco y espera que las mujeres y los niños aborden "El Capitán vio a una grande compañía de oficiales del Rey, marchaban a pie y a caballo, con armas para llevarlos a la costa; la pesada ancla alemana y las velas se elevaron y partió a velocidad; los pobres hombres que iban a bordo estaban angustiados por la falta de sus mujeres e hijos que ellos vieron fueron tomados en custodia...

"Ya en el mar, los hombres enfrentaron una tremenda tormenta, "eran 14 días o más antes de que arribaran a su puerto, en siete, en fe de lo cual ellos tampoco vieron el sol, la luna o las estrellas." El barco estaba al norte hacia la costa de Noruega, comenzaron a hundirse e "Incluso los marineros temían por su vida" (1)

Como creyentes devotos, los hombres no tuvieron otro recurso que tratar de encontrar su salvación en la oración. Bradford describe esto como, "Cuando la esperanza del hombre y la ayuda total falla, el poder y la misericordia del Señor aparece en su recuperación; el barco se detuvo otra vez y les dio a los marineros el coraje para dirigirlo. Y si el recato me lo permitiera, podría manifestar con cuanto fervor estor oradores gritaban al Señor por esta gran aflicción... tras el susurro, el barco, no sólo se recuperó, de a poco, después de que la violenta tormenta comenzó a abatirse y el Señor llenó sus mentes afligidas con suficiente consuelo, que cada uno de ellos no pudo entender, al final los llevó a su deseado paraíso, donde la gente vino a estar segura, admirando su salvación; habiendo sido tan larga y dolorosa la tormenta..."(2)

La gente abandonada en las costas de Inglaterra fue arrestada y llevada de un lugar a otro, parecía que nadie sabía qué hacer. Las autoridades supieron que si ponían a docenas de mujeres y niños en la cárcel sólo porque ellos querían estar con sus esposos y padres, el pueblo estaría enojado. El problema se convirtió en algo peor porque las mujeres ya no tenían una casa ya que habían vendido todo preparándose para el viaje; no tenían dinero ni tampoco la manera de ganarlo. Las autoridades comenzaron a pensar que hubiera sido mejor que todos los Puritanos hubieran dejado Inglaterra para siempre.

Bradford narra el final felíz con, "Ellos sobrevivieron muchos otros pasajes y problemas, experimentaron estas advertencias y viajes por tierra y por mar; además por esos problemas tan conocidos en tantos lugares, su causa se volvió famosa y un acontecimiento muy visto como propio. Su carruaje religioso y su conducta cristiana dejó una profunda impresión en las mentes de muchos ... y al final sin embargo todas estas tormentas de oposición, todos ellos consiguieron un tramo, unos en un tiempo, otros en otro, algunos en un lugar, otros en otro lugar, y se encontraron juntos nuevamente, de acuerdo a sus deseos, no con poco regocijo."(4)

La vida en Holanda fue mejor, pero no sin dificultades; muchos de los hombres habían sido granjeros, pero en Holanda, ellos no tenían tierras y tuvieron que aprender nuevas formas de ganar dinero para sostener a sus familias. Los hijos de estas familias se vieron forzados a buscar trabajo para ayudar a sus familias a sobrevivir. Por doce años vivieron en una tierra extraña rodeados de una cultura y una lengua diferente; observaron a sus hijos a adaptarse completamente y fueron más holandeses que ingleses.

Formaron un santuario en Holanda, pero no se sintieron seguros de la persecución del Rey James. Muchos estaban todavía aquejados por las humillaciones y tratos y se recuerda que uno de los líderes Separatistas, William Brewster tuvo que esconderse. Edward Winslow escribió, "Qué difícil fue la patria, que doloroso vivir bajo la protección del Estado de Inglaterra; cómo fuimos a perder nuestra lengua y nuestro nombre de ingleses; que poco bien hicimos o es probable hacer con holandeses reformando el Sabbath. Somos incapaces de dar a nuestros hijos la educación que nosotros recibimos... (5)

Los Puritanos comenzaron a planear su viaje al Nuevo Mundo. William Bradford manifestó que una de las principales razones para tomar esta decisión fue que sus hijos se estuvieran alejando (de Cristo) con ejemplos malvados con rumbos extravagantes y peligrosos." La segunda razón otorgada por Bradford fue "...una gran esperanza de entusiasmo reflexivo que tuvieron fue el de establecer una buena fundación, o de alguna forma tener acceso a ésta; esparciendo y promoviendo el evangelio del Reino de Cristo en aquellas remotas partes del mundo, sin duda, aunque ellos debieron alcanzar escaños hacia otros con la magnífica presentación de su trabajo." (6)

En julio 22 de 1620, los Puritanos de Scrooby abandonaron Holanda y navegaron hacia Southhampton, Inglaterra, donde había otro grupo de Separatistas esperando para acompañarlos en el viaje hacia el Nuevo Mundo; trece días después, el barco Mayflower dejó Southhampton con 80 pasajeros y el Speedwell los siguió con 40 pasajeros. Poco tiempo después, como siempre comenzó a filtrar agua y ambos barcos regresaron a Inglaterra para ser reparados. Una vez en puerto, rápido se determinó que el Speedwell no estaba en buenas condiciones para hacer el viaje.

En septiembre 6 el Mayflower dejó el puerto con 106 pasajeros y 30 miembros de la tripulación. La nave era una vieja embarcación que había sido usada para transportar vino entre Francia e Inglaterra y tenía solamente 28 metros de largo. Los pasajeros fueron muy amontonados y el viaje tan largo experimentó tormentas y a un mar muy copioso. Hubo enfermedades y escasez de comida a bordo.

En el día 66 de este viaje, ellos llegaron a Nueva Inglaterra, muy al norte de donde supuestamente deberían estar. El permiso del Rey les daba derecho de establecerse en Virginia, pero ellos estuvieron en el área que más tarde sería Massachusetts. Sin embargo ellos pisaron nuevamente tierra y Bradford dijo "...arrodíllense y bendigan al Dios del cielo que los trajo sobre el vasto y furioso océano." (7)

Por más de un mes ellos permanecieron en el área de la bahía donde el barco fue anclado. El hecho de que ellos no arriaron en Virginia como planearon trajo problemas entre los nuevos colonos. De los 102 pasajeros, 52 eran Puritanos, los otros 50 fueron aventureros y exploradores quienes pensaron que vendrían a la nueva tierra, tomarían de ésta sus riquezas y regresarían a Inglaterra. En ese entonces muchos estuvieron diciendo que desde que ellos no estuvieron en Virginia, donde tenían permiso de estar; no habría ataduras hacia el acuerdo, para enviar pieles o riquezas de regreso a Inglaterra. Para resolver el problema fue escrito para establecer una nueva forma de gobierno.

"En el nombre de Dios, Amén. Nosotros cuyos nombres son suscritos, Los Fieles Sujetos de nuestro Temeroso y Soberano Señor, Rey James por la gracia de Dios, de Inglaterra, Francia e Irlanda, defensor de la Fe, y habiendo asumido por la gloria de Dios, un progreso de la Fe Cristiana, y el honor de nuestro rey y país, un viaje para establecer la primera Colonia al norte de Virginia; hacer a través de un pacto solemne y mutuo en la presencia de Dios y siendo conveniente para unos y otros asociarse en un cuerpo político civil, a favor de nuestra mejor preservación y orden, para el fomento de los susodicho final; y por virtud del presente promulgar, constituir y enmarcar leyes justas e igualitarias, ordenanzas, actos, constituciones y oficinas de vez en cuando como serán pensados los más de los encuentros y conveniente para el bien general de la Colonia; por lo cual prometemos sumisión y obediencia. Como testigos de lo que tenemos, suscribimos a la presente nuestros nombres en Cape Cod, el once de noviembre, en el reino de

nuestro soberano señor, Rey James de Inglaterra, Francia e Irlanda, el XVIII y Rey de Escocia, el XXIV. Anno Domini, 1620." (8)

Era el invierno y los pasajeros no habían construido sus hogares, tampoco tenían provisiones para formar una colonia. El capitán del Mayflower quiso regresar a Inglaterra y estuvo tratando de abandonarlos en ese terreno hostil. Un grupo de 16 hombres dejaron el bote y fueron a tierra en busca de un lugar para su asentamiento; para su sorpresa encontraron campos que habían sido preparados para la siembra y provisiones de maíz enterradas; tomaron el maíz y regresaron al barco con la noticia de que obviamente había indios en el área. Diez días después el Mayflower navegó hacia el puerto cercano y el resto de los pasajeros fueron hacia la orilla.

Si los Puritanos fueron convencidos de que habían llegado al Nuevo Mundo para satisfacer la voluntad de Dios, ellos fueron a aprender que él no fue misericordioso como ellos esperaban. Poco después de que llegaron a tierra, 51 de los 102, colonos murieron. Duras realidades comenzaron a suceder sobre las mentes puritanas. El sueño de propagar el evangelio a través del Nuevo Mundo se destiñó con el tormento de la hambruna. La idea de que Dios estuvo siempre guiándolos y haciéndolos superiores a todos los hombres y a la naturaleza se convirtió en una idea poco certera.

Que los Puritanos no supieron en aquel tiempo fue que ellos habían descubierto un pueblo abandonado por los indios de esa área. Tres años antes de su llegada, pescadores de Inglaterra y Francia vinieron a Nueva Inglaterra y trajeron con ellos las enfermedades que los indios no pudieron resistir. Para el tiempo en que llegaron de los Puritanos el 95 por ciento de los nativos de Nueva Inglaterra, habían muerto; los pocos que sobrevivieron, no podrían permanecer por la gran cantidad de cuerpos de los fallecidos y abandonaron el lugar.

No cabe duda de que los Puritanos sufrieron y estuvieron hambrientos pero la verdad es que encontraron casas y almacenes de maíz, todo eso abandonado por los indios que huyeron tratando de evitar las enfermedades.

Ellos asumieron por supuesto que Dios los había bendecido con esos descubrimientos y John Winthrop, gobernador de la Colonia Bahía de Massachusetts llamó a las enfermedades que habían matado a muchos miles de indios "Milagros".

El hecho fue que en lugar de enfrentarse con los belicosos indios, como muchos libros de texto falsamente proclaman, los colonizadores no tuvieron ninguna oposición por los primeros cincuenta años de sus vidas en el Nuevo Mundo. Lo que estuvo pasando en Nueva Inglaterra fue una copia de los acontecimientos que tuvieron lugar en México. La peste se movilizó al frente de los conquistadores y los indios murieron en considerables cantidades. Las condiciones aluden a cuando los españoles marcharon hacia Tenochtitlan y hubo muchos cuerpos sobre los cuales tuvieron que pasar. Los recuerdos de lo que el hombre blanco había traído estalló y no tuvieron otra opción, más que verlos como enemigos.

Si los Puritanos hubieran sabido que estaba pasando en Virginia, ellos habrían tenido toda clase de razones para creer que fueron el pueblo favorito de Dios. El Mayflower había fallado en llevarlos a la Colonia de Jamestown, Virginia como habían planeado. Los colonos en Jamestown particularmente no fueron preparados para vivir en el Nuevo Mundo, no cosechaban, cazaban o pescaban, pero esperaban por barcos con provisiones de Inglaterra. Cuando los bienes eran traídos por barcos se agotaban y entonces dependían del intercambio por comida con los indios. Hubo algunos intentos de cosechar, pero la falta de lluvia causó sequía en el campo. El Río James estuvo limpio la mitad del año y beber el agua lodosa causó enfermedades.

En el invierno de 1609 consideraron ya suficiente la intrusión del hombre blanco, rehusaron intercambiar con ellos y asediaron a la Colonia por entero. Los colonos se quedaron sin comida y no podían salir del asentamiento a cazar o a pescar. De los 500 ciudadanos de Jamestown sólo sesenta sobrevivieron y esto fue porque abrieron las tumbas y practicaron canibalismo; en años posteriores la situación todavía fue difícil, incluso algunos de ellos se ofrecieron a trabajar como sirvientes para los indios.

Defensores modernos quieren que creamos que uno de los resultados que la conquista del Nuevo Mundo por el hombre blanco fue la civilización de los indios americanos. Después de todo, ellos hicieron la introducción de una nueva religión, de un nuevo sistema de gobierno, de una nueva lengua y de nuevas normas sociales. Pero los antropólogas están de acuerdo de que quienes fueron cazadores y recolectores fueron tradicionalmente pacíficos y agricultores. Las sociedades modernas son más violentas que cuando fueron fundadas las tribus indígenas. La conclusión es que aparentemente la civilización genera violencia. Sólo necesitamos preguntarnos si preferiríamos la civilización del Tercer Reich a la primitiva pero pacífica de los indios que habían habitado Nueva Inglaterra.

Así como los nuevos europeos introdujeron su concepto de civilización, ellos también se dieron cuenta que los indios representaron un negocio productivo como esclavos. Muchos fueron capturados y enviados a Inglaterra para que trabajaran como sirvientes en lujosas mansiones; tuvieron gran demanda solamente porque eran personas atractivas y únicas. Rápidamente las tribus comenzaron a moverse, a cambiarse de lugar, escapando de ser vendidos como esclavos.

Las colonias de Virginia y Carolina fueron el centro del comercio de esclavos. Se buscaban esclavos para ser vendidos en el mercado europeo a través de una simple negociación con alguna tribu que estuviera en guerra con otra tribu; se les animaba a capturarlos y se intercambiaban por objetos que ellos querían o necesitaban, y los cautivos eran posteriormente enviados a los mercados de Europa. Un colono en Carolina del sur, James Moore, capturó y vendió como esclavos 325 indios; nueve años después mató 200 hombres de la tribu Tuscarora y capturó 392 para su comercio lucrativo de esclavos. (9)

Las tribus que vivían cerca de las colonias tenían una pequeña oportunidad; ellos podrían pelear y morir, o ser capturados y vendidos como esclavos; o en su caso huir muy lejos de las agresiones del hombre blanco y dejando sus tierras y tradiciones. Sin embargo algunas tribus trataron de adaptarse a la cultura del hombre blanco. Otras tribus decidieron no ser independientes y formaron Confederaciones de Tribus de las cuales emergieron las Naciones Indias; conforme se volvieron más poderosas como uniones tribales, sus guerras con otras tribus fueron más numerosas; en sus relaciones domésticas, los hombres se volvieron más dominantes de sus mujeres, trataron de imitar a los europeos.

Los indios tuvieron experiencias previas con los intrusos europeos. En 1584, un grupo proveniente de Inglaterra, intentó crear una colonia en la Isla Roanoke, cerca de la costa de lo que más tarde sería Carolina del Norte; según registros escritos, los colonos fueron encontrados y recibidos favorablemente; la madre del rey les proveyó todas sus necesidades. La isla fue un paraíso con frutas silvestres y un clima muy agradable.

Representando a los colonos estuvo Sir Richard Grenville, que comandaba la pequeña fuerza militar que formaba parte del grupo. Como más tarde repetirían, los colonos tuvieron más intentos de encontrar oro que cultivar la tierra para su sobrevivencia. La actitud que prevaleció entre los colonos fue la de que ellos eran una raza superior y que venían de una civilización superior con la autoridad para dominar a cualquiera que se encontraran a su paso. Ellos fueron bien recibidos y festejados en una aldea indígena, pero cuando una tasa de plata se perdió, Grenville ordenó su inmediata devolución, como no fue así, él ordenó quemar toda la aldea, y destruir toda la cosecha de maíz.

No es difícil entender por qué los colonizadores consideraron primitivos a los indios; fueron curiosos y creyeron todo lo que les dijeron, estuvieron abiertamente fascinados con los ingleses y con toda su tecnología simbólica. Sus armas fueron cosas intimidantes y temerosas; sus lupas, relojes, instrumentos y la habilidad de producir objetos de hierro caliente; todo esto fue de buen gusto en la mente de los indios. Uno de los mitos surgidos de la lógica indígena fue el hecho de que los colonizadores de Roanoke no tuvieron mujeres con ellos. Para los indios eso significó que los hombres blancos no habían nacido de mujeres y obviamente eso los hacía inmortales.

Sin embargo, con el tiempo, los indios comprendieron que al hombre blanco sólo le interesaba el oro. Constantemente fueron cuestionados sobre el lugar donde el oro podría ser encontrado y amenazados con la muerte si ellos no daban una respuesta que pudiera ser verificada con el valioso metal en sus manos. Mientras más tiempo pasaba sin encontrar oro, los colonizadores trataban con más crueldad; los indios comenzaron a decir que conocían un lugar donde el oro era abundante y donde las paredes de las casas estaban cubiertas de perlas.

La idea fue contar una historia convincente de que los intrusos blancos estuvieron buscando un lugar para construir, y si ellos estuvieron divididos en dos grupos, unos que salieron a esta búsqueda y otros que permanecieron, los indios pudieron atacar a cada grupo y destruirlos.

Un grupo fue a buscar el lugar imaginario, pero pronto regresaron sabiendo que todo había sido una mentira. Los colonizadores comenzaron a convencerse de que los indios terminarían con la Colonia por completo. El jefe de las tribus y sus líderes fueron invitados por los colonizadores a una reunión amistosa, los hombres blancos llegaron sin armas y los indios tuvieron más confianza, con una señal preestablecida, los hombres blancos sacaron sus puñales escondidos y atacaron a los indios, matándolos a todos.

La idea de matar a los líderes de las tribus no fue más que una idea estúpida. Los colonizadores dieron uso a todas sus provisiones y no pudieron depender más tiempo de los indios que los ayudaban a conseguir alimentos. Afortunadamente un barco llegó y no sólo traía algo de comer, también les dio la oportunidad de regresar a Inglaterra, excepto por quince hombres que se quedaron para proteger los derechos de la Reina.

No mucho más tarde esto, Grenville regresó y encontró una colonia abandonada; rápidamente formó otro grupo para colonizar la isla. Esta vez él se cercioró de que ellos iban a la Colonia, no solamente interesados en el oro. Este grupo estaba formado por granjeros y trabajadores en general que fueron con sus esposas e hijos a formar un nuevo asentamiento. En unos meses él tuvo una nueva población proveniente de Roanoke que llegaron por mar en tres botes; todos destinados al Nuevo Mundo.

Al llegar a Roanoke, descubrieron las ruinas del fuerte que habían estado construyendo. El asentamiento fue cubierto por completo con maleza y animales que llegaron con la desolación; también fueron encontrados los esqueletos de los quince hombres que habían sido dejados, y quedó claro que habría dificultades en el futuro.

Por un tiempo, las relaciones con los indios parecieron ser normales, hasta que algunos de los colonizadores atacaron a indios amistosos, y renacieron las hostilidades. El líder de la Colonia regresó a Inglaterra por provisiones, dejó en Roanoke ochenta y nueve hombres, diecisiete mujeres y dos niños.

Una vez más la codicia fue la razón de la tragedia, el líder del grupo de Roanoke, salió de Inglaterra para regresar a la Colonia, pero fue distraído por barcos españoles a los cuales atacó y robó su cargamento de oro. Él no regresó por todo un año y cuando por fin lo hizo, no encontró nada. Desertaron de la Colonia y la única remembranza del grupo estuvo donde alguien con un cuchillo escribió en la corteza de un árbol "Croatan".

Los croatans fueron un pequeño grupo de indios, cuyo jefe era amigo de los colonizadores. Sólo se pudo esperar que la gente de Roanoke haya ido a Croatan a pedir ayuda y poco a poco se fueron integrando a la tribu. La historia tiene algunos elementos ciertos. Leyendas de los indios Hatteras cuentan que los colonizadores fueron adoptados por la tribu ya que los recuerdos de algunos miembros reconocen características europeas en los indios. Aunque ciertamente nunca se han encontrado evidencias de lo que les pasó a esos hombres, mujeres y niños de Roanoke.

Como primera hipótesis de las varias historias sobre lo que les pasó a esas personas, es la que dice que muchos de los colonizadores prefirieron el estilo de vida de los indios, sobre el de su propio pueblo. Desde los primeros días del periodo colonial, muchos de los colonos blancos fueron a los asentamientos indígenas a vivir ya que era mucho más fácil y confortable que los apuros que pasaban con su propia gente. Los indios fueron amables, corteses y generosos, por encima de cualquier razón. Al mismo tiempo, algunos indios eligieron vivir con la gente blanca en sus ciudades, pero lo opuesto fue lo más común. El atractivo de la vida indígena fue histórico y Hernando de Soto tuvo que mantener guardias permanentes para prevenir que sus hombres y mujeres desertaran y huyeran a las aldeas de los indios. El estilo de vida indígena fue francamente mejor que el de los blancos, los indios sabían cómo sobrevivir, eran cazadores, pescadores y cultivadores naturales y su gente nunca supo de hambrunas. Este pueblo estuvo preparado para los inviernos difíciles y para la migración a lugares más frescos en el verano; ellos practicaban estándares morales altos. Los indios no mentían. Un ladrón en la tribu era considerado enfermo con cualquier cosa que hubiese robado. Otros indígenas venían a ofrecer algo como regalo. Los niños eran hijos de la comunidad, amados y apreciados por todos. La sabiduría fue parte de la cultura y fue gratificante para todos saberse parte de la naturaleza, en lugar de luchar en contra de ella.

El número de blancos que prefirieron vivir con las tribus indias continuó creciendo hasta el final de las Naciones Indias en los años 1890´s. Benjamín Franklin declaró, "Todo su gobierno es a través del consejo de los sabios. No hay fuerza; no hay prisiones, no hay policías que exijan obediencia o que impongan castigos." (10)

No todos aquellos que vivieron con los indios lo hicieron voluntariamente, algunos fueron cautivos durante los ataques indígenas, pero su adaptación a la usanza indígena fue notable. Después de que el Coronel Henry Bouquet venció a los Indios Ohio en Bushy Run, en 1763, ordenó que se liberaran todos los blancos cautivos. La mayoría de ellos, sobre todo los niños, tuvieron que ser "atados de pies y manos" y forzados a regresar a la sociedad blanca. En lugar de sentirse liberados se sintieron capturados para vivir en las comunidades de los europeos, a las que no habían pertenecido.

En diciembre 18 de 1860, los Texas Rangers , comandados por Lawrence Sullivan Ross atacaron al Campo de caza Comanche en Mule Creek, afluente del Río

Peace. Durante este ataque, los rangers supuestamente capturaron tres indios; estuvieron sorprendidos de que uno de ellos tenía ojos azules; era una mujer blanca con su pequeña hija que no hablaban inglés. El Coronel Isaac Parker la identificó posteriormente como su sobrina Cynthia Ann, que fue tomada como cautiva por los indios años antes.

Cynthia acompañó a su tío a Birdville, Texas, con la condición de que el intérprete militar Horace P. Jones mandaría sus hijos con ella si estos eran encontrados. Mientras viajaban hacia Fort Worth, ella fue fotografiada amamantando a su hija, con su cabello corto como señal de luto Comanche. Ella pensó que Peta Nocona estaba muerto y temió que no volvería a ver a sus hijos otra vez. En abril 8 de 1861, una legislación texana solidaria le otorgó una subvención de 100 dólares anuales por cinco años y una organización de tierras designó a Isaak D. y Benjamin F. Parker sus guardianes. Ella nunca se resignó a vivir en la sociedad blanca e hizo varios intentos infructuosos de escaparse para vivir con su familia Comanche. Murió a la joven edad de 43 años, se dijo que simplemente no quiso vivir la vida del hombre blanco.

Es verdad que los indios se podrían dejar morir simplemente por tristeza. Coshise, jefe de los Apaches Chiricahua, dijo en un Consejo de paz, dirigiéndose a los negociadores blancos en 1866 "... Cuando yo era joven, caminé por todo el campo, de este a oeste y no vi a otra gente que no fuera Apache, Después de muchos veranos caminé nuevamente y vi a otra raza de gente que había venido a tomarlo. Los fueron una vez una gran nación; lo son ahora pero pocos, por eso ellos quieren morir." (11)

Los colonizadores tuvieron que admirar las capacidades y habilidades de los indios al enfrentarse a los crudos inviernos en Nueva Inglaterra, pero la opinión más significativa y conocida fue que ellos fueron salvajes, que no conocían nada de Cristo, o de la religión Cristiana. Los indios fueron invitados varias veces a entrar a las villas y acompañar a los que oraban a su Dios cristiano. En las ideas de las tribus indias el Dios cristiano no podría ser entendido. Las creencias indias se basaban en que todas las cosas tenían su propio espíritu, el árbol, el agua, las nuves y las piedras. Todas las cosas merecían respeto y ellos oraban antes de comer, sino al animal que les había dado su vida para que ellos se pudieran alimentar. Los Puritanos vieron y trataron a los indios como inferiores, la población de las colonias creció, así como el resentimiento de los indios.

Con el tiempo más colonizadores llegaron de Inglaterra, gente cansada de la persecución de la Iglesia de Inglaterra. Ellos habían comprado el Acta Constitutiva de la empresa quebrada Virginia Company y recibieron permiso para formar una colonia en Massachusetts, al norte de la colonia original. En el periodo entre 1630 y 1640 más de veinte mil puritanos llegaron al nuevo asentamiento que fue conocido como Colonia de la Bahía de Massachusetts.

Esta fue la gente que creyó que Dios había creado el nuevo continente, especialmente para que ellos vivieran como fanáticos religiosos. Las iglesias coloniales cobraban impuestos y las personas tenían que asistir obligatoriamente a los servicios religiosos, pero no todos podrían ser miembros de la Iglesia. Hubo largas y difíciles entrevistas para determinar si cada persona era un "santo" elegible para participar en las actividades eclesiásticas. La Iglesia fundó escuelas en donde el estudio de la Biblia fue la parte primordial de la currícula, y posteriormente fundaron lo que es hoy la Universidad de Harvard para entrenar a los nuevos ministros.

No tomó mucho tiempo a los Puritanos, el pueblo que llegó al Nuevo Mundo para escapar de la persecución y del ridículo, comenzar a hacer lo mismo a otros. Aquellos que no compartían sus creencias fueron castigados y frecuentemente exiliados de la Colonia. John Williams creía que el gobierno debía estar separado de la Iglesia y su desafío a los ministros de la Iglesia le causó el exilio. Posteriormente él estableció un nuevo asentamiento en Providence, que sería más tarde el Estado de Rhode Island y ésta se convirtió en un refugio para aquellos que estaban en desacuerdo con los Puritanos, la forma intransigente de religión. En la colonia puritana, los hombres y mujeres solteras no tenían permitido vivir solos. Cualquier sirviente irrespetuoso, esposo infiel, o esposa desobediente, recibían castigos civiles. Cualquier niño insolente con sus padres podría ser mandado matar. Este fanatismo fue posteriormente la causa de la Inquisición en Nueva Inglaterra, tradicionalmente conocida como Los juicios de las brujas de Salem.

Salem fue una pequeña villa en Massachusetts poblada por Puritanos que tenían la creencia de que los demonios podrían poseer a la gente y que a las mujeres podrían practicar la maldad y crear hechizos como brujas. Entre 1691 y 1692 más de 200 personas fueron acusadas de practicar magia maldita y 20 de ellas fueron ejecutadas. El mismo fanatismo fue practicado en Europa por más de 300 años y reclamado las vidas de varias decenas de miles, acusados de practicar magia negra, lo mismo que reapareció más tarde en Salem. Una ola de histeria se movió en la comunidad y los Puritanos que fueron elegidos por Dios para poblar un nuevo mundo, se convirtieron en asesinos, pero en sus mentes, ellos estuvieron limpiando la tierra de la maldad.

En 1630 hubo 4600 colonizadores europeos en América, para 1799 había 250,000. La explosión demográfica no solamente demandó más producción de comida, también requirió de una expansión territorial; campos más grandes se requirieron para las cosechas y espacios para nuevos hogares y negocios. Como las colonias crecieron, los indios se replegaron hacia el oeste. Cuando los colonos comenzaron a plantar y a ser autosuficientes, no hubo necesidad de intercambiar con los indios y repentinamente prescindieron de ellos.

Se hicieron tratados con las tribus para asegurarles que sus tierras serían protegidas. El Tratado de Holston con los Cherokee, estableció que "...ninguna persona que no fuera india podría establecerse en tierra Cherokee, esta persona renunciaría a la protección de los Estados Unidos y los cherokees lo podrían castigar o no, según les complaciera." (12) La disponibilidad de la enorme cantidad de tierras vírgenes, sin un gobierno organizado para protegerlos, o para castigar a los infractores, causó que el tratado se rompiera incontables veces, los hombres blancos se movieron hacia las tierras indias. Algunas veces se entablaron batallas y ocasionalmente, los indios simplemente se rendían por el hecho de que el hombre blanco nunca dejaría de llegar a sus tierras y por que los días de los indios estaban contados. En 1791, el jefe Seneca "Mazorca de maíz" escribió a los quakers en Filadelfia para pedir ayuda financiera, ya que así él podría preparar a su pueblo con las herramientas técnicas que necesitarían para que ellos se pudieran "americanizar"y ser menos dependientes a la "vieja usanza." (13) Miembros de la tribu Cherokee se conformaron con las formas de ser del hombre blanco que tenía esclavos negros.

La política relativa a los indios fue simple, se conformarían a la forma de vida del hombre blanco, o serían aplastados por las ruedas del progreso. Las organizaciones protestantes comenzaron a construir comunidades en las fronteras indígenas como incentivo para que ellos fueran a aprender a vivir la cultura del hombre blanco y por supuesto a aceptar la fe Protestante. Ellos fueron persuadidos con regalos y clases de arte sobre las industrias del hombre blanco. Las mujeres indias fueron enseñadas a bordar, coser y a hacer ropa en telares. Pero el espíritu de la mayoría de los indios permaneció con la naturaleza. Él podría escuchar música en los arroyos, donde el agua caía sobre las rocas. Él podría ver presagios en las nubes y hablar con los espíritus de los muertos. Alce Negro, Hombre sagrado de Oglala Lakota Sioux, explicó su espiritualidad mejor que un autor moderno.

> Mientras yo estoy parado allá
> Yo vi más de lo que puedo decir
> Y yo entendí más de lo que ví
> Porque lo ví de una manera sagrada
> Las formas de las cosas en el espíritu
> Y la forma de todas las formas como ellos deben vivir
> Vivir juntos como una entidad. (14)

Con el crecimiento de las colonias y con el destino de los indios americanos determinado; la creencia de que Dios ha planeado que el hombre blanco ocupe toda la tierra, incluso sin que nadie supiera en ese tiempo cuánto espacio los separaba para alcanzar el Océano Pacífico. La única cosa que él hombre blanco sabía fue que aunque la gente vivía entre él y el océano, él fue superior a todos porque él estaba ahí por el deseo de Dios.

Una serie de guerras con los franceses y los indios finalmente llevaron al hombre blanco al gran Río Mississippi, el tercer río más grande en el mundo. La vasta promesa de tierra había comenzado a crecer aún más y los indios rebeldes se fueron replegando más y más hacia el oeste, o fueron desapareciendo completamente. Las enfermedades del hombre blanco siguieron diezmando a las tribus y aquellos que escapaban de las enfermedades se enfrentaron a las armas del hombre blanco. Por la expansión gringa, las ricas tierras del oeste pertenecieron a ellos por el deseo de Dios. Todo lo que tuvieron que hacer fue tomarlas.

La única barrera para extender su nación hacia el Pacífico fue México. La extensión norte de México tuvo que ser adquirida por cualquier medio y en las mentes hambrientas de tierra de los gringos, los mexicanos fueron calificados como menos salvajes que los indios. La sangre mestiza los relacionaba directamente con los indios y tuvieron que ser contaminados por los religiosos españoles para acoger la fe católica; una combinación que los hizo inferiores a la anglosajona. Las colonias pronto crearon ciudades y se necesitaron gobiernos para manejar todos sus asuntos. Vino más gente de Europa y antes de mucho tiempo, la parte este de la tierra concedida ya poseía villas conectadas por caminos y barcazas que usaron los caminos acuáticos para comerciar. Para 1776, las trece colonias, separadas de Inglaterra por una violenta guerra de independencia, constituyeron estados de una nación. George Washington se convirtió en el primer presidente y se estableció un Congreso para darle a la gente forma y representación.

Para 1845, los Estados Unidos habían tenido ya 10 presidentes y James Polk fue el décimo primero. Polk condujo una gran campaña para la presidencia, prometiendo a la gente la inmediata anexión de Texas como estado y perseguir la expansión hacia el oeste. Texas declaró su separación de México en 1836 y esto sirvió como otro paso más para alcanzar el dominio desde el Atlántico hasta el Pacífico.

Había sido por mucho tiempo una disputa entre México y Estados Unidos determinar el lugar donde se encontraba la frontera entre las dos naciones. La frontera tradicional siempre había sido el Río Nueces, que estaba más o menos a 240 km al norte de la actual frontera. Aunque algunos de los colonos en Texas quisieron que la frontera fuera el Río Bravo, esto si ellos acordaban anexar Texas a la Unión como un estado más. Una de las promesas en la campaña de Polk fue anexar Texas a la Unión como el estado número 28, pero hubo algo de resistencia por los residentes que querían que Texas se mantuviera como una República independiente.

México continuó insistiendo en que el punto de separación entre los dos países fuera el Río Nueces. El desacuerdo fue un asunto diplomático y fue hecho sujeto de discusión en varias ocasiones entre las dos naciones. El Presidente James Polk dio su promesa de que Estados Unidos no usaría sus fuerzas militares para disputar el área entre los ríos; obviamente con el antecedente de que el problema sería eventualmente resuelto.

James Polk tampoco fue un hombre honesto u honorable; a pesar de su promesa de no hacerlo, en la primavera de 1845 ordenó al General Zachary Taylor marchas con 3,500 hombres hacia la zona disputada entre el Río Nueces y el Río Bravo con la esperanza de provocar una batalla con las fuerzas mexicanas; las fuerzas acamparon en la orilla del Río Bravo para hacerse presentes y para darles una mejor oportunidad a los mexicanos de defender su territorio. Este campamento estuvo situado en el área enfrente de la Ciudad de Matamoros.

El plan de Polk fue una conspiración flagrante y criminal, evidenciada oficialmente en las crónicas de la Casa Blanca, donde se indica que en mayo 8 de 1846, Polk se reunió con su gabinete y les informó sobre si Taylor fuese atacado por soldados mexicanos, el pediría al Congreso una declaración de guerra. En esa reunión se decidió que una declaración de guerra debería ser pronunciada dentro de los siguientes tres días **aún si no**

fueran atacados. En mayo 9 de 1846 le dijo a su gabinete "...hasta la fecha... no hemos oído de ninguna agresión abierta del ejército mexicano." (15) El comentario claramente indica que él se estaba anticipando a una confrontación que usaría para justificar su invasión ilegal. Por todos los estándares de la Ley Internacional, las acciones de Polk y de su gabinete fueron evidencia de cómplices planeando un crimen. Planear una agresión con la intención de obtener territorios fue un acto criminal de masivas proporciones.

Pero los medios en Estados Unidos estuvieron tratando de influenciar a la opinión pública por meses. Un año antes comenzaron las hostilidades entre México y los Estados Unidos; el famoso periódico Washington Union escribió sobre lo que posteriormente fue llamado la "posición" del Presidente James Polk. "...¿quién puede detener el torrente que se derretirá hacia el oeste? El camino a California estará abierto para nosotros, ¿quién detendrá la marcha...? Un cuerpo de voluntarios perfectamente organizado"... invadirán, sobrepasarán y ocuparán México. Ellos nos enaltecerán no sólo por tomar California, sino por mantenerla." (16)

John O´Sullivan, editor de la Revista Democrática escribió que los Estados Unidos tienen el **Destino Manifiesto** para expandir su territorio de costa a costa. En otras palabras, Dios ha ordenado a los Estados Unidos tomar cualquier tierra que ellos quieran a cualquier propietario de la misma, porque Dios les dio derecho a hacerlo.

El "Congressional Globe" reportó más tarde "...Debemos marchar de océano a océano ... debemos marchar desde Texas hasta el Océano Pacífico ... es el destino de la raza blanca, es el destino de la raza anglo-sajona." (17) No fue difícil ver la dominación racista en esos escritos, donde proclamaron que no sólo la raza blanca era superior, sino además que Dios los acogió más que a otras razas.

El New York Herald le dijo a sus lectores. "EL universo de la Nación Americana puede regenerar y desencantar al pueblo de México en pocos años; y creemos que es parte de nuestro destino civilizar ese hermoso país."

(18) La arrogancia es vergonzosa y es evidencia de una completa ignorancia de la historia. Aquí se sugirió que un pueblo que tuvo una matanza a propósito de decenas de miles de indios e incontables incumplimientos de tratados con ellos, ¿ahora iba a civilizar al pueblo de México?

La American Review escribió sobre los mexicanos en 1847, "Cediendo a una población superior que no se preocupó por el sufrimiento, que insensible se movió por sus territorios, cambiando sus costumbres, sobreviviendo, exterminando su sangre más débil."(19) Otra vez la sangre anglo-sajona fue considerada más fuerte que la sangre mezclada de los mestizos de México. Si eso fuera verdad, sería interesante conocer la fuerza de la sangre de los americanos comunes, desde que han mezclado nacionalidades y razas hasta el punto en que no puedan distinguir cuál es su propia sangre. Hoy hay más latinos en los Estados Unidos que negros; con cerca de 50 millones de latinos, comparados con 38 millones de afroamericanos. Dos millones de niños tienen padres de diferentes razas y el típico "americano" citará dos o más nacionalidades en sus antepasados. La "sangre más débil" de los latinos es ahora una de los grupos de más crecimiento en los Estados Unidos y muchos blancos temen que muy pronto sean la mayoría. En mayo de 2012 fue reportado que por primera vez en la historia nacional, menos de la mitad de todos niños nacidos fueron blancos. (20)

El Presidente Polk habló abiertamente de "civilización de salvajes" de México. Obviamente él fue tan ignorante para darse cuenta que México tuvo civilizaciones prósperas que estuvieron prediciendo eclipses cuando sus ancestros tuvieron una economía de la Edad de Piedra. Pero nuevamente nos encontramos repitiendo el tema de que México necesitaba ser civilizado y de quqe su pueblo lo constituían salvajes por su sangre más débil.

En mayo 8 de 1846, el primer intercambio de disparos por armas de fuego fue llamado La Batalla de Palo Alto de donde nació el conflicto que los gringos aún llamaron la Guerra de México, pero con toda justicia debemos referirnos a ésta como la Invasión de México. Hubo una serie de movimientos de tropas complejos, los gringos trataron de proteger sus líneas de suministros y los mexicanos trataron de bloquearlas; pero las armas superiores de las tropas estadounidenses pronto hicieron la diferencia. México tenía desgastados cañones europeos y los americanos construían sus propias armas, siempre buscando mejor tecnología y refinamiento. La pólvora usada por los mexicanos no era de la misma calidad que la de los gringos y después del primer día de encuentro, tuvieron lugar más maniobras de las tropas, hasta que se involucraron otra vez al día siguiente en Resaca de la Palma. Antes de que las tropas mexicanas se pudieran reagrupar, los soldados de Estados Unidos cargaron sus armas nuevamente y los mexicanos se tuvieron que retirar a Monterrey.

Siguiendo las batallas, un periódico de Estados Unidos publicó el titular "Mexicanos matando a nuestros chicos en Texas"(21), el público fue guiado en la creencia de que México fue el agresor y de que los soldador americanos fueron las víctimas. El resultado fue que la mayoría del público demandó venganza y apoyó la invasión sin conocer todos los hechos. Los medios estuvieron siendo manipulados por la propaganda de Washington y continuaría así hasta el presente.

Conociendo que el área entre los ríos fue disputada, Polk decidió mentir al pueblo americano y al Congreso afirmando que "Los mexicanos han invadido nuestro territorio y derramado sangre americana sobre el suelo americano." (22) El supo que el área disputada, que tuvo que prometer no invadirla, pero nadie cuestionó cómo podría ser "Suelo americano", si el área todavía era el objeto de discusión entre las dos naciones. Él se dirigió al Congreso con el mensaje de , "Como existe una guerra, no obstante todos nuestros esfuerzos para evitarla, ésta existe por un acto de México mismo, nosotros fuimos llamados como consideración de nuestro deber y patriotismo, para reivindicar con decisión y honor los derechos y los intereses de nuestro país." (23) Sus "esfuerzos para evitar" la guerra fueron inexistentes y flagrantemente consiguió la guerra entre las dos naciones como una evidencia de su completa falta de principios, de su moral, o de sus valores como ser humano. Polk le estuvo mintiendo al Congreso igual como

George W. Bush lo haría más de ciento cincuenta años después. El verdadero espíritu de conocimiento y conspiración que el poder ejecutivo pudo explotar, fue haber nacido y el triste hecho de los Estados Unidos es que la explotación nunca terminó. El congresista Abraham Lincoln estuvo violentamente indignado de que Polk haya conspirado contra México y haya tomado esa "solución territorial" demandando que Polk muestra el lugar donde los mexicanos "regaron sangre americana en suelo americano" Lincoln le dijo al Congreso, "Ese suelo no es nuestro y el Congreso no lo anexó, o intentó anexarlo." (24)

No mucho tiempo atrás, Polk promulgó su conspiración contra México, había enviado un representante a la Ciudad de México con una oferta de cinco millones de dólares si México reconocía al Río Bravo como frontera internacional. Otros cinco millones fueron propuestos por la compra de lo que actualmente es Nevada y Utah, la mitad de Nuevo México, menos de la mitad de Colorado y menos de la mitad de la parte sur de Wyoming, parte de Kansas; veinticinco millones fue el precio sugerido por California. Miembros del gobierno mexicano sintieron insultados por la oferta, los administrativos no autorizaron una junta con el presidente y fue enviado de regreso a Washington. Esta negativa fue vista por Polk como un insulto y comenzó a formar su complot para robar a México los territorios que él quería.

La invasión a México comenzó en marzo de 1847 con el arribo de la flota americana y la demanda de rendición a los ciudadanos de Veracruz, ellos rehusaron y los cañones de las fuerzas de Estados Unidos comenzaron a rugir. Por 15 días el bombardeo a Veracruz continuó a costa de muchos hombres, mujeres y niños inocentes. Más de quinientas mil libras de bombas fueron usadas hasta el día que la ciudad se rindió.

La guerra no fue popular para muchos en los Estados Unidos. Muchos puntos de vista de los jóvenes congresistas. Abraham Lincoln, quien pensó que Polk había enviado tropas a México para provocar un incidente; creyó que las fuerzas de Estados Unidos habían entrado a México y demandó que Polk mostrara el lugar donde la primera batalla ocurrió y él fue ignorado. Él más tarde comentó, "...el presidente innecesariamente e inconstitucionalmente inició una guerra con México... la marcha del ejército en medio de un asentamiento pacífico mexicano, aterró a los habitantes quienes huyeron, dejando sus cosechas y otras propiedades destruidas, para usted puede parecer amigable, pacífico, y no provocativo procedimiento; pero no nos lo parece a nosotros." (25)

El Coronel Hitchcock, comandante del tercer regimiento de infantería, escribió en su diario: "... los Estados Unidos son los agresores ... nosotros no tenemos el derecho de estar aquí ... parece como si el gobierno haya enviado una pequeña fuerza a propósito para iniciar una guerra, como para tener el pretexto de tomar California y tanto más de este país, como se elija ... mi corazón no está en este asunto." (26)

El General Ulysses S. Grantt, héroe de la Guerra Civil y posteriormente presidente de los Estados Unidos, llamó a la guerra con México "La más injusta guerra jamás emprendida por una nación fuerte contra una nación débil." (27)

El Congresista Joshua Giddings de Ohio la llamó: "una guerra agresiva, profana e injusta." Después de votar contra esta medida relativa a la guerra con México, él más tarde dijo, "En el asesinato de mexicanos en su propio suelo, o el robo de su país, no puedo tomar parte no ahora, ni en lo sucesivo. La culpa de estos crímenes debe descansar en otros...no participaré en esto." (28)

El Congresita Delano de Ohio se opuso a la guerra en México porque él no quería a los americanos mezclándose socialmente con "gente inferior", quienes aceptan todas formas de color...una triste composición de españoles, ingléses, indios y negros...y las sangres que resulten de estas mezclas, esto es triste en la producción de una raza de holgazanes e ignorantes seres." (29)

Como el ejército estadounidense marchó hacia la Ciudad de México, un periódico, The Liberator, se opuso a la guerra tan fuertemente que lo publicó. "Todo amante de la libertad y de la humanidad a través del mundo, debe desearles (a los mexicanos) el más grande triunfo...nosotros sólo esperamos eso, si la sangre tiene que correr, esa tiene que ser la de los americanos y que las siguientes noticias que escuchemos será que el General Scott y su armada están en las manos de los mexicanos...Le deseamos a él y a sus tropas que no haya heridos, pero la más completa derrota y deshonra." (30)

De haber sabido lo que estaba pasando en México, se habrían opuesto más enérgicamente al conflicto, cuando un americano llamado Walker fue muerto en batalla, un teniente escribió una carta sobre el deceso y la envió a sus padres. "El General Lane... nos dijo que "vengáramos la muerte del valiente Walker, que...tomáramos todo lo que pudiéramos poner en nuestras manos" Y bien su mandato fue obedecido con temor. Las cantinas fueron abiertas con furia y cada especie fue ultrajada y entregada. Las mujeres y las jóvenes fueron desnudadas y sufrieron aún más crueldades. Los hombres fueron muertos por docenas... sus propiedades, iglesias, tiendas y sus viviendas fueron saqueadas ...caballos y hombres muertos abundaban, mientras que soldados ebrios estuvieron alborotando mientras derrumbaban y abrían casas y perseguían a los pobres mexicanos que huían, abandonando sus casas y huían por sus vidas. Es una escena que no espero ver nuevamente. Me dio una vista lamentable de la naturaleza humana... y me hizo avergonzar por primera vez de mi país." (31)

Los mexicanos no tienen el entrenamiento militar profesional de líderes como en los Estados Unidos y no fueron producidos rifles o cañones en México. Los gringos tenían armas de la última tecnología mientras que muchos de los soldados mexicanos fueron usando armas antiguas y poco confiables mosquetes británicos Brown Bess. Los gringos altamente entrenados y disciplinados Las unidades de "Artillería aérea" podían disparar cada 10 ó 15 segundos, cinco veces más rápido que la artillería mexicana. Después de la Batalla de Cerdo Gordo, George Ballentine escribió: "... encontramos el camino con mosquetes y bayonetas esparcidas que los mexicanos habían tirado en su apresurada retirada. Todos esos mosquetes fueron de manufactura británica y tenían la marca **Tower** en su seguro. Fueron viejos y quemados, evidentemente estaban condenados a ser inservibles en la armada británica y fueron vendidos a los mexicanos a bajo precio ...después de examinar algunos de estos, llegué a la conclusión de que la eficiencia de uno de nuestros mosquetes fue igual a al menos tres de los de ellos." (32)

En los reportes de los soldados regresando a los Estados Unidos después de la Invasión a México, continuamente se habló sobre las armas usadas por los mexicanos. Ellos estuvieron de acuerdo y coincidieron en que esas armas eran inservibles, en una publicación de *los Descendientes de los veteranos de la Guerra Mexicana*, nosotros hemos dicho, " El promedio de la infantería mexicana cargó un viejo mosquete, fusil de chispa, muchos de los cuales fueron producidos en Gran Bretaña y vendidos como sobrantes a México. Solían gastar demasiada pólvora, muchos soldados mexicanos dispararon desde la cadera, en lugar de subir el arma sobre sus hombros, donde el golpe sería más doloroso; debido a esto, los diparos generalmente fueron sobre las cabezas de los americanos. (33)

En muchas ocasiones las batallas fueron perdidas porque los generales no reconocieron una oportunidad, pero los mexicanos fueron respetados por su valor y su determinación. El Senador Daniel Webster de Massachusetts no podría entender por qué los oficiales mexicanos no atacaban cuando tenían la oportunidad de hacerlo y dijo: "México es un enemigo desagradable, no peleará y no se retirará." (34)

Las razones para vencer no fueron todas de carácter militar, la dirección política de la nación estuvo en un estado de constante caos. De 1841 a 1843, los mexicanos experimentaron lo que fue llamado Dictadura de Santa Anna, que fue seguida por la última República Centralista, hasta 1845. Entonces Mariano Paredes se convirtió en el siguiente dictador, quien parecía querer formar una monarquía, pero su labor como presidente duró sólo ocho meses. En 1847, después de seis presidentes, seguidos uno de otro, fue restaurado el gobierno de la República Federal. Todos los presidentes, ya fueran de origen civil o militar llegaron al poder a través de un golpe de estado, a excepción de Manuel de la Peña y Peña. La inestabilidad dejó a la nación sin liderazgo y las incansables batallas por la supremacía política tenían prioridad sobre los asuntos externos como la rebelión en Texas. La ausencia de autoridad legitimada dañó cada esfuerzo para establecer la paz después de que se perdieron la mayoría de las batallas, o para resolver el asunto de Texas, antes de que se convirtiera en conflicto. Los políticos en Estados Unidos reconocieron el conflicto y eso causó que el Secretario Wilson Shannon reportara acerca de la anexión de Texas, "... muchos mexicanos inteligentes, en privado contemplan y expresan opiniones favorables al acuerdo amigable de las dificultades... Pero hay pocos que tienen la valentía de expresar estas opiniones públicamente, o quienes están (o estarían) deseando cortar de cuajo el actual prejuicio popular, con el proyecto de sacarlos." (35)

Al mismo tiempo, el conflicto político en la Ciudad de México, guiado hacia cambios institucionales, restringieron la autoridad de aquellos en el poder. Un artículo agregado a la Constitución prohibió transferir el control sobre el territorio y hacer enmiendas a la Constitución de 1824, descalificando al Ejecutivo para firmar un Tratado de Paz y concluir las negociaciones con naciones extranjeras.

Cuando se estaba tratando con la separación de Texas, México insistió en que era un problema interno que podía ser resuelto mutuamente. Se mantuvo que los Estados Unidos no tenían el derecho legal internacional de anexar Texas como un estado porque simplemente no podría ser separado de su patria. Los Estados Unidos rechazaron el argumento y 25 años después usaron el mismo argumento ellos mismos cuando estaban negociando con los estados del sur que se querían separar de la Unión. En otras palabras, el argumento no fue válido para México, pero fue suficientemente válido para causar una guerra en 1860.

Los mexicanos no estuvieron acostumbrados a las estrategias políticas usadas por los Estados Unidos. Inclusive si algunos líderes quisieron negociar el problema de Texas con los Estados Unidos, las opiniones públicas fueron dominantemente opuestas a esto. Hubo pocos esfuerzos de cooperación para encontrar la solución. Finalmente los Estados Unidos propusieron que fuera enviado su diplomático, realmente nunca ofrecieron libertades para negociar. Las instrucciones fueron que el Río Bravo y no el Río Nueces, sería la frontera oficial entre ambas naciones y que México cedería los territorios de Nuevo México y California, condiciones con las cuales México no estaba de acuerdo.

México no fue y no es una nación a la que le guste la guerra. La pérdida de Texas fue una agresión difícil de aceptar, pero en octubre 15 de 1845, El Ministro de Relaciones Exteriores de México, Manuel de la Peña y Peña, notificó al Cónsul de Estados Unidos John Black, "...que aunque la nación mexicana fue gravemente ofendida por los Estados Unidos debido a sus acciones en Texas – perteneciendo a México- el gobierno fue deseando recibir un comisionado de los Estados Unidos que arribaría a esta capital, poseyendo completas facultades para resolver la actual disputa de una forma pacífica, razonable y respetable." (36)

El amor por la paz y el noble intento de México puede ser comparado a los comentarios del agente de los Estados Unidos Willian Parrot al Secretario de Estado James Buchanan, "Hay otras consideraciones importantes para el gobierno y pueblo de los Estados Unidos, las cuales me inclino a creer que sería mucho mejor que México debería declarar una guerra ahora, esto debería proponerse para abrir negociaciones por el asentamiento, o por las diferencias pendientes; entre estas, el trazado de ciertas líneas geográficas, marcadas en los mapas de las costas noroestes de América, esto no es lo menos importante, esas líneas podrían ser satisfactoriamente mantenidas en caso de una guerra; pero no en una negociación, ahora, o en una situación futura." (37)

En octubre 13 de 1845, John Black, cónsul de los Estados Unidos, envió una carta a Don Manuel de la Peña y Peña, Ministro de Asuntos Exteriores, preguntando si México estaba de acuerdo en recibir un enviado con poderes para resolver los problemas existentes entre las dos naciones. La respuesta fue que México estaría de acuerdo con esa reunión si Estados Unidos removía sus barcos de guerra que estaban anclados en las costas de Veracruz.

En diciembre de ese año, John Slidell llegó de Washington y se presentó formalmente a las autoridades mexicanas. Sus documentos como siempre indicaron que el gobierno de los Estados Unidos quería que fuera reconocido como Ministro Plenipotenciario, mientras que los términos del acuerdo fueron los de encontrarse con el Comisionado autorizado sólo para negociar la anexión de Texas. La distinción entre un Comisionado y un Ministro Plenipotenciario fue significante. Un comisionado podría actuar como un negociador, el asunto para ser negociado, podría ser controlado y limitado. Para recibir a Slidell como plenipotenciario, esto indicaría que las relaciones diplomáticas entre ambas naciones se habían restaurado.

Slidell insistió en ser recibido de acuerdo a los requerimientos de su gobierno, pero la administración del Presidente José Joaquín de Herrera, rehusó otorgar el reconocimiento. Antes de que Slidell arribara a Washington, el Presidente Polk tenía tropas con rumbo al Río Bravo para provocar una guerra con México.

La negativa por parte de Estados Unidos para reconocer los derechos de México como nación, la anexión de Texas y la intromisión del ejército estadounidense para disputar el territorio entre el Río Nueces y el Río Bravo, constituyeron lo que el periódico *El Tiempo*, en abril 5 de 1856 llamó, "... una cruda trampa... con un objetivo extravagante y maquiavélico. El dilema fue después bastante simple: tampoco el gobierno mexicano admitió a cualquier Secretario de Gobierno, sería equivalente a restablecer las relaciones amistosas entre los dos países, sin que la disputa se resolviera. De este modo, aprobando la usurpación de Texas y probando al mundo que a pesar de cualquier problema, ofensa, o pérdida, México, siempre será dependiente económico, y un esclavo para los Estados Unidos –lo más probable es que, el gobierno mexicano, no estaría de acuerdo con este tipo de humillación excesiva y un pretexto así existiría para recurrir a una guerra y para más casos de usurpación." (38)

Después de las primeras batallas de la guerra, el periódico *El Tiempo* escribió nuevamente sobre los siniestros objetivos de los Estados Unidos. "El gobierno americano actuó como bandido que se encontró por csualidad con un viajero."(39)

Otro periódico de la Ciudad de México comentó: "Nadie tiene dudas acerca de las intenciones que el Gabinete de Washington ha tenido por algún tiempo con respecto a México. Uno pelea en nombre de la usurpación, los otros defienden la justicia... la guerra ha comenzado y la Nación (mexicana) tiene mucho que está en juego, aún si la justicia está de su lado, desafortunadamente, eso no es suficiente para triunfar y para contener el exceso de poder del enemigo. La guerra... ahora ha iniciado para nuestra desgracia y es importante que el tiempo no se malgaste."(40)

Mientras muchos textos de historia de los Estados Unidos insisten en que México declaró la guerra, en ese mismo tiempo, estos artículos aparecieron; el Presidente Mariano Paredes emitió una declaración de que México fue forzado a defender sus territorios y a resistir la invasión de los Estados Unidos. Nunca fue hecha una declaración de guerra por México, a pesar de la continua insistencia de las clases de Historia de los Estados Unidos.

Para ese tiempo, el Presidente Paredes hizo su declaración. Las fuerzas americanas ya han ocupado Matamoros. Los barcos de la Naval de Estados Unidos han estado rodeando los puertos mexicanos. Los planes para ocupar los territorios del norte de México ya están operando.

La guerra concebida por Polk se convirtió en una atrocidad pero no duró mucho. Sin contar la escaramuza original en la frontera, el primer tiro fue disparado en marzo de 1847 y la conclusión de la misma llegó con la firma del *Tratado de Guadalupe Hidalgo* en febrero de 1848 y un subsecuente pago de quince millones de dólares, menos de la mitad de la oferta original. Los mexicanos llamaron al pago "una burla". El periódico Whig Intelligencer tuvo la audacia de reportar "No tomamos nada por la conquista... Gracias Dios." (41) En otras palabras, al pueblo americano le habían dicho que los Estados Unidos había legalmente comprado los territorios arrebatados a México y se continuaría diciendo esa mentira hasta el día de hoy. Los libros de Historia Moderna en los Estados Unidos contienen explicaciones como: "La falla en la misión de Slidell (negociador de los Estados Unidos) guió a Polk a ordenar al Brigadier General Zachary Taylor a marchar con 3000 hombres de las tropas del sur de Corpus Christi, Texas, para defender el Río Grande..." (42) El comentario guía a los estudiantes a creer que el conflicto fue causado porque México se rehusó a vender su tierra a los Estados Unidos y encubre a Polk en plan para mandar las tropas a provocar una batalla que justificaría su invasión. Se ignora el hecho de que Polk dijo que él invadiría México aún si no hubiera conflicto entre las dos fuerzas.

La causa y efecto de la guerra fue muy vergonzosa que incluso los negociadores por la paz estadounidenses, NicholasTrist, no pudo contener sus emociones; su esposa que estuvo a su lado para revelar un acontecimiento que él compartió con ella. "justo cuando ellos fueron a firmar el Tratado... uno de los mexicanos, Don Bernardo Couto le comentó ´este debe de ser un momento de orgullo para usted, no menos orgullo para usted, que una humillación para nosotros.   Esto, Mr Trist respondió: "Estamos haciendo la paz, que eso sea nuestro único pensamiento." Pero nos dijo en relación a esto: "Si esos mexicanos pudieran haber visto dentro de mi corazón en esos momentos, ellos habrían sabido que mis sentimientos de vergüenza como americano eran mucho más fuerte que el de ellos como mexicanos. Aunque no podría yo haber dicho esto ahí, esto fue una cosa vergonzosa para cualquier mente americana correcta y estuve avergonzado de esto, sincera e intensamente avergonzado de ello." (43)

En los años siguientes, México tendría la oportunidad de probar que fue más honorable que sus vecinos del norte. Setenta años después de la firma del *Tratado de Guadalupe **Hidalgo***, los Estados Unidos estuvieron tratando de permanecer neutrales en la Primera Guerra Mundial. Submarinos alemanes habían lanzado torpedos a dos barcos de pasajeros y casi 200 ciudadanos estadounidenses habían muerto. Más tarde Alemania cesó sus ataques submarinos y las hostilidades con los Estados Unidos parecieron aliviarse. Los oficiales militares alemanes, como siempre, creyeron que sería necesario renovar la actividad submarina si la guerra iba a ser ganada. Entonces fue cuando Arthur Zimmermann, Secretario de Asuntos Exteriores del Imperio Alemán, envió un telegrama al embajador alemán y unos días después el telegrama fue reenviado a Heinrich von Eckardt, Embajador alemán en México. El telegrama le decía a von Eckardt que si Estados Unidos entraba a la Guerra, él iba a hacer una propuesta al Presidente de México. El telegrama leía: "El primero de febrero, nosotros intentamos comenzar una guerra ilimitada. A pesar de esto, es nuestra intención es mantener a los Estados Unidos neutral. En el caso de que esto no suceda, proponemos una alianza con México bajo las siguientes bases: Haremos una guerra juntos y haremos una paz conjunta; les daremos un soporte financiero generoso y un acuerdo sobre la reconquista del territorio perdido de Nuevo México, Arizona y Texas. Los detalles del acuerdo se los dejamos a ustedes. Usted está instruido para informar al Presidente (de México) de lo arriba citado, en la mayor confianza, tan pronto como haya certeza de que habrá un inicio de guerra con los Estados Unidos y sugiera que el Presidente por su propia iniciativa invite a Japón a adherirse inmediatamente a este plan; al mismo tiempo ofrecerse como mediador entre Japón y nosotros. Por favor llame la atención del presidente sobre el implacable empleo que nuestros submarinos ofrecen ahora, la expectativa de persuadir a Inglaterra de hacer la paz en unos meses." (44)

El Presidente Venustiano Carranza ordenó a uno de sus generales que evaluara la propuesta y el reporte del general concluyó que esta propuesta no era factible por una variedad de razones. Primero: seguramente Alemania invitaría a México a participar en una guerra contra Estados Unidos. Segundo: el apoyo financiero de Alemania no tendría razón, porque el dinero no podría ser usado para comprar armas, u otros suministros porque los Estados Unidos eran los únicos fabricantes confiables de armas en las Américas, y con la dominante presencia de la Naval Británica en las líneas marítimas, Alemania no podría enviar armas, Finalmente, habría fiera resistencia de los ciudadanos de los Estados Unidos viviendo en el área propuesta para reconquistar y diferencias significantes en la cultura y en la lengua.

El 14 de abril, Carranza rehusó la propuesta Zimmermann y para ese entonces, Estados Unidos se había enterado de la Guerra.

No fue la simple acción de Estados Unidos comprando territorios a México, no importa cómo, nuestro sistema educativo enseña a los niños que así fue. Fue un acto de proporciones criminales, comenzando con una conspiración originada en la Casa Blanca y terminando con la sangre de incontables mexicanos inocentes, todo a nombre del supuesto derecho divino de los gringos, de expandir su tierra al Océano Pacífico. Pero con el tiempo, el gringo codicioso extendería más allá de las costas del Pacífico.

La invasión ilegal de México no sería la última vez que los Estados Unidos usarían el engaño para ganar territorio. Hawaii fue hecho un territorio de los Estados Unidos a pesar de una petición firmada por el 53% de todos los hawaianos, diciendo que ellos no querían ser anexados de ninguna manera al gobierno de los Estados Unidos. Ricos hombres de negocios de los Estados Unidos arrebataron el poder a la reina de Hawaii y llegaron al punto de encarcelarla. En noviembre de 1993, el gobierno de los Estados Unidos confesó este robo y ofreció una disculpa al pueblo hawaiano. La disculpa fue hecha en una junta de resolución del Congreso, el cual en parte declaró: "... en busqueda de la conspiración para derrocar el gobierno de Hawaii, el Ministro y el representante naval de los Estados Unidos invadieron la nación soberana de Hawaii el 16 de enero de 1893, se posicionaron cerca del edificio del gobierno hawaiano, cerca del Palacio Iolani, para intimidar a la reina Liliuokalani ya su gobierno..." (45) ¿Les suena familiar?, la estrategia usada en Veracruz fue repetida en Honolulu y por el mismo motivo profano, expansionismo.

Sólo se necesita echar una mirada a la historia reciente para recordar la invasión a Irak, basada en las mentiras del Presidente George W. Bush, sobre las supuestas armas de destrucción masiva que estaban escondidas ahí.

Voltaire dijo que: "La historia no es más que el registro de crímenes e infortunios." No podría haber mejor descripción de la relación histórica entre México y su vecino del norte, "Pobre México tan lejos de Dios y tan cerca de los Estados Unidos", cita acreditada a Porfirio Díaz que resume la historia de la lucha de México para sobrevivir los abusos de los Estados Unidos. Más tarde en el 2011, el precandidato presidencial Rick Perry dijo que si él fuera presidente de los Estados Unidos, él enviaría fuerzas militares a México para combatir a los carteles. (28) El autor George W, Grayson, que ha escrito mucho acerca de los carteles en México llamó a esta sugerencia "tontería absoluta y sin sentido. Si se envían tropas ahí, la primero a lo que se tendrían que enfrentar es al Ejército Mexicano, es ridículo." (46) Ridículo, o no, lo que es interesante es que la idea de intervenir en asuntos de México, está todavía en la agenda política de los Estados Unidos. El vecino agresivo de México, nunca ha dudado en entrar a México sin permiso, o petición. Doscientos soldados norteamericanos entraron a México en 1859, en un intento de capturar a Juan Cortina; siete años después, el General Sedwik y cien hombres entraron a Matamoros, obtuvieron una rendición de sus ciudadanos y ocuparon la ciudad por tres días. Cuatro años después, barcos de la Naval estadounidense penetraron en aguas mexicanas y destruyeron el barco pirata Forward, que había estado refugiado aproximadamente a 64 km arriba del Río Tecapan. Entre 1873 y 1896 fueron hechas incontables invasiones a México por las fuerzas de Estados Unidos, alegaban que estaban buscando ladrones de ganado y otros criminales. En 1876, Matamoros fue nuevamente ocupado por soldados estadounidenses que declararon que estaban ahí para "patrullar" el pueblo, ya que no tenía éste su propio gobierno local. En 1913, marines de Estados Unidos aterrizaron en el Estero Claris, para evacuar americanos de lo que ellos consideraban una situación peligrosa causada por problemas civiles locales. La famosa intervención de las fuerzas de Estados Unidos, bajo las órdenes del General Pershing, quienes perseguían y buscaban a Pancho Villa, entre 1914 y 1917. La operación falló por completo y Villa nunca fue localizado, aún cuando Pershing trajo con él 10,000 hombres. Las fuerzas de Estados Unidos entraron a México tres veces en 1918 en busca de criminales y seis veces en 1919.

Un artículo de 2010 en *RS Redstate* se lee: "Los Estados Unidos de América, gustosamente se esforzarían por invadir México, no es un asunto de, sí, es un asunto de cuándo. La cuestión entonces se convierte: Qué hacer con México después de que invadamos y lo limpiemos de los Cárteles de la droga (tanto como se pueda). Los Estados Unidos simplemente regresarán México al Estado con políticos corruptos, políticas económicas fallidas y sin leyes, o nos anexamos a México y lo convertimos en el Estado número 51?" (47)

Larry Klayman, fiscal del Departamento de Justicia de los Estados Unidos escribió: "Si fuera presidente le daría a México un ultimátum: O limpias tu actuación en un año, o te enfrentarás a una invasión americana que eventualmente le entregarás el dominio del poder al pueblo con nuestra "supervisión". Y nosotros nos apoderaremos de tu petróleo para pagar por esta revolución." Y agrega: "México es de gran y vital interés para América, y luego dice, Libia, e irónicamente México también, tienen una gran reserva de petróleo." (48)

El profesor Lorenzo Cano de la Universidad de Houston, está de acuerdo con el concepto y durante la administración de Bush escribió: "De acuerdo con el Instituto Americano del Petróleo, las presentes reservas de gas y de petróleo natural mundiales, se espera que se agoten alrededor del año 2040; y si cuando México decida cortar sus exportaciones y salvar sus reservas para su propio uso, o subir el precio de los mismos, es muy probable que los poderes de los Estados Unidos encuentren la manera de intervenir México. Esto podría llegar en la forma de asesinatos o de una forma altruista; o, por parte de los líderes políticos populares en México; la fundación del ala derecha conservadora, o a través de otros medios, incluyendo una invasión y una ocupación a la fuerza.

¿Pensar que eso nunca pasaría?, la Historia nos ha mostrado que este escenario no está fuera de la realidad. Esto ocurrió en 1846, 1914 y en otras numerosas ocasiones en contra de México. Haiti es el último país caribeño que ve que su sistema democrático sucumbe con la asistencia de Estados Unidos. Su presidente fue sacado por la fuerza de su despacho por grupos antidemocráticos apoyados por George W. Bush y soldados de los Estados Unidos..." (49)

En mayo 1 de 2001, *ABC News*, reporta y declara: "En los inicios de la década de 1960, los más altos líderes militares de América supuestamente sabían sobre planes para matar gente inocente y cometer actos de terrorismo en ciudades de Estados Unidos, con la finalidad de crear el apoyo popular de una guerra contra Cuba.

"Con el nombre en clave de *Northwoods,* los supuestos planes incluían la posibilidad de asesinar a los enemigos cubanos. El hundimiento de botes de refugiados cubanos en los mares, planes de secuestro, estallido de un barco estadounidense, inclusive orquestando terrorismo en las ciudades de Estados Unidos.

"Los planes fueron desarrollado como forma de engaño hacia el público americano y a la comunidad internacional, con la finalidad de apoyar una guerra que desbanque al nuevo líder comunista de Cuba, Fidel Castro.

"Los mandamases militares americanos incluso contemplaron bajas y escribieron: "Podríamos estallar un barco estadounidense en la Bahía de Guantánamo y culpar a los cubanos," y "listas de bajas en los periódicos estadounidenses que causaría una ola de indignación nacional, que apoyaría el inicio de una guerra." (50)

No hay nada en la historia de la Alemania Nazi que implique un gran salvajismo, o el no respeto por la vida humana, que exista con contenido verdadero de la Historia de los Estados Unidos. Dos millones y medio de personas murieron en Vietnam y los historiadores tienen aún dificultades en la actualidad para describir con exactitud las causas de esta guerra. Ciento veinte mil civiles inocentes murieron en Irak en una invasión que los Estados Unidos llamaron ilegal. Los mexicanos deberían de estar orgullosos de que en lugar del repetitivo llamado personal y de súplica de George W. Bush por auxilio, Vicente Fox y el gobierno de México, rehusaron unirse a la

Invasión de Irak y rehusaron participar con una declaración estadounidense, que haría a los soldados americanos inmunes a ser perseguidos en una corte criminal internacional, por crímenes de guerra o crímenes en contra de la humanidad.

La invasión de México en 1847 fue igualmente ilegal y la conquista por parte de Estados Unidos fue un acto de agresión internacional. México tiene poca experiencia con guerras. Su larga Guerra por la Independencia no fue una guerra de continuas campañas o combates, más bien fueron bastantes ataques de guerrillas dispersas, con algunas batallas significantes. El Emperador Iturbide peleó contra la Federación Centroamericana sólo por unos meses, y la guerra se peleó en contra de los explotadores gringos en Texas, por menos de un año. La que más tarde sería llamada la *Guerra de los pasteles*, contra la primera intervención francesa, también duró muy poco tiempo. El conflicto alrededor de la secesión de Yucatán, se distinguió por conflictos al azar que abarcaron un periodo de más de 4 años; pero no puede llamarse a esto una guerra tradicional.

Por otro lado, los gringos tuvieron la Guerra del Rey Felipe que duró un año y la Guerra del Rey Guillermo, que duró ocho años; la Guerra de la Reyna Ana, que duró once años; la Guerra del rey Jorge que duró cuatro años; la Guerra contra los franceses y los indios que duró siete años; la Guerra Cherokee que duró 2 años; la Guerra de la Revolución que duró ocho años; la Guerra Naval Franco-americana que duró 2 años; las Guerras Bárbaras de 1801 a 1815; la Guerra de 1812, que duró tres años; la Guerra Creek, que duró un año y que los gringos llaman en sus libros de historia "La Guerra de la Independencia de Texas", esa duró menos de un año. Ese conflicto comenzó en 1847 y fue entre una nación completamente adaptada a la guerra, que tuvo la mitad de experiencia en batallas y suficiente experiencia en estrategias militares. Tenía las características de soldados altamente entrenados y con las armas más modernas contra un pobre organizado ejército mexicano que poseían armas antiguas y un liderazgo inepto.

Por ninguna lógica perspectiva México no estuvo preparado para la guerra porque diseñó a sus gobiernos para administrar una nación de paz. Solamente se puede especular que la demanda que hizo los Estados Unidos a México por el pago de la deuda a sus ciudadanos afectados por la guerra, no guió a España, Inglaterra y Francia a tratar de forzar la indemnización de lo que fueron sus propiedades, por eso bloquearon Veracruz con sus barcos de guerra. Si los Estados Unidos pudieron obtener esa ganancia basada en territorio. Qué más era posible para el poder de Europa? El Presidente Benito Juárez estuvo tratando de administrar una nación profundamente endeudada. México debía 82 millones de pesos y en un intento de controlar la economía, ordenó la suspensión del pago de intereses de las deudas al extranjero; se enfrentó a serios dilemas, En el norte, se estaba entablando una violenta guerra civil en Estados Unidos. Para lastimar los poderes de Europa, se podría solicitar respuesta militar; Juárez pudo no haber hecho nada y permitir que la nación se hundiera para declararse en bancarrota.

La Invasión Francesa y posterior ocupación de México, ciertamente siguió el ejemplo establecido por los Estados Unidos. La invasión comenzó en el mismo puerto que los gringos habían usado y la marcha hacia la capital fue la misma que había hecho Estados Unidos; pero México ganó un importante amigo, Abraham Lincoln, para ese entonces Presidente de los Estados Unidos que admiraba y respetaba a Benito Juárez. Cuando la Guerra Civil terminó en los Estados Unidos, él alentó a los soldados con experiencia en batalla, a que fueran a México y que ayudaran a luchas por su liberación.

No hubo repercusiones por el robo del norte de México; los políticos de Washington estuvieron haciendo sus oraciones para agradecer porque su divino derecho había sido satisfecho y México fue desprovisto de sus tierras. Pero el destino de los problemas de sus víctimas, pequeños para la jerarquía de la estructura del poder en América. No hay sacrificio tan grande para ellos para obtener lo que quieren, siempre y cuando el sacrificio sea hecho por otros.

EL VECINO EXTERMINADOR

Si queremos que la historia sea contada correctamente, debemos confrontar la verdad de alguna manera. La verdad de cómo México perdió sus territorios del norte constituye una lección para futuros líderes, de tal forma que esta clase de

pérdidas no se repitan, tanto en territorio, como en recursos naturales, o en la lenta pérdida de cultura y tradiciones por la ola de influencia estadounidense.

Encontramos la Historia distorsionada en los textos escolares de México y de los Estados Unidos, donde se elogia a Cristóbal Colón y por alguna razón desconocida, un día ha sido declarado en su honor como día festivo. Fue Colón quien introdujo la esclavitud en América y él fue responsable personalmente de la exterminación del pueblo TAINO en el Caribe. En sólo tres años él había asesinado a tres millones de nativos; introdujo la crueldad que más tarde fue característica de los colonizadores españoles, quienes practicaron ahorcamientos masivos, violaciones y amputaciones de manos por no cubrir las cuotas de trabajo impuestas; mataron a los hijos de los indígenas y los cortaron en pedazos para dárselos a los perros como alimento. Las Casas, quien fue el mejor de los historiadores de ese periodo, relató todas las atrocidades que todavía los historiadores omiten en los libros de historia y Colón es considerado un héroe de la Historia. Los mismos libros de texto de historia eligen ignorar los quince grupos o personas que han llegado al Nuevo Mundo antes de Colón. No se menciona tampoco los veinte perros de caza puestos en libertad por Colón y que despedazaron a los indios ofensivos. Los indios de las islas del Caribe continuamente fueron usados como presa para cazar y luego fueron asesinados y sus cuerpos fueron cortados para alimentar a los perros de Colón.

En Estados Unidos, desde finales del Siglo XIX, hasta 1960, no fue infrecuente que los niños indígenas fueran arrancados de los brazos de sus madres por la fuerza y puestos en correccionales o escuelas federales, donde los maestros tenían el encargo de borrarles su

50

religión nativa, cultura y tradiciones y lo hacían completamente en inglés.

Peter Montague escribió que "cientos de tribus nativas con lenguas, aprendizajes, costumbres y culturas únicas fueron simplemente borradas de la faz de la tierra, la mayoría de las veces sin el pretexto de ley o justicia" (1)

David E. Stannard nos dice, "Cientos de indios fueron matados en escaramuzas. Otros cientos fueron muertos en complots exitosos a través de envenenamiento masivo. Fueron cazados por perros ´Sabuesos de Sangre, Mastives (Mastiffs, una raza de perros) para apoderarse de: ´Sus canoas y utensilios de pesca fueron destrozados. Sus aldeas y campos de cultivo fueron quemados hasta el suelo. Las ofertas de paz de los indios fueron aceptadas por los ingleses, solo hasta que los prisioneros fueron regresados; entonces, tras ese momento de calma, y los nativos en una falsa seguridad, los colonos regresaron al ataque. Fueron los colonizadores los que expresaron que deseaban que los indios fueran exterminados, cortados de raíz para no ser más un pueblo en la faz de la tierra.´ En un simple asalto, los colonizadores destruyeron el suficiente maíz para alimentar a cuatro mil personas por un año. La hambruna y la masacre de la población, aún la no combatiente se convirtieron en el hecho preferido de los británicos en lo referente a los indios." (2)

El libro de historia de los Estados Unidos "Great Americans" acordó con los anteriores puntos de vista acerca de los indios. George Washington los llamó lobos, "bestias depredadoras" y propuso la política de exterminarlos. Sus soldados mataron indios y los desollaban como animales "desde las caderas hacia abajo para hacer mallas." (3) Tomas Jefferson dijo, "en la guerra, ellos matarían a algunos de nosotros, nosotros los destruiremos a todos ellos." Andrew Johnson, séptimo presidente de los Estados Unidos estableció la política oficial de erradicar a todos los indios. Como General en el ejército de los Estados Unidos, Jackson, ganó una importante victoria contra los indios Creek y más tarde hubo 800 cuerpos de indios que trajo a un lugar. El quiso un record de cuantos indios había matado, les dijo a sus soldados que les cortara la nariz a todos los cuerpos; los cuerpos de mujeres y niños los dejo aparte para un posterior recuento. El cortó la piel de sus víctimas en largas tiras, mismas que puso al sol, para más tarde usarlas como riendas en los frenos de su caballo.

Los colonizadores americanos ejemplificaron la arrogancia que marca en gran medida a la diplomacia de los Estados Unidos en tiempos modernos. Ellos llegaron a la tierra que les pertenecía a los indios y les informaron que reconocerían sus derechos a la tierra, sólo si ésta era cultivada. Los indios que tenían por tradición un cazador y un pescador, a quienes se les informó que tenían que ser agricultores para poder tener alguna propiedad donde vivir. Algunas tribus no aceptaron estos términos y se resistieron violentamente.

La tribu Pequot vivió en el Valle de Connecticut y se opuso a que los colonizadores entraran a su territorio. En respuesta los colonos atacaron en la noche y prendieron fuego al asentamiento Pequot. El resultado fue que 500 Pequot murieron y los que sobrevivieron fueron esclavizados. La razón dada para justificar esta esclavitud fue que los indios fueron los perdedores de una guerra justa y que la esclavitud es una pena menor que la muerte.

El Rey Jorge fue más inteligente que los colonizadores; ordenó que no hubiera expansión de las colonias más allá de las montañas del este y que solamente representantes enviados por él podrían comprar tierras de los indios. Si los colonizadores quisieran más tierra, podrían comprarla del gobierno a un precio más alto. Esto enfureció a muchos de los colonizadores, incluyendo a George Washington, quien tenía sus propios sueños de poseer su propia tierra en el oeste. La sabiduría del decreto por supuesto fue asegurar a los indios que no habría más agresión para conquistar su tierra y que ellos perderían su tierra, sólo si elegían vendérsela a La Corona.

La mayoría de los colonizadores ignoraron la ley y continuaron negociando y tomando la tierra como lo desearon. Los indios sólo pudieron observar cómo más y más hombres blancos llegaban en barcos y esta población se incrementaba y con eso demandaban más tierra. No hubo nadie que protegiera los intereses de los indios, incluso los líderes de las colonias estuvieron determinados a ganar más territorio hacia el oeste; como el tiempo pasó y las colonias se convirtieron en nación, los primeros presidentes demostraron un poco de simpatía por el apuro de los nativos americanos. Al pasar del tiempo, de hecho, hubo menos inclinación por la negociación y más determinación para eliminar a los indios del continente.

Incluso Abraham Lincoln, a quien muchos historiadores consideran el más grande presidente de todos los tiempos, no mostró piedad por los indios. En 1862 ordenó que 38 indios de la tribu Dakota Sioux fueran colgados; ésta es aún la ejecución más grande en la Historia Americana. La mayoría de los acusados fueron médicos indígenas, o líderes espirituales de la tribu; subsecuentes investigación demostraron que estos hombres no eran culpables de los crímenes por los cuales fueron acusados.

Más tarde en 1891, Frank L. Baum, que escribió el famoso libro "El Mago de Oz" publicó sus puntos de vista en el **Aberdeen Saturday Pioneer** diciendo que el ejército de los Estados Unidos debió "terminar el trabajo" con la "total exterminación" de los restantes 300,000 indios sobrevivientes del holocausto de los Estados Unidos. Él se refirió acerca de los indios como "un paquete de perros callejeros llorones que lamen la mano que los aniquila. Los blancos, por ley de conquista, por justicia y civilización son maestros del Continente Americano, y la mejor seguridad de la frontera colonizada será asegurada por la total aniquilación de los pocos indios restantes." (4)

Fue con la sistemática carnicería del indio americano que los conquistadores gringos, concibieron la idea de que Dios les ordenó poseer la tierra de una costa a otra. El salvajismo con el que trataron a los indios debió haber sido una advertencia para México de que ellos no fueron lidiando con seres civilizados como estuvieron acostumbrados en México, más población se infectó con la idea de que ellos tuvieron la libertad de matar, robar y mutilar; todo en el nombre de su Dios.

Entre la gente que los líderes del gobierno de los Estados Unidos llamaron "salvajes" está la tribu Cherokee. Los Cherokees, mucho tiempo antes, tuvieron contacto con el hombre blanco y se adaptaron a muchas de sus costumbres. Las mujeres Cherokee usaron batas como las mujeres europeas y estuvieron dedicadas a la agricultura mientras las ciudades se formaban y destacaban las iglesias, casas, escuelas y caminos. Tenían un lenguaje escrito; estuvieron entre las tribus más avanzadas del continente.

En 1830 los Estados Unidos aprobaron una ley llamada, "Indian Removal Act". Ocho años después se movió al pueblo Cherokee de Georgia, la tierra nativa donde comenzaron. La ley fue muy injusta que el hombre asignado para ejecutarla, General John Wool, (el mismo General Wool quien sería el comandante de las fuerzas que ocuparon Monterrey), renunció en protesta. El General Winfield Scoot fue enviado para tomar su lugar, el mismo Winfield Scoot quien estaría al comando de la invasión a México nueve años después. Él llegó con 7000 hombres al centro Cherokee.

Los soldados cazaron a los Cherokees como animales, cuando los capturaban los ponían en pequeños fuertes en condiciones muy pobres, con muy poca comida. Una vez que se determinó que todos, o casi todos los Cherokees habían sido encontrados, fueron forzados a marchar mil seiscientos kilómetros hacia Oklahoma. Se estima que cerca de 4000 Cherokees murieron en esta brutal jornada de hambre, disentería y otras causas generalmente relacionadas con el maltrato.

El Presidente Andrew Jackson que ordenó este movimiento de los Cherokees, demostró su desprecio por los indios en su mensaje al congreso. "Que esas tribus no pueden existir alrededor de nuestros asentamientos y en continuo contacto con nuestros ciudadanos, es seguro. Ellos no tienen la inteligencia, la industria, los hábitos, la moral, ni el deseo de mejorar, que es esencial para un cambio favorable en sus condiciones. Establecidos en medio de otra raza superior y sin apreciar las causas de su inferioridad, o en la búsqueda de controlarlos. Ellos deben necesariamente ceder a la fuerza de las circunstancias y cuanto antes desaparecer." (5)

Una vez más vimos al jefe del ejecutivo de los Estados Unidos refiriéndose a los indios como carentes de inteligencia o iniciativa. En la Historia de los Estados Unidos, aún no hay un grupo de gente que haya expuesto sabiduría más grande que los líderes espirituales de varias tribus de indios americanos. Black Elke (Alce Blanco) de la tribu Oglala Sioux le dijo a su pueblo, "La primera paz, que es la más importante es la que llega con el alma de la gente, cuando ellos se dan cuenta de su relación, su identidad con el universo y con todos sus poderes, y que en el centro del universo reside el Gran Espíritu y que ese centro está realmente en todos lados, está dentro de cada uno de nosotros." (6)

Thayendanegea, de la tribu Mohawk se atrevió a decirle al Rey Jorge III, "Nuestros hombres sabios son llamados padres, y ellos verdaderamente sustentan ese personaje. ¿Ustedes les llaman a los suyos Cristianos? La religión de Él, a quienes ustedes llaman su Salvador, ¿inspira su espíritu y guía sus prácticas? Seguramente no.

Cesen entonces de llamarse ustedes mismos Cristianos, no sea que ustedes declaren al mundo su hipocresía. Cesen también de llamar a otras naciones salvajes, cuando ustedes lo son diez veces más los hijos de la crueldad que ellos. Ninguna persona entre nosotros desea ningún premio por actuar valientemente o por hacer algo que valga la pena; por tener conciencia de servir a esta nación. Yo no me inclino ante ningún hombre porque soy considerado un príncipe entre mi propio pueblo. Pero con mucho gusto lo saludaría de mano." (7)

"Nuestra creencia fue que el amor a las posesiones es una debilidad a vencer. Su atractivo se encuentra en la parte material, y si sólo se considera de esta manera, con el tiempo se perturbará un balance espiritual. Por lo tanto los niños deben aprender temprano la belleza de la generosidad. Ellos son enseñados a dar lo que más aprecian, de tal forma que pueden apreciar la felicidad de dar." Dicho por Ohiyesa de la tribu Santee Sioux. (8)

"Nosotros no les pedimos a los hombres blancos que vinieran aquí. El Gran Espíritu nos dio esta tierra como hogar; ustedes tienen la suya. Nosotros no interferimos con ustedes. El Gran Espíritu nos dio suficiente tierra para vivir en ella, búfalos, venados, antílopes y otros animales para cazar. Pero ustedes han venido aquí; me están quitando mi tierra; están aniquilando nuestras presas, es difícil para nosotros vivir así. Ahora nos dicen que trabajemos para vivir, pero el Gran Espíritu no nos hizo para trabajar, nos hizo para vivir de la caza. Ustedes hombres blancos pueden trabajar si quieren, nosotros no interferimos con ustedes, y nuevamente preguntan ¿por qué no somos civilizados? ¡No queremos su civilización!, Viviríamos como nuestros padres lo hicieron y como sus padres lo hicieron antes que ellos." (9) Crazy Horse (Caballo Loco), jefe de la tribu Tashunca-uitco dijo estas palabras a los oficiales del ejército de los Estados Unidos y expresó sabiamente aquellos que nunca fue obtenido o respetado por los colonizadores blancos. Las profesias de los chamanes de las tribus, como el Hopi que dice que los días del hombre blanco terminarán y la tierra regresará "al pueblo". Mientras tanto ellos viven en sus reservaciones y esperan.

¿Los comentarios de los líderes indios fueron palabras de salvajes ignorantes? La verdadera ignorancia fue encontrada en los documentos de Jackson y otros quienes aseguraron que el hombre blanco era una raza superior de sangre pura. La evidencia donde se compara la inteligencia de ambos grupos nos dice que, los indios americanos ocuparon América por veinte mil años y nunca hubo una sobrepoblación, nunca arriesgaron las especies hasta la extinción, nunca contaminaron los arroyos, ríos o el aire. En poco menos de 400 años, el hombre blanco ha hecho todo lo anterior y se siente orgulloso del "progreso" que ha creado, con las plagas que ha puesto sobre la tierra.

Los indios que amaban la tierra y respetaban la vida no pueden ser justamente comparados con lo que el General William Tecumseh Sherman dijo, "Debemos actuar con vengativa seriedad contra los Sioux (Lakotas) hasta su exterminación: hombres, mujeres y niños." (10) Hombres, mujeres y niños...la falta de sentimiento de un oficial representa la raza "superior".

Estos fueron los mismos hombres que prometieron apoyar la Constitución de los Estados Unidos que proclama: "...que todos los hombres son creados iguales, que fueron dotados por su Creador con ciertos inalienables derechos, entre los cuales están, el derecho a la vida, la libertad y perseguir la felicidad..." Pero los indios y los negros no fueron considerados humanos por los líderes de la nación. Washington los llamó bestias y el autor Frank L. Baum los llamó perros callejeros (perros de razas mezcladas). Ellos fueron sub-humanos que poseían las tierras que los blancos necesitaban para su sueño de expansión occidental. Cien años después el Presidente Polk llamaría a los mexicanos "salvajes" y aseguró que necesitaban ser civilizados.

En los inicios del Siglo XVI el territorio de los Estados Unidos tenía doce millones de indios, a finales del Siglo XIX tenía 230,000, noventa y cinco por ciento de la población de nativos americanos había desaparecido, y sus muertes fueron celebradas por aquellos que vieron a los indios como nada más que molestia para la expansión occidental.

Incontadas veces los indios americanos trataron de establecer la paz con el hombre blanco y los resultados fueron que el gobierno de los Estados Unidos rompió aproximadamente trescientos cincuenta tratados con ellos. Bajo la Presidencia de Andrew Jackson, la política oficial del gobierno fue la exterminación de los indios americanos.

El programa de exterminación no fue limitado a los indios, también incluyó a los búfalos. La gran bestia siempre fue llamada búfalo, aunque su nombre real fue bisonte. Estos animales deambulaban en las planicies del Medio-oeste y del oeste, y se estima que la combinación sus manadas era muy numerosa, cerca de cien millones de animales. Sus áreas de migración eran enormes en tamaño, el rango era, desde el noroeste de Canadá, este de las Montañas Apalaches y sur hasta los estados de Durango, Coahuila y Nuevo León en México. Reportes de mediados del Siglo XIX hablan de manadas increíblemente numerosas. El Coronel Richard Irving Dodge mencionó de incontables manadas de 40 kilómetros de ancho y mucho más de largo. Algunos colonizadores establecen que observaron pasar a una manada y su paso duró más de una semana. Es por eso que se estima que el total era de 100 millones de búfalos deambulando por las planicies antes citadas. En una ocasión el General Philip Sheridan expresó que había visto un billón de búfalos. Podemos tener alguna idea del tamaño de las manadas por el record de los ferrocarriles, ya que en ese tiempo transportaban pieles de búfalo en sus carros hacia los mercados del este. El Ferrocarril de Santa Fe reportó que entregó 459,453 pieles de búfalos que transportó en un periodo de dos años. Otras líneas de ferrocarril cargaron un total de 918,906 durante el mismo tiempo. El Periódico *The Dodge City* expresó: "Una cosa que no está fuera de lo común, encontrar sesenta, u ochenta mil pieles robadas en el patio del ferrocarril en cualquier momento." (11) Este total de búfalos no se iguala al estimado por Sheridan, de cien millones, pero se podría recordar que la mayoría de los búfalos fueron matados, como un deporte, por el simple placer de matar. Esqueletos de búfalo se podrían encontrar a través de las grandes planicies y por muchos años los campos estuvieron blancos por estas osamentas. Su carne se pudrió bajo el sol y animales predadores se alimentaron de la misma.

El búfalo fue la fuente de vida de los indios y con el honor otorgado a los animales caídos, nada tomado de esto fue desaprovechado. Los indios festejaron y se dieron un banquete con su carne, y bebieron su sangre. Se hicieron Teepees con las pieles y en las noches del frío invierno, los indios durmieron debajo de las pieles de los búfalos. El pelo del búfalo fue hilado y convertido en batas y la piel más suave se utilizó para hacer mocasines y ropa. La carne fue cocinada sobre fuego, o secada como obleas. La piel gruesa del área del cuello fue usada para hacer escudos que pudieran resistir la fuerza de las flechas y las pezuñas de estos animales fueron usadas para crear pegamento para adherir plumas a las flechas, Huesos pequeños fueron usados como agujas y gran parte de la piel fue cortada en tiras delgadas par usarla como hilo. Los cuernos fueron usados como tazas y cucharas. Nada fue desperdiciado y debió haber sido increíble para los indios que el hombre blanco pudiera masacrar a tan noble animal y dejar sus cuerpos en descomposición y dejar el hedor a lo largo de todo un territorio.

El gobierno federal nunca estableció oficialmente una política de exterminación del búfalo, pero tampoco de prevención para que no sucediera. Este suceso fue un acuerdo general de que esta exterminación eventualmente resolvería el "problema de los indios" El Secretario del Interior, Columbus Delano, dijo en 1874 "El búfalo está desapareciendo rápidamente, pero no tan rápido como deseo. Deseo la destrucción de esta especie como subsistencia de los indios, para facilitar la política del gobierno de destruir los hábitos de cacería, obligándolos a vivir en reservaciones y persuadiéndolos a que adopten los hábitos de la civilización." (12)

El senador demócrata de Texas James Throckmorton estuvo de acuerdo con lo anterior y dijo: "Sería un gran paso hacia adelante en la civilización de los indios y de la preservación de la paz en (la frontera), si ya no hubiera un búfalo en existencia." (13)

La última de las grandes manadas fue sacrificada entre 1884 y 1885. Los indios se convirtieron en nómadas en la búsqueda de la bestia bendita que les había servido por todas las generaciones de su pueblo. No sólo se fue el búfalo, la entrada de colonizadores había causado que otros animales se movieran a lo más profundo de los bosques y montañas. Fue un tiempo de sufrimiento para las tribus, tratando de resistir a que los movieran dentro de las reservaciones haciendo el último esfuerzo en momentos de extrema debilidad y hambruna. "Fue lastimero y lamentable verlos tiritar en el frío y enflaquecer con los ojos hundidos por la hambruna. Fue desgarrador observar a una india casi desnuda y desesperada cuando encontró la mitad de los restos de un cerdo salvaje, tratando de recuperar las entrañas del cerdo que había sido barrido dentro del corral, desde el piso del matadero. Ella estuvo en desventaja teniendo que saltar al abrevadero, cercado por alambre de púas, pero ella tuvo éxito al arrastrar al animal rápidamente hacia sus temblorosos hijos que se quedaron tirados, esperando en la nieve. Esto es lo que el escritor vio ... Una vista patética fue ver una vieja india que estaba sentada atrás de pocos utensilios que ella tenía que armar, para el viento y pescar durante todo el día a través de un hoyo hecho en el hielo, buscando la oportunidad de atrapar un pescado de agua fresca y menguar la hambruna de su familia. Mientras tanto, la gente blanca estuvo ocupada haciendo dinero en este nuevo país de nuevas y variadas oportunidades; ellos no estaban interesados en los indios- ellos decían que ese era un asunto para el gobierno, e ignoraron la necesidad de ayuda de los nativos cuando los vieron en esas condiciones. No había en ese entonces sociedades que ofrecieran servicios sociales y el gobierno era distante. Como los búfalos, las tribus nativas fueron puestos igual, en proceso de exterminación." (14)

El búfalo fue vital para los indios, pero también se volvió importante para el hombre blanco; sus pieles tenían gran demanda en los estados del este. En la década de los 70 del Siglo XIX, se hacían batas con piel de búfalo y cinturones en las máquinas de la industria del este, esa era la moda. Había particularmente algunos problemas para los nuevos ferrocarriles que se fueron extendiendo hacia el oeste. Muy a menudo, las manadas de búfalos cruzando las vías del tren impidieron que los trenes siguieran su camino y en algunas ocasiones dañaban las vías y el retraso era enorme. Los dueños del ferrocarril estuvieron interesados en eliminar a las bestias y en tener "viajes especiales de caza" donde los pasajeros dispararan a los búfalos desde las ventanillas de los trenes. La idea fue muy atractiva al inicio, pero después se probó que fue pobremente planeada, ya que algunas excursiones tuvieron que ser canceladas por el horrible olor que causaba el gran número de cuerpos en descomposición de los búfalos muertos a la orilla de las vías.

Una vez que las tribus se enviaron a vivir en las reservaciones, el gobierno comenzó un programa de integración para remover a los niños indios de sus casas y ponerlos en escuelas, donde ellos podrían ser programados en la forma de vida del hombre blanco. The Northwest Ordinance de 1787 implantó que los niños indios podrían ser hospedados involuntariamente en escuelas especiales, donde no se les permitió hablar su lengua nativa, adorar a sus dioses tradicionales, o tener, o usar nada que evocara su forma de vida indígena. En algunas escuelas los niños indios no vivieron en sus campus, pero fueron hospedados con familias blancas para la mejor asimilación de la civilización. Estas escuelas se generaron desde los Estados

Unidos, hasta Canadá; en muchos casos los niños fueron literalmente raptados a punta de pistola.

Una de las primeras lecciones que los niños indios aprendieron fue el significado del castigo corporal. Fueron golpeados por la más pequeña infracción, atados al asta bandera, o se les negaba la comida como castigo. Esto fue totalmente extraño para ellos; las madres indias nunca practicaron ningún tipo de violencia con sus hijos; las condiciones en las escuelas eran usualmente deplorables. Las áreas donde vivían estaban sucias y la comida que les daban era inadecuada para el consumo humano. La leche continuamente contenía estiércol flotando en la misma; se podrían encontrar insectos en sopas y estofados. La campaña para la reeducación de los niños indios no aportaba nada, sólo un genocidio cultural.

Para la forma de pensar del hombre blanco, incorporar a los niños en la forma de vida del hombre blanco aliviaría el "problema de los indios" en la próxima generación; pero había muchos más viviendo en las planicies y en las montañas, a los cuales se necesitaba eliminar. Por mucho que los militares de los Estados Unidos trataron de retratar a esos indios como amenaza para la gente civilizada; la historia eventualmente diría que inocentes fueron masacrados por la sola razón de haber nacido en una tribu. Un caso fue descrito por un soldado que estuvo presente.

"Ellos llegaron al alba, a la vista estaba el campamento indio; después de una marcha forzada de cuarenta y ocho millas y ocho horas desde la media noche, a través del áspero e ininterrumpido valle. Muy poco tiempo bastó para prepararse. Las fuerzas habían estado divididas y ordenadas para la batalla en la marcha y justamente cuando el sol se levantó, ellos cayeron sobre el enemigo, con gritos que pondrían al ejército Comanche a ruborizarse. Aunque totalmente sorprendidos, los salvajes no estuvieron desprevenidos, y por un tiempo, su defensa fue terrible para nuestras filas. Su principal fuerza se concentró y formó en línea de batalla sobre los peñascos más allá del arroyo, donde ellos estuvieron protegidos por canteras construidas toscamente y rifles. Ellos mantuvieron fuego regular, hasta que los proyectiles de la Compañía "C" (tercer regimiento), los obuses comenzaron a caer entre ellos; se dispersaron y lucharon uno a uno en genuina estilo indio. Como la batalla progresó, el campo de la masacre se ensanchó hasta una extensión de no menos de doce millas de territorio. Hubo indios que pudieron escapar, u ocultarse, pero para las tres de la tarde, la carnicería había cesado. Se estimó que entre trescientos y cuatrocientos salvajes escaparon pos sus vidas. El balance fue que no hubo ningún herido o prisioneros; su fuerza al inicio de la acción fue estimada en novecientos hombres." (15)

En diciembre 19 de 1864, *The Rocky Mountain News* imprimió el recuento de la mayor "batalla" entre el ejército de los Estados Unidos en Colorado y un grupo de indios de las tribus Cheyenne y Arapaho. "Su aldea se componía de ciento treinta Cheyennes con tiendas Arapaho. Esto con sus contenidos fue totalmente destruido, entre sus efectos había grandes suministros de harina, azúcar, café, te y se encontraron prendas de ropa de mujeres y niños; también libros y muchos otros artículos que deben haber sido robados de los trenes y caballos. Fue encontrado un cuero cabelludo de hombre blanco, que evidentemente fue adquirido unos pocos días antes. Los jefes lucharon con inigualable valentía y cayeron enfrente de sus hombres. Uno de ellos cargó solo contra una fuerza de doscientos o trescientos y cayó perforado por las balas, muy delante de sus bravos."

Tiempo después en una investigación del congreso, el comandante de los grupos militares, El Coronel John M. Chivington, malinterpretó los hechos del encuentro diciendo: "...en el momento del ataque hubo en el campamento de los indios cerca de mil cien, o mil doscientos indios, de los cuales, cerca de setecientos eran guerreros y los restantes eran mujeres y niños. No estoy consciente si había algún viejo entre ellos; huno un inusual número de hombres entre ellos. Los jefes de la guerra de ambas naciones estuvieron congregados ahí evidentemente para algún propósito especial." (16)

Chivington estuvo haciendo lo imposible para presentar la matanza de Sand Creek como una batalla militar legítima. En realidad fue una masacre implacable. El autor Dee Brown describió la escena como: "...la mayoría de los guerreros estuvo fuera cazando búfalos, dejaron sólo alrededor de 60 hombres y mujeres y niños en la aldea. La mayoría de los hombres eran demasiado viejos, o demasiado jóvenes para cazar. Black Kettle voló una bandera americana sobre su cabaña, desde que previamente los oficiales habían dicho que esto demostraría que él era amigable y podía prever el ataque de los soldados estadounidenses," (17)

Chivington había dejado el Fuerte Lyon, localizado en el presente en Las Ánimas, Colorado, con una fuerza de 700 hombres. Su testimonio antes de la declaración del Comité del Congreso, "Estuvieron bajo mi comando en esta ocasión cerca de quinientos (500) hombres del Tercer Regimiento de Caballería Colorado, bajo el inmediato comando del Coronel George L. Shoup, del mencionado Tercer Regimiento, y cerca de doscientos cincuenta (250) hombres del Primer Regimiento de Caballería Colorado; Mayor Scott J. Anthony comandó el mencionado un batallón del mencionado Primer Regimiento, y el Teniente Luther Wilson quien comandó otro batallón del mismo Primer Regimiento." (18)

La noche anterior al ataque, los soldados fueron comprometidos a través del alcohol, para anticipar el encuentro al día siguiente con los indios. En la mañana del 29 de noviembre de 1864, Chivington ordenó a sus tropas atacar; los oficiales al frente de las Compañías D y K del Primer Regimiento de Caballería Colorado, Teniente Joseph Cramer y Capitán Silas Soule, rehusaron obedecer la orden y dijeron a sus hombres que permanecieran atrás.

Los hombres de Chivington abrieron fuego, y alguien dentro del campamento indio bajó la bandera americana y colocó una bandera blanca de rendición. Fue ignorado. Morning Star (Estrella de la Mañana), un guerrero de la tribu Cheyenne más tarde dijo que la mayoría de los muertos fueron matados por los cañones que disparaban a los indios que trataban de escapar de la masacre. En pocos minutos el campamento estaba cubierto de cuerpos y de aquellos que no se podían mover por las heridas. Chivington y sus hombres entraron al campamento y robaron todo lo que encontraron en los teepees; tomaron todos los caballos que quedaban y mataron a los heridos. Los cuerpos fueron mutilados y días después los soldados entrarían al Teatro Denver y dentro de los salones expusieron sus trofeos de los fetos extraídos de las madres indias embarazadas, cueros cabelludos y genitales de hombres y mujeres a quienes masacraron.

Los oficiales de Chivington reportaron 7 soldados muertos, 47 heridos y un desaparecido. La verdad fue que 24 habían muerto, 52 heridos y ocultaron la evidencia del valiente esfuerzo de los indios por defender a sus mujeres e hijos. Él también mintió cuando reportó con respecto al número de muertos y heridos indios. "...Hubo quinientos o seiscientos indios muertos; No puedo establecer con exactitud el número de muertos, tampoco puedo establecer el número de mujeres y niños muertos. Los oficiales bajo mis órdenes que pasaron sobre el campamento después de la batalla, para contar el número de indios muertos, mencionaron que vieron unas pocas mujeres y pocos niños muertos, no más de los que ciertamente cayeron en el ataque, ya que se encontraban en ese momento en el campo de batalla. Yo mismo pasé por algunos lugares del campo después de la lucha, vi una mujer que había muerto y una que se había colgado ella misma. No vi niños muertos. De todo esto, pude aprender y llegué a la conclusión de que pocas mujeres o niños fueron asesinados. Soy de la opinión de que cuando el ataque se llevó a cabo en el campamento indio, un gran número de mujeres (esposas) y niños escaparon, mientras los quereros peleaban contra mis tropas." (19)

Hay un acuerdo general entre posteriores investigadores y testigos de la masacre, acerca de cuántos indios fueron asesinados. John S. Smith estuvo en el campo de batalla al momento del ataque y después de esto, él estableció que murieron entre setenta u ochenta indios, de los cuales veinte o treinta eran guerreros. Desde que Smith estuvo hablando sólo de los hombres muertos, generalmente esta cantidad acuerda con las conclusiones del historiador Alan Brinkley, quien estimó que 133 indios fueron asesinados, de los cuales 105 fueron mujeres y niños. William Bent también estuvo dentro del campamento y escribió, que 137 indios habían sido asesinados y sólo 28 de los mismos eran hombres. (20)

John S. Smith fue posteriormente llamado para testificar ante el Congreso y declaró: "Vi los cuerpos de aquellos, tirados ahí, todos cortados en pedazos, lo peor, mutilados, como nunca había visto antes, las mujeres fueron cortadas en pedazos...sus cueros cabelludos fueron cortados con cuchillos; sus cerebros fueron sacados; niños de dos o tres meses, de todas las edades yacían ahí, desde lactantes hasta guerreros..." Cuando un congresista le preguntó quién había mutilado los cuerpos, él respondió: "Las tropas de los Estados Unidos..."

El alcance del salvajismo de los soldados pudo ser visto en una particular parte del testimonio de Smith: "...yo tenía un hijo mestizo (niño producto de un hombre blanco y una mujer india) ahí, quien se sacrificó él mismo cuando los indios comenzaron a escapar, ser mestizo le daba una pequeña esperanza, viendo que ellos me disparaban, él huyó con los indios por una distancia cercana a una milla. Durante la pelea allá arriba, él regresó al campamento y fue a la cabaña, entonces fue rodeado por soldados. Él llegó tranquilo y se sentó, permaneció ahí ese día, esa noche y el siguiente día en la tarde; cerca de las cuatro de la tarde, yo estaba sentado afuera del campo, un soldado salió de la cabaña y me llamó por mi nombre; me levanté y fui, me tomó por el brazo y caminamos hacia el campo del Coronel Chivingston que estaba como a sesenta yardas de mi campo. Él me dijo: " Siento decírtelo, pero ellos van a matar a tu hijo Jack." Conocí el sentimiento de todo el campamento de los indios y eso no se usó para hacer resistencia. Dije: "No puedo ayudarlo" Después caminé hacia donde el Coronel Chivington estaba parado, cerca de su campo de tiro; cuando ya estaba cerca, a unos cuantos pies de distancia, oí un tiro, vi a una multitud corriendo hacia mi cabaña, ellos me dijeron que Jack estaba muerto." (21)

El autor Ward Churchill escribió sobre la carnicería y dijo: "Dedos y orejas fueron cortados de los cuerpos, por la joyería que los indios usaban. El cuerpo de White Antelope (Antílope Blanco), yacía solitario en la base del arroyo; fue el primer objetivo, además de cortarle el cuero cabelludo, los soldados le cortaron la nariz, las orejas y los testículos, estos últimos para una bolsa de tabaco..." (22)

Chivington fue simplemente uno más de aquellos que creyeron que estaba cumpliendo el deseo de Dios con su indiscriminada masacre de mujeres y bebés. Fue un ministro Metodista que creyó que Dios lo había tocado y guiado para librar a la nación de salvajes incivilizados; él tuvo un dicho: "Maldito el hombre que simpatiza con indios"...He tenido que venir a matar indios y créanlo, es correcto y honorable usar cualquier medio bajo el Dios del Cielo para matar indios." (23)

Muchos creyeron que la masacre en Sand Creek fue una excepción en las relaciones entre indios y soldados del Ejército de los Estados Unidos. Desafortunadamente eso no es verdad; un año antes, del crimen de Chivington en Sand Creek, el Coronel Patrick Edward Conner estaba al comando de un grupo de voluntarios de California que fue sirviendo en el Campo Douglas, en Salt Lake City, Utah. A temprana hora del 29 de enero de 1863, ellos se aproximaron a un campamento de la sub-tribu Shoshone del noroeste, cerca de la orilla del Bear River. Los indios estaban dormidos y desconocían que pudieran tener una horrorosa experiencia de gringos en guerra.

Los mormones del área fueron advertidos de cómo los indios debían ser tratados. Había habido conflictos entre los Shoshone y buscadores de minas de oro en las montañas de Utah. Como el hombre blanco invadió el área y se mató a las presas de caza, los Shoshone pasaban hambruna; trataron de resistir la invasión de los blancos por la fuerza, pero eso sólo trajo como consecuencia que el ejército de los Estados Unidos se les opusiera y trajera grandes dificultades.

El *Desert News* de Salt Lake City report: "...con ordinaria buena suerte, los voluntarios "los sacudirán" Nuestra comunidad deseamos deshacernos de todos los grupos (de indios) y el Coronel Connor es exitoso en encontrar esa clase bastarda de humanos que juegan con las vidas de los ciudadanos pacíficos y obedientes de las leyes. De esta manera, estaremos complacidos en reconocer nuestras obligaciones." (24)

Uno de los líderes de los mormones locales, como siempre, expresó un punto de vista diferente. "Se dijo que el Coronel Connor está determinado a exterminar a los indios, quienes han estado matando a los migrantes en la ruta hacia las minas de oro en el territorio de Washington. Pequeños destacamentos se han dejado al norte por algunos días. Si la presente expedición imita lo hecho por su precedente, resultará que se atraerán algunos indios amistosos, se les asesinará y se dejarán los restos de esos perros culpables, distribuidos en los lugares que suelen frecuentar en las montañas." (25) Desafortunadamente la predicción se hizo realidad.

La ficha histórica sobre el sitio de la masacre del Rio Bear establece que "90 combatientes entre mujeres y niños fueron asesinados." Este monumento fue erigido en 1990 e intenta caracterizar a las víctimas de la masacre, como legítimos enemigos, sólo da gran testimonio de las decepciones que todavía perduran entre blancos que quieren creer que lo que sus ancestros hicieron tiene alguna justificación.

El campamento fue a tacado y los soldados fueron rápidos en el asunto de matar a tantos como fuera posible. Una vez que los hombres fueron muertos, ellos golpearon y violaron a las mujeres. Christensen escribió sobre los incidentes de algunos soldados que retuvieron bebés por los tobillos y :"los golpearon hasta que sus cerebros salieron, ellos no pudieron encontrar ninguna sustancia dura en ellos."(26) Fue un asesinato indiscriminado por todos lados y cuando comenzaron a quemar los teepees, mataron a cualquiera que se encontraba escondido dentro.

En Ash Hollow, Nebraska, las mujeres indias y los niños se escondieron en cuevas tratando de escapar del ataque de los indios. Los soldados dispararon sus rifles dentro de las cuevas, donde las balas rebotaron y mataron a muchos.

En Montana, un indio joven perdió sus caballos y culpó del engaño a un comerciante indio blanco. Malcolm Clarke. Él tomó caballos de Clarke como pago por sus pérdidas, pero el gringo y su hijo, pronto encontraron a este joven indio y lo golpearon enfrente de una reunión de indios Blackfoot. Después de esto Clarke violó a la esposa del guerrero llamado Owl Child (Niño Lechuza). La mujer tuvo un niño como resultado de la violación y en agosto 17 de 1869, Owl Child y un grupo de sus amigos, dispararon y mataron a Clarke.

El comandante del Ejército de los Estados Unidos a cargo de la región, ordenó que se matara a Owl Child y que su cuerpo fuera entregado a él con un máximo de dos semanas, pero él había escapado y estaba viviendo con un grupo de indios de la tribu Piegan, dirigida por Mountain Chief (Jefe Montaña). En unos días, fuerzas norteamericanas, bajo el comando del Mayor Eugene Baker, se estuvo buscando el campamento Piegan.

En enero 23 de 1870, los exploradores de Baker reportaron que Mountain Chief y su gente estaban acampando en un lugar llamado Willow Rounds. La información estuvo equivocada y rápido sus exploradores avisaron a Baker que Mountain Chief había dejado el área y el campo estaba ahora ocupado por Chief Heavy Runner que fue amigo de los blancos del área. Baker rehusó escuchar y ordenó el ataque. En minutos hubo 173 indios muertos, la mayoría mujeres y niños, uno de los exploradores con Baker contó 217 cuerpos.

Al Jefe Heavy Runner lo mataron enfrente de su tienda que tenía una bandera de Estados Unidos ondeando sobre la misma. Justamente como sucedió en el caso de Sand Creek, las tiendas fueron incendiadas con ancianos y niños dentro. Los cuerpos de los indios fueron quemados.

Peter Hardeman Burnett, primer gobernador de California después del Tratado de Guadalupe, creyó que la exterminación de los indios era una necesidad para el progreso del hombre blanco. En su segundo mensaje anual a los legisladores, en enero 7 de 1851, anunció: "Que continúe la exterminación para hacer la guerra entre las dos razas hasta que la raza india se extinga. Eso debe esperarse." (27)

Los periódicos de la región aceptaron la política y el *Yreka Herald* escribió a sus lectores: "Ahora que esa hostilidad general contra los indios ha comenzado, esperamos que el gobierno prestará la ayuda que permita a los ciudadanos del norte continuar una guerra de exterminación, hasta que los últimos pieles rojas de estas tribus estén muertos. La exterminación no es más una cuestión de tiempo, el tiempo ha llegado, el trabajo ha comenzado, y dejar decir al primer hombre tratado, o paz, sería considerado como traidor." (28)

Hay un frenesí por exterminar a los indios del área y hacerlo legal. La legislación estatal pasó una ley en 1851, otorgándoles a los ciudadanos el derecho de crear grupos de vigilancia para cazar a los indios como animales y luego presentar la reclamación del pago por sus gastos. En 1852, el Estado pagó sobre un millón como reclamos en la cacería de indios.

Un residente de California contó que la cacería de indios en su región, no comenzó hasta 1856. "En 1856, re realizó la primera expedición de los blancos contra los indios y ha continuado desde entonces... ha habido muchas de estas expediciones, tantas que no pudo especificar el número, el resultado ha sido que hemos matado entre 50 y 60 indios en cada una de estas expediciones y hemos tomado algunos prisioneros, que siempre llevamos a la reserva, frecuentemente tendríamos que regresar dos o tres veces a la semana." (29)

La ciudad de Shasta, California, ofreció a sus ciudadanos $5.00 por cada cabeza de indio que trajeran al City Hall. Se reportó que hombres vendrían al centro con mulas, cada uno cargando de ocho a doce cabezas de indios, Otro pueblo cerca, Marysville ofreció una recompensa por "cada cuero cabelludo, o cualquier otra evidencia satisfactoria" (30) de que los indios estaban muertos.

Un participante registrado en la cacería de indios: "Nosotros...viajamos en la noche, hasta que vemos el fuego de una ranchería india, los rodeamos cuando está por amanecer y esperamos hasta antes de que el sol salga para atacar y matamos a 20 entre pavos, esposas e hijos y tomamos dos esposas y un niño prisionero; los matamos en tres minutos...no encontramos signos de estragos que hayan sido cometidos por estos indios en esta ranchería." (31)

Antes de que el hombre blanco llegara a América del Norte, cerca de 310,000 indios vivían en California. La brutalidad de los españoles forzó a los indios a trabajar, construyendo sus misiones, confinándolos en condiciones que causaban un número considerable de muertes. Los blancos comenzaron a llegar cerca de 1830 y sesenta años después la población india se había reducido a sólo 16,000.

Se puede decir que la meta de la Alemania Nazi fue la de exterminar a los judíos europeos. El hombre blanco, sin embargo se fijó la meta de eliminar a todos los indios de todas las tribus, de todas las regiones del territorio entre el Atlántico y el Océano Pacífico, La población india de California pudo haber sido reducida en un 95%, esto es el reminiscente de la masacre de los búfalos que fueron reducidos de 100 millones a 10 animales sobrevivientes.

Los indios tenían su hombre sagrado, aquellos que podían entrar en el reino del espíritu y leer el futuro; o comunicarse con los poderes secretos de la naturaleza. Uno de esos hombres fue el místico Tavibo, un indio Paiute, que fue padre se Wovoka, quien aprendió las maneras de su padre y un día recibió una visión, mientras observaba un eclipse de sol. La visión le dijo que la tierra moriría rápido y después reviviría como un regalo para los indios, inclusive para aquellos que habían muerto antes de ellos. Para recibir este regalo, sin embargo, para recibir este regalo, los indios tenían que rechazar la forma de vida del hombre blanco. Como un ritual de la nueva creencia, la gente tuvo que orar, cantar y bailar. Durante su estado hipnótico de baile, los indios podían ver el hogar después de la vida, ellos conocerían algún día una tierra abundante, con pastos altos donde el búfalos se podría ver en vastas manadas y sus ancestros los estarían esperando con los brazos abiertos, ésta fue llamada la Danza de los Fantasmas (Ghost Dance).

Cuando la nueva religión comenzó a esparcirse entre las tribus, los líderes Lakota y su misticismo tribal, pusieron a un lado la manera Wovoka de trasladar la visión y le dieron una propia. La paciente espera, llamada por Wovoka fue lanzarla a un lado, y la nueva interpretación vio la eliminación del hombre blanco. Ellos tendrían camisas mágicas que repelerían las balas de los soldados blancos.

El fervor con el cual los indios adoptaron la nueva creencia alarmó a los oficiales blancos y la Danza de los Fantasmas rápidamente fue prohibida en las reservaciones. Sin embargo los Lakotas continuaron con sus danzas; en respuesta se enviaron tropas a Pine Ridge Reservation (Reservación Pine Ridge), en Dakota del Sur, donde los Lakotas fueron confinados. Viendo la presencia de los soldados, los jefes Lakota llevaron su gente a diferente lugar de la misma reservación, para realizar sus ritos y conducir la danza sagrada. Se envió un mensaje al Gran Jefe Sioux, Sitting Bull (Toro Sentado), pero él y siete de sus guerreros fueron muertos por soldados antes de que pudiera dejar su reservación en Dakota del Norte.

El General Miles creyó que el líder de los Lakota, Big Foot (Pié Grande) por la resistencia continua de la danza y ordenó su arresto. Se inició la búsqueda de Big Foot y de su hijo; fueron encontrados junto con los danzantes como a treinta millas de Pine Ridge. Se les ordenó a los indios que hicieran un campamento en Wounded Knee Creek y cuando obedecieron, los oficiales ordenaron los cñones alrededor del campamento.

La siguiente mañana los soldados entraron al campamento y ordenaron a los indios que entregaran todas sus armas. El médico brujo Yellow Bird (Pájaro Amarillo) les dijo a los guerreros que resistieran, recordándoles que sus camisas mágicas les darían protección.

Black Coyote fue un guerrero Lakota joven que estaba sordo; no entendió qué les habían ordenado, pero cuando un soldado trató de quitarle su arma, él lo empujó y el arma resonó durante la subsecuente lucha. El sonido provocó que los soldados abrieran fuego y los cañones explotaron alrededor de ellos. En menos de una hora, hombres, mujeres y niños indios yacían en charcos de sangre sobre la nieve invernal. La escena fue horrorosa con 150 indios muertos y 50 heridos, mientras los soldados sufrieron 25 muertes y 39 heridos.

Phillip Wells fue parte indio y parte blanco y servía como intérprete para el ejército. Más tarde él dio su testimonio de los eventos de Wounded Knee. "Estaba interpretando para el General Forsyth (era el Coronel en ese entonces) justo antes de esta batalla el 29 de diciembre de

1890. Se les había ordenado a los indios capturados que entregaran sus armas, pero Big Foot alegó que los indios no tenían armas. Todavía ayer ellos estaban bien armados cuando se rindieron; él me está engañando. Dile que no es necesario tener miedo en renunciar a sus armas, que deseo tratarlo amablemente.´ Forsyth declaró:´ ´Estás mintiéndome como respuesta a mi amabilidad.´

"Durante este tiempo, un médico brujo, con un vestuario llamativo y fantásticamente pintado, ejecutó los movimientos de la Danza del Fantasma, lanzando polvo al aire. El exclamaba ´Ha!, Ha!´ y cuando lo hacía, parecía como si fuera a hacer algo terrible, y dijo: ´He vivido lo suficiente´, esto significaba que pelearía hasta morir. Dirigiéndose hacia los guerreros jóvenes, quienes estaban encuclillas juntos, él les dijo, ´No teman, dejen que sus corazones sean fuertes, muchos soldados están en contra de nosotros y tienen muchas balas, pero estoy seguro que sus balas no nos penetrarán. La pradera es grande y sus balas volarán sobre las praderas y no hacia nosotros. Si ellos vienen hacia nosotros, flotarán lejos, como el viento en el aire.´ Me giré hacia el Mayor Whitside y dije: ´Ese hombre está haciendo una jugarreta´ y repetí lo que él había dicho. Whitside respondió: ´Ve directo al Coronel Forsyth y dile acerca de esto´ Y eso fue lo que hice.

Forsyth y yo fuimos al círculo de los guerreros, donde él me dijo que le dijera al Curandero que se sentara y se callara, pero él no puso atención a la orden. Forsyth repitió la orden y el cuñado de Big Foot contestó: Él se sentará cuando llegue al círculo.´ Cuando el curandero llegó al final del círculo, se puso encuclillas. Un sargento de caballería exclamó: ´Ahí va un indio con su pistola debajo de su manta´ Forsyth le ordenó que tomara el arma del indio, y él lo hizo. Después Whitside me dijo: ´Si es necesario dile a los indios que serán buscados de uno en uno´ Los guerreros jóvenes no pusieron atención a lo que les dije; oí a alguien a mi izquierda exclamando: Miren!, miren! Y vi a cinco o seis guerreros jóvenes deshacerse de sus mantas y extraer sus armas de debajo de ellos y blandirlas en el aire. Uno de los guerreros disparó a los soldados, a quien se le ordenó disparar a los indios. Miré en dirección al curandero, él y otros curanderos se aproximaron a unos tres o cuatro pies de mí con grandes cuchillos que afilaron con tierra y los levantaron para apuñalarme. Él me apuñaló durante la aglomeración y cortó mi nariz. Lo detuve hasta que pude tomar mi rifle para pegarle. Le disparé y maté en defensa propia.

La tropa "K" fue subiendo entre las tiendas de las mujeres y niños y el cuerpo principal de indios. Quienes fueron convocados a entregar sus armas. Los indios comenzaron a disparar a la tropa "K" para ganar el Cañón de Wounded Knee Creek; haciendo esto, expusieron a su propio fuego a sus mujeres y niños. El Capitán Wallace murió en este momento, al estar parado enfrente de sus tropas; una bala golpeó su frente y avanzó hacia su cabeza. Comencé a jalar mi nariz, que fue colgando por la piel; el Teniente Guy Preston gritó: ´Dios mío, hombre, no hagas eso, se puede salvar ´Después me guió lejos de la escena de combate." (32)

American Horse (Caballo Americano) fue un indio que presenció los eventos de Wounded Knee y relató una versión diferente. "…ellos giraron sus armas; las armas de Hotchkiss abrieron fuego sobre las mujeres que estaban paradas en los alojamientos, bajo la bandera de tregua. Por supuesto, tan pronto fueron atacados antes de darse a la fuga,…Hubo una mujer con un infante en sus brazos que fue asesinada tan prono ella tocó la bandera de tregua, y las mujeres y los niños por supuesto fueron esparcidos todos alrededor de la aldea circular, hasta que fueron eliminados. Cerca de la bandera de tregua, una madre fue muerta y su bebé, sin saber de esto, seguía alimentándose de su pecho; especialmente esto fue un espectáculo muy triste. Como las mujeres estaban huyendo con sus bebés, todos fueron asesinados juntos; les disparaban cuando se atravesaban. También las mujeres embarazadas fueron asesinadas… Después de que la mayoría fueron muertos, Se hizo un llanto con todos los que no fueron asesinados, o heridos. Deberían ir lejos y estarían a salvo. Los niños pequeños que no estaban heridos salieron de sus refugios, tan pronto como estuvieron a la vista, un número de soldados los rodeó y en ese mismo lugar de realizó la carnicería de todos ellos… Por supuesto, tendría que haber estado bien, si sólo mataban a los hombres, nos hubiésemos sentido agradecidos por ello; pero el hecho de haber matado a las mujeres, especialmente a los niños pequeños, a las niñas, que formarían el futuro del pueblo indio, es la parte más sádica de todo el asunto y lo sentimos dolorosamente." (33)

Hoy, bien entrado el Siglo XXI, los Estados Unidos aún operan cerca de 310 reservaciones indias a través de toda la nación. En las escuelas especiales para niños indios en Canadá, la taza de muerte de niños indios fue dos veces mayor que la de Auschwitz. Enfrentando estos hechos, aún así, los gringos permaneces negando la realidad. El acercamiento intelectual de la situación de los indios americanos se enfoca más en aliviar la culpa del hombre blanco, que en darles una real asistencia a los indios.

El Capitán Richard H. Pratt, uno de los fundadores de la Carlisle Indian School, fue conocido por decir frecuentemente: "Mata al indio y salva al hombre" La verdadera sugestión de que destruyendo la herencia de los indios, emergería una mejor persona, sólo nos da evidencia de la increíble ignorancia que dominó al pensamiento angloamericano.

La indiferencia hacia la muerte de los indios, que prevaleció en el Siglo XIX, no tuvo verdaderamente desteñida por los Estados Unidos. La diferencia es que una vez que ellos fueron exterminados y ahora ellos fueron olvidados. Cerca de un 40% de todas las casas en las reservaciones son consideradas inadecuadas y 30% de los hogares están repletos. Menos del 50% de las casas indias están conectadas a un drenaje. A pesar de ser forzados a vivir en reservaciones, cerca de 90,000 familias indias no tienen hogar, o viven en habitaciones inadecuadas, Hay 525,000 indios viviendo en reservaciones y sus condiciones de vida son peores que las de un grupo étnico en el resto de América. Los indios tienen la tasa más alta de pobreza dentro de los grupos étnicos y representan una probabilidad del 670% de morir de alcoholismo. Tienen más del 650% de oportunidad de morir de tuberculosis, en comparación con otros grupos de los Estados Unidos. Hay un 318% más alto en los indios de que mueran de diabetes que otros grupos en la nación. Las escuelas indias se les dará la mitad de la cantidad para educar niños de lo que se les da a otras escuelas públicas de la población general. Una de cada diez casas indias no tienen instalaciones de cocina. (34)

Estas condiciones parecen decirle al mundo que los americanos, todavía están en el proceso de exterminación de la población nativa. A pesar de las condiciones patéticas bajo las cuales los indios viven, no ha habido protesta. Los americanos pueden marchar por los derechos civiles de los negros, por el anti-aborto, por el movimiento de derecho a la vida, por los matrimonios gay del mismo sexo; pero el indio permanece olvidado. Arrojado lejos en reservaciones remotas.

Esto es un poco de ironía histórica; en el presente el afro-americano ha ganado su libertad y el indio americano ha perdido la suya. Siguiendo la Guerra Civil y la emancipación de la población afro-americana; El indio no fue considerado un ciudadano de los Estados Unidos. Él pudo haber estado aquí mucho antes del hombre blanco, pero no fue un ciudadano dentro del mundo del hombre blanco. Cuando fue escrita la decimocuarta enmienda a la Constitución, y se liberó a los esclavos negros, hubo una cláusula especial que excluía a los indios. La Suprema Corte reglamentó que los americanos nativos no fueran ciudadanos porque ellos pertenecían a su tribu y las tribus podrían crear tratados con el gobierno de los Estados Unidos

Como siempre, una vez que los indios estuvieron en las reservaciones, el hombre blanco quiso parte de la pequeña porción de tierra que les habían dado. El congreso pasó un Acta General de Asignación, comenzó a eliminar el sistema estricto de la reservación y les dio a cada familia una porción de tierra. Para 1932, cerca del 65% de la tierra de los indios, había sido vendida a negociantes, que continuamente persuadieron o timaron a los indios para que vendieran. Finalmente para 1924 se les permitió a los indios que adquirieran su nacionalidad norteamericana.

De toda la gente de la tierra, probablemente los indios americanos fueron los que menos se merecían los abusos recibidos a manos de los gringos invasores. Los niños indios, aún los que están en el útero fueron enseñados a respetar a sus hermanos. Como infantes ellos escucharon a los mayores. Se les enseño a respetar la tierra, las criaturas, las plantas, todo lo que está sobre la tierra. Se les dijo de un mundo espiritual, donde uno podría ir a meditar y encontrar los secretos de las cosas. Las creencias de los indios fueron tan puras e incluyentes, que los mormones los vieron como descendientes de los israelitas. Pero fue a esta gente a la que los intrusos blancos quisieron civilizar. Ellos los masacraron, de la misma forma como hicieron con el búfalo; en realidad hubo poca diferencia entre los dos. Confiscaron sus tierras y los aislaron en áreas confinadas, regularmente lejos de sus nativos hogares. Los encerraron con límites territoriales, cuando sus corazones fueron enseñados a moverse por la tierra y sólo les dejaron los recuerdos de los lugares sagrados, donde sus ancestros descansan.

La idea que tuvo Washington fue la de educar a los indios jóvenes y crear nuevas generaciones bien adaptadas a la forma de vivir del hombre blanco. El General Richard H. Pratt dijo: "Nosotros no separamos a la gente de cada nacionalidad en escuelas exclusivas para cada una de estas nacionalidades... (Pero) estipulamos que la juventud de nuestro pueblo vaya a todas las escuelas. No tendremos éxito en americanizar a los indios hasta que trabajemos en ello, exactamente de la misma manera." (35) Aunque la juventud fuera resistente a los esfuerzos del hombre blanco por cambiar todo lo que ésta conoce y que fue conocida por todos aquellos que se han ido antes de ella. Los intentos tempranos para conformar a la juventud india hacia el estilo europeo de vida, simplemente no funcionó. Henry M. Teller, Secretario del Interior, en su reporte de 1882, confesó que los intentos previos para civilizar a los indios habían fallado.

Lo que los políticos y educadores parecen olvidar fue que, el primer requerimiento para enseñar a cualquiera es, inculcar el deseo de aprender. Les habían enseñado a los indios todo lo que necesitaban saber para ser felices. Ahora el hombre blanco quería enseñarles cómo ser exitosos. Los niños indios no sabían nada del concepto de éxito; ¿cómo podían medirlo?, ¿Qué les daría esto en el último minuto de su vida? En su mundo fue desconocido, si la más pequeña criatura del bosque fue más inteligente que el hombre, o, no. Eso fue reconocido, quizá porque los animales, simplemente tienen diferentes actividades. Fue obvio que el halcón tiene mejor visión que el hombre. Los humanos no podrían nadar como una trucha; el perro fiel podría capturar esencias indetectables para el hombre. Muchas especies tienen muchas habilidades, superiores a las del hombre, quien se esfuerza por entender que él fue nada más parte de un gran diseño de la naturaleza y aprendió a maravillarse al vivir dentro de ella. El antiguo provervio Sioux expresó: "Trata a la tierra bien, no te será dada por tus padres, es prestada a ti por tus hijos. Nosotros no heredamos la tierra de nuestros ancestros. Nosotros la pedimos prestada de nuestros hijos." (36)

A los niños Arapaho se les enseñaron lecciones como: "Todas las plantas son nuestros hermanos y hermanas. Ellas nos hablan y si escuchamos las podremos oír", y "Antes de comer, siempre hay que tener tiempo para agradecer la comida." (37) Los ancianos les dijeron: "Cuando nosotros mostramos nuestro respeto por otras cosas vivientes, ellas responden con respeto para nosotros", y una lección que quizá las escuelas del gobierno para indios, debieron haber aprendido: "Si nos maravillamos continuamente, el regalo del conocimiento llegará." (38)

El hombre sabio de la tribu Cheyenne enseño a los niños que: "Nuestro primer maestro es nuestro corazón" (39), Entre la tribu Mohauk, una mujer joven embarazada fue diciendo: "Recuerden que sus hijos no son de su propiedad, pero son prestados a ustedes por su creador." (40)

Los niños Kiowa fueron instruidos para: "Caminar suavemente en la primavera; la Madre Tierra está embarazada"(41) y los ancianos Nex Pearce les dijeron a los niños: "Todo animal conoce más de lo que tú conoces." (42) Los Shawnees creyeron que: "Nosotros somos todos un niño rotando hacia la Madre Cielo," (43) y un dicho común conocido por varias tribus fue que una persona debería: "Observar al Cielo como tu padre, a la Tierra como tu madre y a todas las otras cosas como a tus hermanos y hermanas." (44)

Los indios Hopi, del desierto del suroeste enseñaron: "La sabiduría llega siempre cuando tú dejas de buscarla y comienzas viviendo la vida que el Creador planeó para ti," (45) Y los Cherokee aconsejaron: "No dejes que el ayer gaste mucho de lo de hoy." (46)

Justo cuando el hombre blanco quiso enseñar conocimiento aplicable para un moderno y rápido cambio mundial; los indios enseñan sabiduría concentrada sobre hacer dignos y honorables los pocos días de la vida del hombre. Un niño indio, acostumbrado a las palabras de sabiduría, no se podría adaptar a lecciones superficiales, designadas por un mundo que él no deseaba conocer. Aún el subyacente tema de la enseñanza del hombre blanco, fue: "Hemos tomado sus tierras y la vida que conocieron, no será más. Ustedes no tienen opción, excepto vivir en cualquier mundo que creamos para ustedes."

Pero no fue suficiente para enseñar de memoria, el conocimiento mecánico de las matemáticas, inglés, lectura y escritura. Los niños indios también tenían que aprender sobre el Dios del hombre blanco y tenían que aprender a aceptarlo como propio.

El fundador del Hamptom Institute (para indios), el General Samuel Chapman Armstrong, apoyó y estableció la enseñanza y acercamiento a la Iglesia Católica. "Nuestro gobierno será culpable de una norme equivocación el día que se desechen las escuelas contratadas y se comprometa a una educación puramente secular para sus pupilos. Podremos entonces esperar ver a los indios convertidos en paganos civilizados. Los resultados de una educación laica en la actualidad son aparentemente suficientes entre muchas tribus. Los indios libre-pensadores con una pizca de educación, están en todos lados, podemos encontrar quien se burle del Cristianismo como una reliquia del pasado." (47) Por todo el noble idealismo de enseñar a los indios, el hombre blanco continuó demostrando su ignorancia sobre la forma de vivir de los indígenas. La tribu Ponca vivía cerca del Río Missouri y fue removida de sus tierras sin ninguna advertencia y llevados a Nebraska, ordenándoles vivir en una reservación que pertenecía exclusivamente a los Sioux, quienes se sintieron ofendidos con la llegada de los Ponca y en el pleito que siguió, muchos murieron.

Muchas tribus, como los Wichita y los Pottawatamie, habían vivido en un área por muchas generaciones, y tuvieron cosechas que complementaban la cacería y habían vivido en paz a través de su historia. En 1825, en lo que hoy es Kansas, fue declarado territorio indio, o un lugar donde las tribus podrían ser reubicadas, al ser removidas de los lugares que originalmente ocupaban. Tribus que habían vivido por mucho tiempo en los profundos bosques, o cerca de los grandes ríos; fueron llevados a las planicies, espacios vacíos del Territorio Indio. Para 1840, más de 100,000 indios habían sido sacados de las tierras de sus padres y transferidos a las planicies de Kansas.

El gobierno aportó fondos para remover a los indios, pero en muchas instancias, agentes corruptos se quedaban con la mayoría de estos recursos; algunas de las tribus perdieron la mitad de su pueblo de hambruna y agotamiento. Se establecieron tratados con las tribus, mismos que fueron rotos por el gobierno. Nuevas leyes permitieron que más blancos entraran al área y en poco tiempo, las tierras de los indios se habían reducido en un 40%. Un nuevo tratado se hacía y se volvía a romper. Los oficiales del gobierno arribarían y les darían a los líderes de los indios promesas que fueron solamente mentiras oficiales. El ciclo de esperanzas y decepciones llenó a la sociedad india y su última incertidumbre duró más de cien años, mientras que a un gobierno y su pueblo, pareció no importarles.

Los ojos del mundo, los cuestionamientos aumentaron se jactaba de su forma democrática de vida, y removía a pueblos nativos de las tierras que habían conocido desde siglos atrás y extendían el reclamo de sus propiedades, como si fuera una cosa natural por hacer. Muchos aseveraron en respuesta que la expansión y remoción fue necesaria porque, los pobres e ignorantes salvajes no tendrían cabida en la sociedad del este y entonces, fue mucho mejor darles alguna tierra, donde ellos podrían seguir siendo indios y el resto de la nación, crecería y prosperaría alrededor de ellos.

La verdad de la situación fue que la tasa de alfabetismo del pueblo Cherokee fue significantemente alta en relación a la que había en el territorio del sur en el tiempo de la Guerra Civil. Aún así, ese pueblo fue enviado a la marcha de la muerte, a las reservaciones, porque estuvieron entre aquellos "salvajes incivilizados."

En los estados del medio-oeste, muchos de los indios fueron buenos hombres de negocios que prosperaron y hablaban tres idiomas. Muchos tenían granjas rentables, o fueron comerciantes aceptados por los blancos de las comunidades vecinas. Pero de cualquier forma, los sacaron de sus hogares y los llevaron a las reservaciones en Kansas. Las posesiones y propiedades fueron dejadas atrás y su nieva vida sería de abandono y desesperación.

En Europa, naciones y pueblos observaron la expansión americana y vieron con repugnancia el maltrato a los indios. Pensaron que los Estados Unidos eran hipócritas en proclamar sus ideales de igualdad entre los hombres, cuando ellos estaban no garantizaban cualquier forma de igualdad entre aquellos que tenían el legítimo reclamo de su tierra. Artículos publicados en periódicos mexicanos indicaron, que el crecimiento de los Estados Unidos fue algo para ser admirado y sería bueno para México, tratar de duplicar esa prosperidad y progreso de su vecino del norte. Todo esto, por supuesto, fue antes de que México también se convirtiera en una víctima de la codicia de los gringos y de su falta de conciencia. Es extraño, como siempre, que los políticos en Washington se refirieron a los mexicanos como salvajes, justo como lo hicieron con los indios americanos.

Como ya se mencionó, los niños indios fueron arrancados de sus hogares y puestos en escuelas, donde ellos fueron "americanizados", fue sistemático, por lo tanto, eso tuvo que suceder también con un programa similar con los adultos. Los indios adultos, como siempre, estaban acostumbrados a la vieja forma de la cultura de sus ancestros. No podría enseñárseles a cambiar tan fácilmente. La conclusión fue, que si al adulto no podría enseñársele fácilmente a cambiar, entonces, sería castigado por conservar sus tradiciones. El "Código de las ofensas indias" fue creado como una solución; una de estas "ofensas" fue descrita como: "La danza del sol", "La danza del cuero cabelludo", "La danza de la guerra" y todos aquellos llamados festejos referentes a ello, serían consideradas "ofensas indias" y cualquier indios sería culpable al participar en una, o más de estas ofensas; para la primera ofensa cometida reteniendo las raciones de la persona, o personas que se encontraran culpables por la corte, por un periodo no mayor de diez días. Si se encontraban culpables por una subsecuente ofensa, bajo esta regla, sería castigado con retener sus raciones por un periodo no menor de quince días y no mayor de treinta días, o por encarcelamiento en la prisión, por un periodo que no excediera de treinta días." (48)

El castigo fue retener y forzar al supuesto ofensor depender de otros para su supervivencia. Las danzas tribales habían sido tradición desde la antigüedad y tenían un significado festivo y espiritual. La misma gente que vino al Nuevo Mundo por la persecución religiosa, ahora estaba persiguiendo a otros, e imponiendo su ideología a otros. Su noble causa guiando a otros al nuevo mundo, fue un hecho inútil, por su falta de compasión y la persecución expresa fue peor que cualquier otra conocida en Inglaterra.

El equivalente tribal del ministro, o sacerdote del hombre blanco, fue el curandero. El fue el líder espiritual de la tribu y tenía poderes especiales para predecir y percibir lo que le beneficiaba a la tribu. Pero la regla 6 de la lista de ofensas establecía: "La usual práctica del llamado "Curandero" será considerada una "Ofensa india" justificable por la Corte de las Ofensas Indias y siempre que sea probado a la satisfacción de la corte que la influencia o práctica del "Curandero" opera como obstáculo a la civilización de la tribu, o que el llamado "Curandero" recurre a algún artificio o artefacto para mantener a los indios bajo su influencia, o adoptara cualquier significado para prevenir la asistencia de los niños a la escuela, o usara cualquiera de las artes o conjuros para prevenir a los indios de que abandonen sus ritos paganos y costumbres, se fallará culpable de ofensa india y será convicto de una o más de estas prácticas específicas, o de alguna otra en opinión de la corte, de una igualmente anti-progresiva naturaleza; será confinado en la prisión por un término no menor de diez días, o hasta el tiempo en el que él provea evidencia satisfactoria para la corte y sea aprobada por el agente, que él abandonará para siempre todas sus prácticas al estilo ofensas indias bajo esta regla." (49)

La cultura de los indios puros incluyó un sistema de dotes, donde el novio daría al padre de la novia los mejores caballos que hubiera obtenido y en respuesta a esto, él recibiría regalos de la familia de la novia. Mientras el sistema fue parte de las costumbres de la tribu, algunas ocasiones ocurriría que el hombre pagaría a la familia para tener a su hija como novia. Las ofensas indias incluían una regla que prohibía estas prácticas y los castigos fueron severos. La retención de raciones o el encarcelamiento fue la pena para indios o mestizos; pero si fuese un hombre blanco, la única cosa que le pasaría, era que lo obligarían a abandonar la reservación y no podía regresar.

Una vez más nos enfrentamos con los medios americanos que son forzados a preguntar, ¿por qué tantos abusos, violaciones y decepciones pudieron haber sido impuestas a propósito sobre un solo grupo étnico, y la prensa tampoco apoyó a los indios,   permaneció en silencio, respaldó cada crimen reportándolo. Los libros de historia, la mayoría de las veces cargan con la misma culpa, presentaron sólo superficialmente los hechos, y en algunas ocasiones, fueron distorsionados.

La actitud americana hacia los nativos americanos, se puede encontrar en una ley que se estableció en 1823 que se llamó: La Doctrina Cristiana del Descubrimiento. La ley emergió de una decisión de la Suprema Corte en Johnson vs. McIntosh, y en la decisión final, El Jefe de Justicia, John Marshall manifestó que, los países europeos habían establecido un "Dominio Definitivo" sobre el territorio que representa a los Estados Unidos y que los indios perdieron su derecho a la "Completa soberanía como nación independiente" y mantenían sólo el derecho a "ocupar" sus tierras. Su creencia fue que los europeos blancos, habían descubierto el área de los Estados Unidos:

"A pesar de la ocupación de los nativos, quienes eran paganos y, al mismo tiempo, admitiendo el anterior título de propiedad de un cristiano cualquiera que pudo haber hecho un descubrimiento previo." (50)

He mencionado uno de los grandes misterios recordados en la historia del hombre blanco en el Nuevo Mundo; la desaparición de los colonizadores en Croatan. La palabra Croatan fue tallada en la corteza de un árbol, pero no se encontró nada de los colonizadores. Esto es interesante y típico y debería ser recordado por los gringos y mientras al mismo tiempo, sin conocer que los indios Croatan, también desaparecieron; probablemente masacrados por los recién llegados al territorio. La tribu Mandan, de Dakota del Norte, desapareció completamente. Los Tutelo, Occaneechi, Monacan, Manahoac, todas desaparecieron de la historia. Sin embargo, hubo un momento en 1911, cuando el pasado vino a la vida y una tribu que había desaparecido, desapareció hasta su último hombre.

La tribu Yana que ocupó la parte Centro-norte de California por más generaciones de las que alguien pueda recordar. Como con muchas comunidades indias, hubo sub-tribus que fueron autónomas y auto-suficientes. Una de éstas, los Yahi, un grupo de los numerosos Yana. Antes de la estampida del oro de 1849, hubo cerca de 400 Yahi viviendo en lo profundo de los bosques montañosos. Fueron cazadores y recolectores, viviendo en un espacio de armonía comunal. En agosto 15 de 1865 los Yahi fueron atacados por uno de los grupos de indios cazadores, que mataban indios por las recompensas ofrecidas por el Estado y por algunas ciudades. Ellos mataban a cada hombre, mujer o niño que encontraban. Los Yahi sobrevivientes estuvieron aterrados, que dejaron 74 cuerpos de sus amados hermanos sin enterrar, en el medio de su campamento en ruinas de verano. Los nuevos colonos blancos querían eliminar a los indios y organizaban partidas de cacería frecuentemente en las montañas. A cada masacre de los Yahi se le dio un nombre. La masacre Workman en 1865, declaró 40 Yahi; la masacre Silva en el mismo año mató 30 Yahi. Un año después fue la masacre Three Knolls, mató 40 más; la masacre Campo Seco de 1867, mató otros 45. Sus miembros rápidamente se vieron reducidos, ellos perdieron otros 30 en la masacre Kingsley Cave, de 1871. Los Yahi entonces contaban con cerca de 140 miembros. (51)

Los sobrevivientes de los ataques se retiraron a la parta más alta del bosque montañoso, utilizaban hogueras pequeñas para cocinar que no despedían humo o luz. Fundaron una plataforma en la montaña cubierta con árboles de roble y matorrales que les preveían albergue. Caminaban cuidadosamente para no dejar veredas. Cazaban por comida, mientras ellos estuvieron cazando por sport.

En 1908 había cuatro Yahi restantes de su Sub-tribu, en noviembre 9 de ese año un grupo de peritos-inspectores entraron en el área y los Yahi corrieron a esconderse. Había estado con fuertes lluvias en las montañas y cuando cruzaron un arroyo crecido, una mujer, su hija y otro Yahi fueron llevados por la corriente.

No tomó mucho tiempo para los peritos-inspectores descubrir el campamento oculto de los Yahi. Ellos tomaron todo lo que habían dejado ahí, los arcos y flechas, batas de piel, implementos y herramientas; al final no le dejaron nada al solitario Yahi para sobrevivir. Eso fue a finales de agosto de 1911, el último Yahi bajó de las montañas, estaba hambriento y sabía que no había otro lugar donde encontrar comida. Cuando fue encontrado escondido al lado de un negocio, llamaron al sheriff local y lo pusieron en la cárcel para "su propia protección"

Un miembro de la tribu Yana identificó al hombre como Yahi, pero no pudieron comunicarse con él porque usaban diferentes dialectos. Cuando aparecieron las noticias en los periódicos sobre su descubrimiento, los antropólogos de la Universidad de California en San Francisco, lo rescataron y le dieron un hogar, dentro del Museo Nacional de Antropología. Ahí, él daba demostraciones de cómo hacía puntas de flecha. Llegaron miles de visitantes al museo. Le llamaron "Ishi", porque él repetía mucho esa palabra.

Como muchos nativos americanos antes que él, el último de los Yahi contrajo tuberculosis y murió cinco años después de entrar en la civilización. Ishi no fue hecho para confiar en la vida que llevaba encima y la civilización no estuvo preparada para él.

Una revisión de la historia de los nativos americanos después del arribo de los exploradores españoles, revela una larga y trágica serie de abuso y explotación. Se puede asumir que los padres Franciscanos que construyeron la cadena de misiones a lo largo de la Costa de California, llegaron con buenas intensiones, por sus propios patrones. Pero el hecho permanece de la tasa de mortalidad de los indios en las misiones fue del 72%. Los Franciscanos tuvieron el apoyo de la Corona Española; mientras ellos expresaran que la misión fue para convertir a los indios al cristianismo, ellos también los usaron como esclavos en la construcción de las misiones, Más de 1000 indios vivieron en cada misión y guardias armados los vigilaban. En los días de entresemana, los indios trabajaban siete horas diarias y después de esto, tenían dos horas de rezos forzados. Los domingos ellos eran requeridos para rezar por cinco horas seguidas. En el tiempo que les quedaba, podían cazar y pescar tanto como quisieran pero tenían que compartir su botín con los frailes.

Los indios fueron instruidos en los nuevos métodos de agricultura y comercio, y fueron forzados a usar el tipo de ropa europea. Cualquiera que no pasara el tiempo suficiente rezando, o se negara a usar la ropa europea, era golpeado, castigado, o sujeto a otras formas de reprimenda.

Una vez que México ganó su independencia de España, los franciscanos perdieron mucho de su poder; tres años después de la Independencia de México, los indios fueron emancipados de las misiones. Muchos fueron a trabajar a las ciudades, ganándose la vida con el comercio de lo que habían aprendido en las misiones; otros se convirtieron en granjeros y rancheros y vivieron bien con sus trabajos. Después en 1846, los Estados Unidos se adueñaron de California por las condiciones explícitas en el Tratado de Guadalupe-Hidalgo. Parte del acuerdo fue que los gringos protegerían los derechos de los nativos americanos. En lugar de esto, no se les permitió a los indios votar, se les estafó haciéndolos firmar tratados que los forzaba a renunciar a todas sus tierras en California.

En el sureste la situación fue un poco mejor, la poderosa Nación Apaches estuvo viviendo en paz con los soldados blancos y algunos de los Apaches Chiricahua habían sido contratados para proveer madera para la Butterfield Stage Line.

En enero 27 de 1861, una guerra Apache Dilzhe'eh atacó parte de el rancho de John Ward en Sonoita Creek y robó varias vacas y secuestró a su hijastro de 12 años, Felix Ward. Ward fue inmediatamente al cercano Fuerte Buchanan e informó al oficial en comando del asalto. Se ordenó que un destacamento de enviara a recuperar al niño, a cargo del grupo de 54 soldados estuvo el teniente George Nicholas Bascom.

Después de estar en el área y no encontrar ninguna señal de los indios o del niño, Bascom fue guiado a creer que los Chiricahua fueron responsables por el ataque.

Bascom llamó a una reunión con Cochise, el jefe de los Chiricahua, y cuando Cochise llegó, trajo consigo a su hermano Coyuntwa, dos sobrinos, su esposa e hijos. Cuando se le preguntó acerca del niño raptado, Cochise dijo que no sabía nada de lo que había pasado.

Cochise fue bien conocido por los hombres blancos por su honestidad, su cultura no permitía mentiras, aún así Bascom no le creyó; le dijo a Cochise que él y su familia serían hechos prisioneros hasta que el niño regresara. Cochise sacó un cuchillo que llevaba escondido debajo de su camisa, rajó la tienda y corrió hacia la oscuridad de la noche. Obstaculizado por una pierna herida, fue capturado otra vez en Apache Pass. Nuevamente Cochise escapó y Bascom capturo a cinco miembros de su familia como rehenes, diciendo que los soltaría cuando Cochise soltara al niño secuestrado.

Cochise juntó a sus guerreros y atacó a un grupo de hombres que viajaban con un rebaño de mulas. Poco después él atacó un vagón de tren y tomó varios rehenes, mexicanos y blancos. Los Chiricahua odiaban a los mexicanos por razones que serán explicadas después en este capítulo, tomaron a los blancos como rehenes y a los mexicanos los ataron a las ruedas del vagón y los dejaron ahí mientras el vagón ardía. Como los hombres gritaban con dolor y terror, un indio bravo los atormentó con su lanza, su nombre era Gerónimo.

Cochise respondió a la demanda capturando a cuatro americanos a quienes ofreció entregar a cambio de que soltaran a su familia. Bascom rehusó; Cochise envió un mensaje donde pedía la libertad de su familia y donde aseguraba nuevamente que él no sabía nada sobre el secuestro del niño blanco. Nuevamente Bascom rehusó. Entonces Cochise concentró una partida de guerra muy grande y atacó a otro grupo de americanos y tomó tres rehenes más. Ofreció nuevamente hacer el intercambio; Bascom respondió que la única cosa que él aceptaría era el regreso del niño y el ganado.

Cochise llevó a su gente a Sonora y en el camino encontró americanos, los mató y dejó los cuerpos para que Bascom los encontrara. En febrero 19 de 1891, Bascom ordenó que el hermano de Cochise y sus sobrinos fueran colgados y luego regresó al fuerte con sus hombres.

Los historiadores generalmente están de acuerdo de que cuando Cochise descubrió que su hermano y sobrinos habían sido ejecutados, fue cuando la famosa Guerra Apache comenzó y duró más de 25 años.

El paisaje de Sonora y Chihuahua fue perfecto para los apaches, estaba embellecido con altas montañas y profundos cañones, con altísimos precipicios que eran accesibles sólo para los apaches. En los viejos mapas, la parte central de su área, es identificada como la Apachería, sugiriendo que fue su tierra, su lugar de retiro. La maravillosa resistencia del apache se mostró en las campañas contra Victorio y sus apaches en 1879 y 1880 cuando ellos resistieron a los ejércitos de Estados Unidos y de México por dos años, hasta que el mismo Victorio fue asesinado en Chihuahua por un destacamento de voluntarios organizado bajo la autoridad del Estado. Durante este tiempo, los indios se encontraron con las tropas de los Estados Unidos en más de veinte enfrentamientos, matando a un ciento, o más de sus perseguidores y perdiendo muchos más de los suyos. Aún después de la muerte del jefe, su lugar fue asumido por Nana, quien guió los ataques a través de Texas y Nuevo México, dejando un sendero de humo y sangre detrás de él, y durante los siguientes dos años aterrorizó a los asentamientos coloniales, hasta que una combinación de las tropas estadounidenses y mexicanas estuvo cerca de aniquilar a sus guerreros. Por muchos años, las autoridades mexicanas persistentemente objetaron la entrada de las tropas de los Estados Unidos a su territorio, incluso para perseguir a los indios hostiles, cuya presencia fue una amenaza para ambas naciones. La intrusión de Mackenzie en México, en persecución de los Keekapoos y Lipans, bajo Costielitos, quien fue sorprendido en el campo, cerca de Remolina, creo mucha excitación y fue sujeto de una crítica extensiva. Cuando ambas naciones llevaron a cabo la lucha contra los indios, fue una batalla internacional; esto hizo posible que año con año se lograran acuerdos mutuos, a través de los cuales, las fuerzas de cada país se permitieron la entrada a uno u otro territorio en la persecución de los indios hostiles.

Sin una comprensión internacional, podría haber sido absolutamente imposible conseguir un final exitoso en la campaña contra Gerónimo y sus apaches Mezcalero en 1886. Los apaches habían sido perseguidos duramente por las fuerzas de Crook, así que cuando ellos huyeron a México, se refugiaron en su viejo escondite en la Sierra Madre. Sin embargo, ellos fueron perseguidos con pasión, por la Compañía de exploradores de indios del Capitán Emmet Crawford, quien se adelantó a ellos en Teopa, México. En el ocaso, al final de la lucha, los combatientes durmieron después de 24 horas de dura pelea y de cabalgar sin haber descansado o comido algo. Los periodos de sueño de los oficiales fueron distraídos justo antes de que el día surgiera la siguiente mañana por llanto de los exploradores, seguidos de fuego, descubrieron que habían sido atacados por tropas mexicanas; a pesar de los esfuerzos por asegurar a los mexicanos que ellos eran "Soldados Americanos" y no enemigos, continuaron disparando. El Comandante de las fuerzas de Estados Unidos murió en este asalto. Los soldados mexicanos le dispararon al cerebro.

El comando cayó entonces en manos del Teniente Maus, quien con juicio consumado, hizo las paces con los mexicanos y persuadió a Gerónimo a regresar, atravesando el Río Grande para rendirse al General Crook. Después de su entrevista con el General, como siempre, los líderes indios se convirtieron en sospechosos y nuevamente huyeron a las montañas.

Por este tiempo, el General Crook fue relevado por el General Miles, quien una vez más marcó un cordón alrededor de los apaches, tan cerca que ellos fueron dirigidos a través de la frontera nuevamente, donde ellos fueron seguidos muy de cerca por un batallón de caballería al mando del Mayor Lawton, quien los presionó muy fuerte a través de las montañas por cerca de tres meses. En esta extraordinaria campaña, la resistencia de las tropas se enfrentaron a una prueba de máxima severidad. Venciendo el camino sobre los picos de las montañas a nueve y diez mil pies de altitud; trepando sus laderas hasta los cañones tan profundos en donde ni una brisa podría entrar para combatir el aire tropical; padeciendo calambres por el hambre y la sed de tantos días consecutivos, desgastados, doloridos por trepar sin cesar sobre peñascos y arenas movedizas, ellos permanecieron pacientemente sobre el camino. Veces los apaches practicaron su usual recurso para mistificar a sus perseguidores, cuando bajo presión y separados, cada hombre procedía solo al lugar de encuentro acordado. La persecución se volvió más lenta, ya que por el camino, sólo galopaba un pony, mismo que podría ser seguido por el escrutinio más cercano; pero los caminantes raramente titubeaban, y la ruta sencilla, renovaba las recompensas de su búsqueda. Los indios fueron sorprendidos en el campo del Río Yaqui , en el Distrito de Moctezuma; escaparon, pero su campo fue destruido. Se cometió mucha depredación y varios asesinatos en los Dsitritos de Ures, Arizpe y Moctezuma, los apaches rápidamente se fueron al norte en una marcha de cerca de trescientas millas y fueron finalmente corriendo a cubrir Skeleton Canyon, formalmente el recurso favorito de los apaches, y, como lo remarcó el General Miles, singularmente apropiado por nombre y tradición como testigo de escenas cercanas de cada guerra india.

Si el crédito es dado a las tropas por el coraje y resistencia que los animó durante esta campaña, ¿qué se puede decir de sus oponentes? Por más de un año, participaron en una lucha rápida y forzada a través de las más resistentes e infértiles porciones de la Sierra, sin subsistencia de ninguna especie, excepto lo que ellos podrían obtener rápidamente de los valles, mientras se movían de montaña en montaña, alternadamente quemaban con el sol de mediados del verano y con la helada escarcha de la nieve. Al final, rotos en espíritu y con el cuerpo desgastado; ellos se rindieron a sus perseguidores.

Los días de los ataques indios en la frontera mexicana han pasado. Una nueva y más próspera era ha comenzado en la Historia de México. Bajo la mano de líderes fuertes, los distritos más distantes podrían ser protegidos. Numerosas líneas de telégrafos conectan los estados del norte con la capital, de tal forma que una alarma podría ser alcanzada por Jefe del Ejecutivo en pocos momentos, los trenes pasaron con más frecuencia, lo que significa que se podía oprimir un levantamiento en pocas horas. La misma tranquilidad existió en el lado americano del Río Grande. La justicia en ambos lados de la frontera fue rápida y segura y la larga búsqueda por la paz y la libertad por los indios americanos por fin terminó. Los fieros apaches y comanches no entrarían más en México, ni traerían terror a su gente. El odio que sentían por los mexicanos sería olvidado ya que ellos fueron movidos a reservaciones lejanas.

Los indios del suroeste americano no hicieron distinción entre mexicanos y los conquistadores españoles que habían llegado a su región siglos antes. Uno de los primeros contactos con los exploradores españoles fue con el pueblo de los Acoma. En 1549, Francisco Vázquez de Coronado describió al pueblo como "uno de los lugares más grandes que hemos visto," porque los Acoma construyeron sus hogares en las laderas de los peñascos, accesible sólo por la cercanía de las escaleras verticales, el explorador agregó que él "se arrepintió de haber subido al lugar." (52)

Cerca de sesenta años después, los Acoma aprendieron el plan de los españoles para colonizar sus tierras y disidieron defenderse por ellos mismo de cualquier intruso. Juan de Oñate había sido enviado por el Rey a la región para ponerla bajo el control español. El Rey creyó que había elegido al hombre perfecto para este trabajo porque Juan de Oñate se había casado con Isabel de Tolosa Cortés de Moctezuma, nieta de Hernán Cortés, el conquistador de la Triple Alianza Azteca y bisnieta del Emperador Azteca Moctezuma Xocoyotzin.

Cuando los soldados demandaron a los Acomas provisiones, vitales para la vida y que los indios necesitaban para sobrevivir en el invierno; hubo una batalla y 11 españoles murieron, incluyendo el sobrino de Oñate. Los Acomas pagaron por su resistencia, ellos no tuvieron idea de cuan rudo podría ser Oñate. Sus hogares fueron incendiados y más de 800 miembros de sus tribus fueron matados. Tomaron como esclavos a 500 miembros sobrevivientes de la tribu; a cada hombre de 25 años para arriba le amputaron el pie derecho.

En los años que siguieron a este acontecimiento, los Acoma aumentaron sus cultivos y pagaron impuestos por sus cosechas. Los misioneros católicos llegaron al área y los indios fueron forzados a construir templos; a pesar del trabajo para los misioneros, ellos siguieron con el trabajo a su estilo en secreto. Todo acerca de ellos fue cambiando. A sus pueblos se les adjudicó nuevos nombres, cada uno nombrado a partir del nombre de un santo. Tuvieron que plantar árboles de durazno y cultivos de productos desconocidos para ellos, como trigo y pimientos. La tecnología que ellos habían conocido y practicado se había ido y ahora servían a los españoles y misioneros quienes les ofrecían a su extraño Dios.

En los inicios de los años 1670 hubo en el área una severa sequía y los cultivos murieron en los campos por falta de agua. La hambruna llegó y fueron victimizados por frecuentes ataques de las tribus vecinas, quienes buscaban alimento. Los soldados españoles fueron incapaces de proveer la protección que necesitaban y la tribu se fue debilitando por las enfermedades que trajeron los españoles. Cerca de la mitad de los Acoma murió. Los líderes de la tribu pensaron que el Dios de los misioneros no tenía el poder suficiente para salvar a su pueblo, por lo que retornaron a su vieja religión. También se dieron cuenta de que un frente unido sería necesario para enfrentarse a los españoles. Los grupos disidentes que se habían atacado unos a otros anteriormente formaban una unión que sería nombrada El Pueblo.

Anteriormente había habido instancias donde los indios practicaban elementos de su vieja religión y esto fue ignorado por los misioneros y oficiales españoles ya que los indios atendían a las misas y en apariencia actuaban como si fueran católicos. Aunque ahora, como la revuelta religiosa fue con todos los indios, los misioneros creían que eso no podía ser tolerado. Fray Alonso de Posada, "prohibió danzas Kachina por los indios Pueblo y ordenó a los misioneros a apoderarse de cada máscara, vara de rezo y efigie que ellos pudieran guardar en sus manos y quemarlos..." (53)

Cuando Nicolás de Aguilar, un oficial español atentó disminuir el poder de los Franciscanos, él fue arrestado. Enjuiciado y tomado antes de la inquisición. A diferencia de muchos que enfrentaron al tribunal, él no dio ninguna señal de temor. Se estableció que él fue un hombre grande que usaba pantalones de franela harapienta y una camisa de lana. Para demostrar su sentido de humildad, se hizo anotar que todas sus posesiones estaban en una pequeña caja que contenía una muda extra, libros de religión, algunos amuletos y hierbas medicinales.

Le levantaros cargos de "Obstrucción del programa misionero, incitando a la hostilidad hacia los frailes franciscanos y faltarle el respeto a la Iglesia y a sus enseñanzas; insignificante disciplina en la misión y por alentar las danzas nativas Kashina." (54)

En su defensa habló con valentía mientras negaba todos los cargos. El juicio duró 19 meses antes de ser declarado culpable de todos los cargos. Su sentencia fue que debería ser requerido para sufrir un auto-da-fé público y se le prohibió entrar a Nuevo México por diez años. Él nunca podría tener una oficina pública nuevamente. El auto-da-fé se involucró en la misa católica y a esto le siguieron rezos en una procesión pública, donde la sentencia de la corte fue leída. Los procesos sucedieron en plazas o explanadas y las últimas horas con la Iglesia y los oficiales civiles presentes.

Aún así, los Acoma continuaron con su religión tradicional en secreto y en 1675, el Gobernador Juan Francisco Treviño envió órdenes para arrestar a 47 curanderos de la tribu, que fueron acusados de brujería; cuatro fueron sentenciados a morir y tres fueron colgados; uno se suicidó antes de que la ejecución pudiera ser completada. Los otros 43 curanderos fueron castigados públicamente con el látigo y enviados a prisión. Cuando los líderes de El Pueblo se enteraron de lo que se había hecho, juntaron fuerzas y cabalgaron hacia la prisión en Santa Fe. El Gobernador Treviño estuvo asustado por el tamaño de estas fuerzas y supo que sus soldados no podrían protegerlo, por lo que soltó a los prisioneros.

Uno de aquellos puestos en libertad fue Ohkay Owingeh, quien por alguna razón fue llamado "Pope" por los españoles. Fue Pope y algunos de los otros líderes, quienes decidieron que el Pueblo ya había sufrido suficiente; fue el momento necesario para armar una revuelta en contra del dominio y brutalidad de los españoles. Fueron enviados corredores con sogas con nudos; el número de nudos significaba cuantos días pasarían antes de lanzar el ataque. Sin embargo, los españoles capturaron dos de los corredores y supieron del complot; contando los nudos supieron que el ataque llegaría el 11 de agosto de 1680 y necesitaron estar preparados para ello. Cuando supo que los corredores habían sido capturados Ohkay Owingeh cambió la fecha del ataque al 10 de agosto.

El ataque fue conducido simultáneamente por los indios Picuris, Tewa y Taos en los pueblos en que vivían. Veintiuno de los cuarenta misioneros Franciscanos en la región fueron matados también como 380 españoles, que incluían hombres, mujeres y niños. Los españoles sobrevivientes no tuvieron lugar a dónde correr excepto Santa Fe e Isleta Pueblo que no habían participado en la revuelta. Para muchos historiadores, la Revuelta Pueblo fue salvaje e innecesariamente brutal, pero debe ser recordado que el ataque a los indios tuvo pérdidas de madres, padres, esposas y niños por las crueldades de los misioneros y autoridades españolas.

Ohkay Owingeh guió sus tropas a los alrededores de Santa Fe, cortó el suministro de agua; el gobernador de Nuevo México puso barricadas alrededor de su palacio y finalmente llamó a una retirada en masa de la ciudad. En agosto 21 de 1680, once días después de que comenzara la revuelta, 3000 colonizadores españoles dejaron Santa Fe y se mudaron a El Paso del Norte. Los refugiados en Isleta creyeron que todos habían muerto en Santa Fe y abandonaron su lugar el 15 de septiembre rumbo a El Paso del Norte.

Si algo bueno había llegado de la brutal ocupación de los españoles, esto fue que los indios Pueblo habían aprendido a domar y montar caballos. Con los españoles fuera de su territorio, éste podría expandirse por la habilidad de moverse sobre amplias distancias en cortos periodos de tiempo. También aprendieron nuevas estrategias de guerra y el poder de una extraordinaria fuerza de caballería.

Las leyendas indias dicen que una vez que los españoles abandonaron, Ohkay Owingeh, le ordenó a su pueblo, bajo pena de muerte, quemar y destruir cruces y objetos religiosos de las iglesias. Nunca plantar y cultivar trigo, cebada, y destruyeron los árboles de fruta y cualquier otra cosa que hubieran sido forzados a cultivar o practicar. Si algún hombre tenía una esposa cuyo matrimonio era producto del catolicismo, éste debía abandonarla y tomar a otra mujer bajo las viejas tradiciones.

En julio de 1692, Diego de Vargas regresó a Santa Fe con 60 soldados, siete cañones y un monje Franciscano; llamó a una reunión a todos los indios y les prometió protección si ellos juraban lealtad al Rey de España. Un año después, cuando de Vargas estaba fuera, El Pueblo tomó nuevamente el control de Santa Fe, a su regreso y reconquista de la ciudad, ordenó 70 ejecuciones y más de 400 indios Pueblo fueron sentenciados a 10 años de servidumbre. Siguió otra revuelta y nuevamente de Vargas tomó venganza; en ese tiempo El pueblo ya estaba muy agotado y dividido y desaparecieron en las páginas de la historia. Los españoles habían tomado sus tierras, pero nunca conquistaron su espíritu, su dedicación a su propia religión y a su forma de vida.

La cultura, lenguaje y creencias de los españoles y mexicanos fueron tan similares que los indios, realmente nunca pudieron determinar la diferencia. Las crueldades que los españoles infligieron en ellos fueron atribuidas a los mexicanos y no se puede negar que hubo ocasiones en que los mexicanos también fueron brutales en su trato con los indios.

En Zacatecas, los soldados españoles tomaron los cuerpos de los indios que habían matado, los habían puesto en los cañones y los dispararon al cielo para incrementar el temor entre los indios locales. La Iglesia Católica no permitió el la esclavitud, pero los conquistadores españoles podrían usar la esclavitud como castigo con los indios que atacaban a los españoles. Todos los primeros exploradores tuvieron que hacer tratos con los indios, de esta forma cuando rompían el trato con sus revueltas, los españoles los ponían a trabajar en las minas de plata en Zacatecas.

Por cerca de 300 años, el sudoeste y el Lejano oeste indígena sufrió bajo los oficiales españoles y misioneros Franciscanos. El duro control, la esclavitud, los cambios culturales forzados, la humillación, tortura y muerte, y todavía lo peor no había llegado. En 1846, la entrada del hombre blanco europeo a las tierras del indio y el final de su vida como cultura en América se habían dado en su totalidad. A través de la violencia, decepción, ignorancia y avaricia; el hombre blanco consumió todo, como un cáncer que crece en el paisaje. Cualquier cosa que los españoles dejaron a los indios, el hombre blanco lo tomó. Incluso la esperanza y las ilusiones y promesas de los curanderos les fueron arrebatados.

Al crecimiento de América y con los indios confinados en reservaciones; la política del gobierno fue asimilarlos dentro de la sociedad del hombre blanco. En el Gran Concilio de los Indios Americanos de 1927, se expresó una declaración que expresaba los sentimientos de todos los indios de todas las tribus. "La gente blanca que está tratando de hacernos a su imagen, quieren que seamos lo que ellos llaman "asimilados" colocando a los indios en lo convencional y destruyendo nuestra propia forma de vida y nuestros propios patrones culturales. Ellos creen que debemos estar contentos, como aquellos cuyo concepto de felicidad es material y codicioso, lo cual es muy diferente de nuestra forma.

Queremos libertad del hombre blanco, más allá de ser integrados; no queremos ninguna parte de lo establecido, queremos ser libres para crecer a nuestros hijos en nuestra religión, en nuestras costumbres, poder cazar y pescar, y vivir en paz. No queremos poder, no queremos ser congresistas, o banqueros...queremos ser nosotros mismos. Queremos tener nuestra herencia, porque nosotros somos los propietarios de esta tierra y porque pertenecemos aquí.

El hombre blanco dice, hay libertad y justicia para todos. Nosotros hemos tenido "libertad y justicia" y es por eso que casi hemos sido exterminados, no deberíamos de olvidar esto." (55)

LOS EXPERIMENTOS

La hipocresía de los Estados Unidos existió desde los primeros días, cuando los hombres llegaron al Nuevo Mundo buscando libertad, trajeron con ellos a sus esclavos. Doce presidentes de Estados Unidos tuvieron esclavos, algunos de ellos famosos a través de los continentes. George Washington tuvo entre 250 y 350 esclavos; Thomas Jefferson, cerca de 200; James Madison tuvo 100 negros en esclavitud y otros 75 pertenecieron a James Monroe y John Tyler era propietario de cerca de 70; Andrew Jackson tuvo entre 150 y 200. El resto de los presidentes en el tiempo de la esclavitud fueron dueños de sirvientes personales. Martin Van Buren, William Henry Harrison, Ulysses S. Grant and Andrew Johnson fueron los maestros de la servidumbre en casa, atándolos como esclavos. No podemos olvidar por supuesto al General Zachary Taylor, quien guió a las tropas de Estados Unidos contra México en el ataque a Brownsville, quien tuvo cerca de 150 esclavos; ya al criminal en la presidencia en 1847, James Polk, quien poseía cerca de 25 esclavos negros.

Sólo es justo mencionar que la esclavitud fue una institución universal en el tiempo de la fundación de los Estados Unidos. En la mayoría de las partes del mundo hubo negros como esclavos, que no eran considerados humanos. El padre Bartolomé de las Casas hizo valientes esfuerzos para terminar con la esclavitud en Santo Domingo y en Cuba y continuó con su campaña cuando llegó a México. Aunque la solución para terminar con esta práctica de esclavitud del pueblo indígena de México, fue traer esclavos negros de África.

La esclavitud en México no fue con en los estados de los Estados Unidos, En México, los esclavos fueron traídos a la propiedad perteneciente a su amo y ellos vivieron ahí el resto de sus vidas. En los Estados Unidos los esclavos fueron comprados y vendidos y usados como seguros por préstamos, o se hacían apuestas con ellos mientras se jugaba pokar.

En 1820, Agustín de Iturbide propuso terminar la esclavitud en México en su Plan de Iguala, pero no fue hasta cuatro años después que la Constitución que fue aprobada esta propuesta y los esclavos fueron finalmente liberados. Incluso con la estipulación constitucional, aún así, el último de los esclavos no fue liberado hasta 1829. En el territorio del norte de Coahuila la esclavitud sobrevivió mucho tiempo. Pocos ciudadanos mexicanos vivieron en el territorio que se convertiría en Texas y México había invitado a gringos a que se instalaran ahí; y aunque la esclavitud estaba prohibida por la ley, muchos de los colonos gringos trajeron consigo a sus esclavos con ellos. La esclavitud fue una institución para los gringos y los esclavos fueron vistos como posesiones, no como humanos sufriendo la persecución.

Es interesante notar que mientras la esclavitud de los Estado Unidos terminó en 1865, las condiciones de esclavitud continuaron hasta 1962, casi cien años después. Puedo recordar que cuando era joven iba a los cines que tenían un balcón donde había una pared que apartaba a los negros, ahí estaba el lugar donde se podían sentar; había dos fuentes de agua, una para blancos y otra para negros; había dos baños. Había restaurantes para blancos y restaurantes para negros; hoteles para blancos y hoteles para negros. Había escuelas para negros y escuelas para blancos. Los negros se sentaban en la parte trasera de los autobuses públicos y sólo ellos tenían que pagar un impuesto por el derecho a votar. Los blancos votaban sin impuesto.

Esos fueron los ciudadanos de los Estados Unidos, la tierra proclamando en su Constitución que todos los hombres son creados igual. De los 2.5 millones de americanos negros que fueron registrados en un borrador inicial, 1941-45, a sólo 50,000 se les permitió servir en combate. En algunos casos, los soldados blancos no quisieron compartir espacios con los negros y en otros casos reclamaron que no podían confiar en ellos en momentos cruciales de la batalla.

Uno de los más proclamados grupos de pilotos de la Segunda Guerra Mundial fue conocido como Tuskegee Airmen, quienes desde entonces han sido honrados en leyendas y en películas de Hollywood por sus contribuciones en los esfuerzos de la guerra. Fueron llamados con ese nombre porque se entrenaron juntos en la base militar de los Estados Unidos, en Tuskegee, Alabama.

Tuskegee es un pequeño pueblo en las colinas boscosas de Alabama. El censo de 2,000 enlistados, es como teniendo menos de 12,000 gentes en el pueblo, aún así se produjo una lista de renovadas personalidades. Rosa Parks, la mujer negra que ha sido acreditada por iniciar la lucha por los derechos civiles rehusando sentarse en la parte trasera de un autobús en Montgomery, Alabama, nació en Tuskegee. Lionel Richie, famoso músico, también nació ahí; Alice Coachman, quien ganó el salto de altura femenil en las Olimpiadas de 1948, es originaria de Tuskegee, al igual que Booker T. Washington, primer luchador de los derechos de los negros y fundador del Tuskegee Institute.

El Instituto fue una escuela para negros que enseñó varios cursos académicos pero que se concentró más en la enseñanza de labores como: talleres de cultivo, cuidado de animales de granja, carpintería, zapatería, impresión, etc. En su tiempo la escuela creció y ganó mucha reputación como un centro de aprendizaje para jóvenes negros. En los inicios del Siglo XX, el Becker Hospital Review reportó: "Un nuevo hospital con un costo de $50,000 se está construyendo bajo el auspicio del Instituto Tuskegee, del cual Booker T. Washington es presidente. El dinero para la construcción del hospital, fue contribución del pueblo de Boston y será nombrado John. A. Andrew Hospital por el gobernador de Massachusetts en tiempo de guerra." (1)

Por treinta años, la escuela continuó creciendo y teniendo progresos, como lo hizo también su hospital afiliado. En 1928, una investigación médica llamada "Oslo Study" fue publicada. Los descubrimientos de este documento representaron 19 años de investigación sobre sífilis, la enfermedad venérea en el hombre blanco. El Servicio Público de Salud de los Estados Unidos (PHS) contó con una sección dedicada a las enfermedades venéreas y el estudio, no sólo les interesó, sino que aumentó la inquietud sobre un cuestionamiento en particular. La sífilis fue un problema de salud muy significativo entre los negros y no se mencionó nada acerca de ellos en el "Oslo Study" Al mismo tiempo, los negros tenían muy poco, o nulo servicio médico cuando sufrieron la enfermedad y no se registraron datos para medir el desarrollo o los efectos de esta enfermedad.

Se decidió iniciar un gran experimento usando hombres negros. Los sujetos serían hombres negros sin educación, que mayormente trabajaron en los campos en los alrededores de Tuskegee, quienes habían contraído sífilis. La víctimas de sífilis no habían recibido cuidado médico, no podrían costearlo, por eso se convirtieron en el objetivo ideal del proyecto.

El Servicio de Salud Pública es una sucursal oficial del Departamento de Salud y Servicios Humanos de los Estados Unidos, funcionando bajo el auspicio de las autoridades sanitarias. El servicio establece su misión como: "El Departamento de Salud y Servicios Humanos (HHS) es la principal agencia del Gobierno de los Estados Unidos, para la protección de la salud de todos los norteamericanos y provee servicios humanos esenciales para aquellos que son menos capaces de ayudarse a sí mismos." (2)

En 1932, el Servicio de Salud Pública pidió y recibió permiso para usar el hospital de Tuskegee Institute como centro de su estudio. En poco tiempo, ellos tenían 399 hombres negros enrolados en el estudio. Los hombres sabían que estaban enfermos pero nunca supieron la naturaleza de su problema de salud. Nunca les dijeron que tenían sífilis. La razón del secreto fue simple. Con este experimento no se tuvo nunca la intención de tratar el padecimiento de estos hombres, más bien se les dejó morir y después se determinó en la autopsia que las consecuencias de su muerte fue la sífilis. Cuando los hombres negros preguntaban acerca de la casusa de su condición, se les informó que ellos eran tratados por "bad blood."

Nada se hizo para aliviar a estos hombres de los estragos de la sífilis; ellos sufrieron ataques del corazón, ceguera, parálisis, tumores, demencia y lenta y agonizante muerte. Como objetivos vivientes, ellos no tenían ningún valor. Ellos tuvieron que morir por la investigación para determinar la magnitud de la devastación de la sífilis. Un doctor observó: "...nosotros no tenemos un interés más allá en estos pacientes hasta que mueran." (3)

Los negros confiados fueron muy fáciles de manipular y sintieron que fueron muy afortunados por estar recibiendo tratamientos médicos gratis, por médicos blancos, especialmente médicos que representaban al Gobierno de los Estados Unidos. Por cuarenta años, el experimento continuó, y al final del mismo, la sífilis había reclamado 28 de los sujetos negros, mientras otros 100 habían muerto de complicaciones relacionadas con la sífilis. Cuarenta de los hombres habían contagiado de sífilis a sus esposas y 19 niños habían nacido con sífilis congénita.

En julio 25 de 1972 , el Washington Evening Star, tuvo su historia principal, anunciando en grandes palabras con tipografía bold: "Pacientes de Sífilis Mueren sin Tratamiento" Al final, el público sabría de uno de los más atroces y repugnantes experimentos médicos en la historia humana. El reportero de Associated Press, Jean Heller, escribió: "Por 40 años, el Servicio Público de Salud de los Estados Unidos ha conducido un estudio donde a los cerdos humanos de Guinea, no les han dado el tratamiento apropiado, han muerto de sífilis y de efectos secundarios. El estudio fue conducido para determinar desde las autopcias, lo que la enfermedad hace al cuerpo humano." (4)

Harry Reasoner, presentador de un popular noticiero en la televisión, llamó al Tuskegee experiment, un programa que: "usó seres humanos como animales de laboratorio en un largo e ineficiente estudio de cuánto tiempo toma a la sífilis matar a alguien."(5)

Subsecuentes interrogantes descubrieron que los pacientes negros habían sido tratados en esta devastadora enfermedad con aspirinas. Cuando los legítimos programas de salud llegaron a Tuskegee, se les dijo a los sujetos blancos que no participaran. Cuando fue descubierta a inicios de los 40´s que la penicilina curaría la sífilis, a los pacientes negros no les dieron las dosis que los podrían haber salvado. El Centro para el Control de Enfermedades y el Centro para la información preventiva de los Estados Unidos: "Una simple inyección intramuscular de penicilina, un antibiótico, curará a una persona que ha tenido sífilis por menos de un año. Dosis adicionales se necesitan para tratar a alguien que ha tenido sífilis por más de un año." (6)

Un Doctor Smith que aparentemente fue un vocero del Servicio Público de Salud parecía estar orgulloso de su trabajo cuando estableció: "A la fecha, nosotros estamos atentos de que los pacientes conocidos como positivos obtengan su tratamiento." (7) Fue durante este tiempo, también, que el Gobierno pasó el Acto Henderson que fue planeado para proteger la salud pública, a través del requerimiento de todas las víctimas de enfermedades venéreas para ser probadas y tratadas. La Declaración de Helsinki por la Organización Mundial de la Salud, también demandó que los pacientes deberían de dar un "informe por consentimiento" para cualquier investigación que envuelva humanos. Nada de esto pareció ser importante en Tuskegee y el experimento continuó.

No debería ser sorpresa para cualquiera que un estudio en 1990 reveló que el 10% de la gente negra encuestada creyó que el Gobierno de los Estados Unidos había creado el SIDA en un laboratorio, como conspiración para exterminarlos. Otro 20% no dirían que lo creyeran, pero rehusaron decir que eso sería imposible.

En 1997, el Presidente Bill Clinton pidió una disculpa públicamente. "A los sobrevivientes, a las esposas, a los miembros de las familias, a los hijos y nietos. Digo lo que ustedes saben: No hay poder en la tierra que pueda regresar las vidas perdidas, el dolor sufrido, los años de tormento interno y angustia. Lo que fue hecho, no puede ser deshecho. Pero podemos callar al silencio. Podemos dejar de voltear la cabeza. Podemos mirarte a los ojos y finalmente decir, en nombre del pueblo americano: que el Gobierno de los Estados Unidos, debió estar avergonzado. Y yo lo siento." (8)

La mayoría de la gente cree que el Tuskegee experiment fue un oscuro y feo momento en la historia de la medicina de los Estados Unidos, pero esto fue un incidente aislado. El problema es que esto no es verdad.

Entre 1946 y 1948, el Servicio de Salud Pública de los Estados Unidos trabajó con el Pan American Sanitary Bureau para convencer a agencias relacionadas de Guatemala, para que les permitieran hacer investigación. Todos los gastos de la experimentación fueron pagados por el Gobierno de los Estados Unidos, por lo que no fue excesivamente difícil conseguir la aprobación. La investigación fue descrita como un estudio de enfermedades de transmisión sexual.

El programa se diferenció del de Tuskegee en que éste fue designado para determinar si la penicilina podría prevenir el contagio de la sífilis, gonorrea o chancro blando. Les administraron penicilina a los sujetos y luego los inyectaron con sífilis. Los participantes en la investigación incluían: soldados guatemaltecos, prisioneros, personas en instituciones mentales y prostitutas. A diferencia de los 300 sujetos en tuskegee; el proyecto de Guatemala fue administrado a 1,300 pacientes. Cuando todos fueron infectados con la enfermedad, sólo a 700 se les dio el tratamiento y el programa reportó 83 muertes. (9)

El proyecto fue ocultado a la vista pública, hasta que un historiador médico de Wellesley College descubrió los papeles personales del Dr. John Cutler, quien estuvo a cargo del programa en Guatemala. Cuando los experimentos fueron hechos públicos, el Presidente Barack Obama contactó a Álvaro Colón y le ofreció una disculpa al pueblo de Guatemala.

En realidad, los eventos de Guatemala podrían ser mejor descritos como atrocidades y no como una investigación médica. Estos parecieran el trabajo de los experimentos en los campos de concentración Nazi, que una investigación seria para encontrar resultados positivos. En una ocasión, siete mujeres que fueron pacientes en un hospital para dementes, se decidió que padecían epilepsia y fueron inyectadas con sífilis en un área por debajo del cráneo. La inyección esa área tan sensitiva pudo haber causado la muerte, pero el resultado final fue que cada una contrajo la bacteria de la meningitis; probablemente por las agujas que no habían sido esterilizadas.

Una mujer paciente de sífilis estaba cerca de la muerte cuando los médicos del Servicio de Salud Pública decidieron observar las consecuencias de trasmitirle una enfermedad adicional. Infectaron sus ojos con gonorrea y ella murió en menos de seis meses.

Ninguno de los sujetos de Guatemala supo la naturaleza de las inyecciones que les aplicaron, o que tenían que dar el consentimiento para recibirlas. Ellos fueron, después de todo, criminales, prostitutas, lunáticos y soldados vulnerables, nada por lo que los investigadores se preocuparan.

A finales de 2011 el gobierno concluyó su investigación y publicó los resultados que incluyeron comentarios como: "En lo revisado por la Comisión, los experimentos de Guatemala envolvieron básicas e inadmisibles violaciones éticas, aunque se juzgue en contra del propio reconocimiento de los investigadores y a sabiendas de la ética médica del momento." (10)

"Los individuos, quienes aprobaron, dirigieron, facilitaron y fundaron esos experimentos, son moralmente culpables en varios grados por esos errores." (11)

"Como la Comisión de Investigación muestra, no hay evidencia de que se haya obtenido algún consentimiento de los individuos que fueron objetos de la investigación. Al contrario, hubieron ejemplos de activo engaño. Experimentos individuales parecieron haber sido caprichosamente diseñados e iniciados con una pequeña y aparente apreciación por los riesgos relativos y los beneficios de investigar a estos sujetos..." (12)

"La investigación Guatemala tuvo como meta a varios de los grupos más vulnerables en cualquier sociedad (prisioneros, conscriptos, pacientes psiquiátricos en instituciones y niños), y también fue conducida en un país subdesarrollado con desigualdades sociales generalizadas que exacerbaban su vulnerabilidad." (13)

Pont-Saint-Esprit era un pueblo pacific, localizado en una de las más hermosas partes del sudeste francés. La vida era placentera y fácil y todos se conocían mutuamente. Ellos eran gente saludable que cultivaba sus propias legumbres y sacrificaban a sus propios animales para obtener su carne; siempre fue de esa manera... hasta agosto 16 de 1951. En esa fecha, la población de Pont-Saint-Esprit se enfermó.

La Revista TIME reportó que: "Entre los afectados de ´delirium rose´, los pacientes tirados salvajemente en sus camas, gritando que flores rojas fueron naciendo de los cuerpos, que sus cabezas se habían volteado y derretido." (14)

El pueblo conocido, donde todo era normal y bueno, de repente había maniáticos rabiosos y peligrosos para cualquiera que estuviera cerca. Un hombre trepó a un segundo piso y gritó "soy un aeroplano" y saltó fracturándose ambas piernas. A pesar de sus heridas, se paró nuevamente y se movió otras cincuenta yardas. Un chico de once años atacó y trató de estrangular a su abuela. Un hombre saltó al Río Ardeche porque quiso ahogar a las serpientes que devoraban sus intestinos. Un paciente le rogaba a su doctor que regresara su corazón a su cuerpo, porque se le estaba escapando por los pies. El pueblo se fue volviendo loco y algunos fueron llevados a un aislamiento para enfermos.

Investigadores sugirieron que el problema fue que un pastelero local había vendido pan que contenía un moho psicodélico. La explicación pareció ser aceptada hasta dos años después, cuando un bioquímico llamado Frank Olson cayó de un décimo piso, desde la ventana del Hotel Pennsylvania en Manhattan, Ciudad e Nueva York. Se descubrió que Olson había estado trabajando con la CIA y entre sus notas se mencionaba el "secreto de Pont-Saint-Esprit." La nota revelaba que los bizarros eventos en el pueblo no habían causados por la panadería local; más bien se debían a que la CIA había rociado diethylamide en el aire. Diethylamide es la "D" en LSD. (15)

"Un terrible error: el asesinato de Frank Olson y el secreto guardado de la CIA del experimento de guerra," por H. P. Albarell, Jr dice que Olson fue asesinado y los acontecimientos en dicho pueblo fueron parte de una operación secreta de la CIA y de la División de Operaciones Especiales del Ejército de los Estados Unidos en Fort Detrick, Maryland. Compañeros de trabajo de Olson confirmaron que el experimento en Pont-Saint-Esprit fue un intento para controlar las mentes de las personas e influenciar en sus patrones de pensamiento.

En 1975, un documento de la Casa Blanca dado a la Comisión Rockefeller, contenía nombres de ciudadanos franceses que secretamente trabajaron con la CIA
y mencionaba el "incidente de Pont-Saint-Esprit" La Comisión Rockefeller había estado estableciendo una investigación de abusos por parte de la CIA y el documento parece considerar los acontecimientos en el pueblo francés como uno de estos abusos. La meta aparente del proyecto fue determinar si el LSD podría ser utilizado como arma ofensiva. (15)

Los resultados de la Comisión Rockefeller también revelaron que entre 1953 y 1965, la CIA había usado drogas en más de 5,700 miembros del ejército de los Estados Unidos, sin consentimiento o conocimiento de esto por parte de los soldados.

La idea de control mental puede sonar como parte de una película de James Bond, pero ha estado en la agenda de la CIA por décadas. La CIA fundó y supervisó la Operación MKULTRA, conducida por el Dr. Donald Ewen Cameron, que usó químicos que alteraron patrones normales del pensamiento. La última meta del proyecto fue crear procesos que podrían ser usados para forzar a la gente para dar información aunque éstas no quisieran hacerlo.

Los experimentos fueron iniciados en el Allen Memorial Institute, en Montreal, Canadá, donde los pacientes fueron supuestamente a recibir tratamiento para la depresión bipolar, o para problemas de extrema ansiedad. Su "tratamiento", como siempre, realmente tenía un objetivo diferente a la cura. Por siete años, Cameron les dio a sus pacientes terapia de choques electro-convulsivos de 30-40 veces el poder normal. Los pacientes fueron drogados en comas profundos y los mantuvieron asó por meses durante el tiempo que ellos estarían registrando simples comentarios o sonidos, una y otra vez. Varios de sus pacientes olvidaron cómo hablar, no podrían recordar si tenían una familia y perdieron toda la memoria de eventos importantes en sus vidas. Todos las víctimas fueron canadienses, porque la CIA no quiso tomar el riesgo de una mala publicidad si utilizaba ciudadanos norteamericanos. (16)

Se necesitó una razón para probar sus productos químicos de guerra, la CIA aseguró que se llevaron a cabo prácticas aéreas para determinar las consecuencias de un ataque bioquímico en los Estados Unidos. Ellos dejaron caer una enorme cantidad de virus de la tos sobre Tampa Bay, Florida que causó una epidemia donde 12 personas murieron. (17) Cuando la Marina de Estados Unidos roció San Francisco con bacteria patógena, el resultado fue de numerosos casos de neumonía. (18) En Savannah, Georgia y Avon Park, Florida, el ejército llevó millones de mosquitos para probar la rapidez con que la fiebre amarilla y el dengue se manifestarían entre la población; muchos ciudadanos reportaron altas fiebres, tifoidea, dificultades respiratorias y las mujeres tuvieron un incremento dramático en recién nacidos muertos. (19)

Con el desarrollo de la Bomba Atómica, los científicos no tenían la certeza del tipo de lesiones que sufrirían los sobrevivientes. Uno de los más serios cuestionamientos era el efecto de la radiación. Para encontrar una respuesta, inyectaron plutonio a 18 personas, sin que éstas lo supieran y sin su permiso, las víctimas fueron soldados y en una ocasión, fueron pacientes en el Hospital de Chicago, de los 18 que fueron inyectados, sólo sobrevivieron cinco, por más de veinte años.

De 1946 a 1947, el Dr. William Sweet aplicó inyecciones de uranio a 11 pacientes en el Hospital Massachusetts. Como parte del Proyecto Manhattan, él fue guardando tejido de sus cuerpos para análisis posteriores. (20)

Los prisioneros de las cárceles de los Estados Unidos fueron usados para experimentos, así, el Dr. Albert Kligman hizo su "Investigación dermatológica" El ejército estuvo usando Agente Naranja en Vietnam. El Agente Naranja fue originalmente diseñado para matar todo el follaje de los árboles, así el enemigo podría verse mejor desde los helicópteros. Fue descubierto, como siempre, que este químico estaba teniendo algún efecto en los humanos; este agente químico contiene el primer ingrediente químico dioxidin y varios reportes indicaron que Kligman inyectó 468 veces la cantidad que él estaba autorizado a aplicar. Los prisioneros tuvieron muy pronto una erupción en la piel, detrás de sus orejas, axilas e ingles. (21)

El famoso instituto Rockefeller patrocinó un programa donde el Dr. Cornelius Rohads inyectó células de cáncer en gente de Puerto Rico, para estudir sus efectos. Aparentemente él odiaba a los Portorriqueños y disfrutó su trayectoria de tortura, él escribió: "Los Portorriqueños son los más sucios, más flojos, más degenerados y furtiva raza de hombre que alguna vez ha habitado esta esfera...he hecho mi mejor esfuerzo para impulsar el proceso de exterminación, para matar a ocho y trasplantar el cáncer en algunos más...Todos los médicos se deleitaron por el abuso y tortura de los infortunados sujetos." (22)

Como recompensa por su trabajo, fue puesto a cargo de otros dos programas de la guerra química, y después darle un lugar en la Atomic Energy Commission y recibió la Legión al Mérito por parte del Gobierno de los Estados Unidos. Irónicamente, él después se convirtió en el vicepresidente de la American Cancer Society.

El Gobierno de los Estados Unidos no fue discriminatorio. Se engañaría y abusaría de su propia gente tan pronto como a aquellos de otras naciones. La lista de programas clandestinos impuestos sobre los ciudadanos es vergonzosamente enorme, pero el razonamiento de aquellos en el poder, es que, "unas pocas pérdidas" funciona finalmente. Las opiniones oficiales de aquellos en el poder central alrededor del concepto de mantener a la nación intacta, no en servicio de sus ciudadanos.

Durante la Guerra Francesa e India (1756-1763),), Lord Jeffrey Amherst, Comandante de las Fuerzas Británicas, en la época de las Colonias Americanas, se conspiró en un plan para enviar mantas infectadas con enfermedades (viruela) a los indios y así diezmar sus números. El mensaje original de Amherst ha desaparecido pero la contestación del Coronel Henry Bouquet convierte a la conspiración en algo obvio.

"Trataré de inocular a los indios por medio de mantas que puedan caer en sus manos. Teniendo cuidado de no contagiarme a mí mismo; como es una pena oponer a buenos hombres en contra de ellos. Deseo que pudiéramos hacer uso de los métodos españoles y cazarlos con perros ingleses; apoyados por alguaciles y varios light horse, quienes yo pienso exitosamente extirparían, o removerían esa plaga.

Amherst respondió: "P.D. Usted hará bien en tratar de inocular a los indios por medio de mantas; tan bueno como tratar otros métodos que pueden servir para extirpar esta abominable raza. Yo debería estar muy contento de su conspiración para cazarlos con perros, tendría efecto, pero Inglaterra está muy lejos para pensar en eso en el presente." (23)

Se desconoce si el plan se puso en acción, pero hay una pequeña razón para creerlo, ¿no es así? Aquellos que examinaron los mensajes imaginan que esa clase de cosas sucedieron en el Siglo XVIII, pero que no podrían ocurrir hoy. En los tiempos modernos tenemos un sentido de justicia, como lo demostrado por los juicios de Nuremberg y las leyes internacionales para prevenir violaciones de los derechos humanos.

La autora Jane Lawrence escribió sobre experiencias de las mujeres nativas americanas y reveló que aún hubo otra atrocidad de la nación contra el pueblo original: "Una joven mujer india entró en la oficina de Los Ángeles, de la Dra. Connie Pirkenton-Uri, en un día de noviembre de 1972, la mujer de veintises años preguntó a la Dra. Pinkerton-Uri por un trasplante de útero, porque ella y su esposo deseaban comenzar una familia. Un médico del Servicio de Salud Indio (IHS) le había practicado una completa histerectomía, cuando ella había tenido problemas con alcoholismo seis años antes. La Dra. Pinkerton-Uri, tuvo que decirle a la joven mujer que no había ninguna cosa como un "trasplante de útero" A pesar de que el médico del IHS le haya dicho que su cirugía era reversible. La mujer abandonó la oficina de la Dra. Pinkerton-Uri hecha un mas de lágrimas.

"Dos mujeres jóvenes entraron en un hospital del IHS en Montana para someterse a una apendicectomía y para ligarse las Trompas de Falopio, una forma de esterilización, como beneficio adicional. Bertha Medicine Bull, miembro de la tribu Cheyene del norte, relató cómo: ´Las dos chicas habían sido esterilizadas a la edad de quince años, antes de que tuvieran algún niño´ Ambas fueron operadas del apéndice y al mismo tiempo fueron esterilizadas sin su consentimiento, o conocimiento de este procedimiento quirúrgico. "Sus padres tampoco fueron informados. Dos chicas de quince años nunca podrán ser madres de sus propios hijos.

"Lo que les pasó a estas tres mujeres fue una ocurrencia común durante la década entre 1960-1970. Los nativos americanos acusaron a la IHS de esterilizar al menos al 25% de las mujeres nativas que tenían entre 15 y 44 años de edad en la década de los setenta. Los alegatos incluyeron: falta de información indispensable en relación con la esterilización para las mujeres; uso de la coerción para obtener firmas en las formas de consentimiento; formas impropias de consentimiento, y escasez de un apropiado periodo de espera (al menos setenta y dos horas) entre la firma del consentimiento y la práctica de la cirugía."

El autor continuó cuestionando: "...el derecho del Gobierno de los Estados Unidos a esterilizar mujeres; las regulaciones del gobierno, concernientes a la esterilización; los esfuerzos de la IHS a esterilizar mujeres indias americanas; y las consecuencias que la esterilización tienen en las vidas de unas pocas de esas mujeres y de sus familias." (24)

La Oficina de Censos de los Estados Unidos reportó una dramática baja en los nacimientos en diversas tribus de nativos americanos, comparando el número de nacimientos entre 1960 y 1980. El censo estuvo basado en el promedio del número de niños por cada mujer en la tribu en 1970 y 1980. Por los indios Navajo, 3.72 en 1970 y 2.52 en 1980. Los Apache tuvieron un remarcable 4.01

contra 1.78, decreció el promedio en número de niños en sólo una década. El promedio de los Zuni fue de 3.35 en 1970 y sólo 1.90 en 1980. En la combinación del grupo de los Sioux fue de 3.41 a 1.94. Los Oklahoma Cherokee cayó de 2.52 a 1.68. Las mujeres Poncal-Omaha tuvieron un promedio de 2.73 niños en 1970 y sólo 1.51 en 1980. Si todas estas tribus fueran puestas en un promedio, cada mujer habría tenido 3.29 niños en 1970 y 1.30 en 1980. (25)

Cuando los investigadores comenzaron a revisar los records de la Oficina de Contabilidad del Gobierno, que es responsable por los pagos a la ISH, ellos descubrieron que en cuatro hospitales (Albuquerque, New Mexico; Oklahoma City, Oklahoma; Phoenix, Arizona y Aberdeen, Washington) se habían practicado un total de 3,406 esterilizaciones entre 1973 y 1976. En ubicaciones como Albuquerque, las esterilizaciones fueron practicadas bajo otros contratos, por lo que no se puede determinar cuántas fueron en total. Aunque una investigación independiente establece que entre 25% y 50% de todas las mujeres indias fueron esterilizadas entre 1970 y 1976.

Revisando sólo la Reservación Navajo, se descubrió que de 1972 a 1978, hubo un 130% de incremento en abortos, cuando el aborto, en tiempos que el aborto era ilegal en los Estados Unidos. Durante el mismo periodo, los procedimientos de esterilización fueron de 15.1% a 30.7% del total de las cirugías femeninas en esa reservación. Para forzar a la mujer a estar de acuerdo con el procedimiento, los doctores las trataron diciéndoles que si ellas no estaban de acuerdo, perderían los servicios de salud para sus otros hijos.

Sería diferente si estos fueran casos aislados, la excepción a las reglas médicas. Tiempo atrás en 1849, el bióloga y médico texano Gordon Lincecum propuso la esterilización de los débiles mentales y de aquellos con "genes indeseables."

Cuarenta y ocho años después, Michigan actualmente pasó una ley para la esterilización forzada, pero fue vetada por el gobernador. Cuatro años después Pensylvania trató de pasar la ley para la esterilización forzada, pero falló.

Finalmente fue en Indiana en 1907 que se promulgó la ley de esterilización forzosa para personas mentalmente incapacitadas, con esto se apresura en California y Washington, donde también se pasa la ley obligatoria de esterilización en 1909.

En 1922 Harry Hamilton Laughlin, un investigador genético propuso que la esterilización forzada fuera una ley federal. El concepto, no obstante, alcanzó el nivel federal, cuando el caso Buck contra Bell llegó a la Suprema Corte y el demandante argumentó que la esterilización forzada de las personas débiles mentales, era inconstitucional. La Corte descartó que los procedimientos no violaban la Constitución, y el famoso juez de la Suprema Corte Oliver Wendell Holmes, ofreció una explicación sorpresiva por su voto. "Es mejor para todo el mundo, en lugar de esperar la ejecución del retoño de un degenerado por crimen, o dejarlo pasar hambre por su incapacidad mental; la sociedad puede prevenir a aquellos quienes se manifiestan no aptos para continuar la especie." (26)

En 1936, cuando la Alemania Nazi fue internacionalmente criticada por tener un programa de esterilización forzosa, esto se defendió por el Estado, ya que los Estados Unidos compartían el mismo punto de vista, por tener sus propios programas.

En 1942, Oklahoma tuvo un llamado legal para la esterilización de varios criminales. Para 1970, la administración Nixon solicitó más dinero para utilizarlo en el Proyecto Medicaid, para esterilizar algunos americanos pobres, especialmente negros. Se supone que la esterilización sería voluntaria, pero surgió evidencia que sugiere que muchos de los pacientes fueron pobremente informados, o no informados de nada. Esta situación constantemente se volvió peor y para 1979, una encuesta conducida por Family Planning Perspectives , encontró que aproximadamente el 70% de los hospitales americanos fracasaron en seguir adecuadamente las guías del U.S. Department of Health and Human Services sobre informes para obtener el consentimiento en casos de esterilización.

Entre 1909 y 1979, veinte mil esterilizaciones fueron practicadas sólo en California, y los pacientes fueron básicamente negros o latinos. Sin embargo ninguno se podría comparar con lo que le habían hecho a las mujeres nativas americanas. Más tarde, el Dr. Pinkerton-Uri manifestó que: "...todas las mujeres pura sangre de la tribu Kaw de Oklahoma no habían sido esterilizadas; al final de la generación, la tribu dejó se existir." El investigador indio Lehman Brightman, concluyó que un estimado del 40% de las mujeres nativas americanas y un 10% de los hombres nativos americanos fueron esterilizados durante la década de 1970. El autor Bruce Johansen manifestó en su *"Sterilization of Native American Women,"* que el actual número de mujeres indias esterilizadas fue entre 60,000 y 70,000.

En muchos de esos casos, a as mujeres nativas americanas, no les fue dicho de su derecho a rehusarse a la operación en su propia lengua. Otras fueron tratadas con el asunto de la pérdida de sus beneficios.

En un caso de Oklahoma, dos cicas nativas de 15 años despertaron de una operación de amígdalas para descubrir que sus ovarios habían sido quirúrgicamente removidos. El Comité de Chicago para acabar con el abuso de la esterilización dio un reporte de un caso dramático.

"Norma Jean Serena, mujer nativa americana viviendo en Apollo, Pennsylvania, con tres hijos fue una víctima del abuso de la esterilización en 1970. Aunque la Sra. Serena recuerda haber firmado la forma del consentimiento obligatorio (ni hubo se proveyó por el hospital en un juicio), el médico que la atendió, manifestó que él había explicado la operación y estuvo convencido de que ella lo entendió. Este gran cuestionamiento de "consentimiento" fue dado por la Sra. Serena un día después de que los trabajadores de servicios sociales removieron a sus hijos de su hogar, bajo el pretexto de que fue determinado después por un jurado la falsedad de su testimonio. Este consentimiento fue dado días después de que fue injustamente menospreciada como una madre no apta y negligente por los trabajadores antes mencionados. En el juicio, la Sra. Serena fue asistida por el Council of Three Rivers Indian Center en Pittsburgh por la demanda en el Condado de Amstrong por el regreso de sus niños que estaban en hogares de crianza. Ella fue indemnizada con 17,000 dólares por haber movido a sus hijos de su hogar, a quienes se ordenó que fueran regresados a su custodia. Desde entonces ha venido a la luz que no hubo bases médicas actuales para los procedimientos de esterilización. En un archivo en el hospital se lee: "Encontramos por observaciones y los exámenes de Norma Serena que ella está sufriendo de un padecimiento de condición "...´de razones socio-económicas´ ...y que otro embarazo en nuestra opinión, sería inadmisible. Por lo tanto, somos de la opinión, de que es medicamente necesario practicar la esterilización." Al ser menospreciada como madre y en medio de este enorme estrés de perder a sus hijos por el sistema de servicios sociales, la Sra. Serena fue animada a someterse a esterilización por lo que ella pensó, fueron razones médicas. Años después, ella descubrió que en realidad había sido esterilizada porque era pobre." (27)

En Puerto Rico, una posesión de los Estados Unidos vive el mayor porcentaje de mujeres esterilizadas del mundo entero. Es ahí, donde el 34% de todas las mujeres en edad de tener hijos, han sido esterilizadas, entre 1930 y 1965 y el Departamento de Educación, Servicios Sociales y Salud de los Estados Unidos proveyó parte de los fondos para el programa de esterilización.

Incluso las mujeres portoriqueñas emigraron a los Estados Unidos, ellas no parecieron estar a salvo del programa de esterilización. Hubo un 180% de crecimiento en el número de esterilizaciones practicadas durante 1972-1973 en los hospitales municipales de Nueva York, que sirven predominantemente a los vecindarios portoriqueños. En casi todos los casos, ya sea en Puerto Rico o en los Estados Unidos, las mujeres han sido esterilizadas sin su consentimiento. (28)

Luz Álvarez Martínez, cofundadora de la National Latina Health Organization, dice que el abuso en las esterilizaciones es también un problema mayor para las latinas en los Estados Unidos. Ella declara que el fondo del gobierno es bajo para los abortos, pero abundante para las esterilizaciones, en eso: "Nosotros no estamos dando información adecuada, pero podemos dar verdadera ´información sobre el consentimiento´ para procedimientos médicos que afecten nuestras alternativas de reproducción." Ella tiene records de chicanas esterilizadas sin su consentimiento en el Condado de Los Ángeles y datos de que las latinas de Nueva York han sido sujetos de esterilización siete veces más que las mujeres blancas y casi dos veces tan seguido como las mujeres negras." (29)

La película "*Blood of the Condor*" (Le Sang du Condor) es la interpretación de un evento en Bolivia, donde una mujer Quechua fue esterilizada sin su consentimiento por miembros de un cuerpo de paz de los Estados Unidos.

En muchos casos, médicos de los Estados Unidos reclaman que en muchos casos las esterilizaciones de mexicanas sucedieron en México, mucho antes de que ellos cruzaran la frontera. Ellos mencionan que las mujeres migrantes vienen a ellos porque han tenido problemas para quedar embarazadas y los médicos americanos descubren que fueron esterilizadas, o les implantaron un dispositivo intrauterino (DIU) mientras vivían en México. Ellos agregan que las mujeres se sorprenden porque ellas nunca dieron el consentimiento para esa cirugía.

Lo que queda claro a través de las historias trágicas de esterilización, es que ciertos grupos étnicos fueron el objetivo y la única razón lógica que se puede dar es que hubo un plan para eliminarlos de la existencia. Si los indios americanos desaparecen de la escena americana en el tiempo de la historia de su persecución, se desvanecerá con ellos, se perderá la propiedad de varias reservaciones y será posible abrirlas al mercado y el progreso del hombre blanco habrá hecho su conquista final.

El Gobierno de los Estados Unidos describe una de sus incontables comisiones como: *"La Presidential Commission for the Study of Bioethical Issues* sugiere que puede aparecer en los avances en biomedicina y áreas relacionadas de la ciencia y tecnología. La Comisión trabaja con la meta de identificar y promover políticas y prácticas que aseguren investigación científica, prestación del cuidado de la salud, e innovación tecnológica conducida éticamente y de manera responsable." (30)

Parte de las conclusiones de la Comisión leen: "Evaluando las presentes regulaciones que protegen a los sujetos humanos, la Comisión aprendió que no hay una fuente central con información acerca del tamaño global, el alcance y costo de la investigación del gobierno involucrada con sujetos humanos." (31)

La Comisión solicitó la información de 18 agencias individuales que conducen la mayoría de las investigaciones federales sobre sujetos humanos, pero descubrió que muchas oficinas federales no podrían proveer datos básicos acerca de las investigaciones que ellos apoyan.

El Pentágono por ejemplo requirió más de siete meses para preparar información sobre estudios específicos apoyados por el Departamento de Defensa. En su reporte, la Comisión encontró, que el Gobierno Federal apoyó más de 55,000 proyectos involucrando sujetos humanos alrededor del mundo en el año fiscal 2010, la mayoría relacionados en investigaciones de salud, aunque también en otros campos como la educación, ingeniería y ciencias sociales.

En 1935, el Servicio Público de Salud de los Estados Unidos comenzó un programa para combatir la pelagra, una enfermedad que causa comezón en la piel, úlceras en la boca, diarrea, y si no es tratada, deterioro mental. Después de que miles murieron, se decidió que algo debería de hacerse. El Director del Servicio Público de Salud admitió que fue conocido por cerca de 20 años que la pelagra fue causada por una deficiencia de niacina, pero nada se hizo porque la mayoría de las víctimas de pelagra fueron negros.

En 1940, más de cuatrocientos prisioneros en Chicago fueron infectados con Malaria, sólo para estudiar los efectos de una nueva y experimental droga, para contrarrestar la enfermedad. En los Juicios de Guerra de Nuremberg, los médicos nazis usaron este experimento humano para justificar su experimentación durante el Holocausto.

De 1954 a 1973, la Iglesia Adventista del Sétimo Día participó con el Ejército de los Estados Unidos en el desarrollo de armas biológicas y químicas (CBW) de destrucción masiva. El Proyecto Whitecoat fue el nombre en código para la investigación de una serie de armas biológicas que usaron cerca de 2,300 soldados Adventistas del Séptimo Día.

En 1962, las nuevas revistas canadienses MacLeans reportaron: "Durante los pasados diez años, en el programa americano, se reportó que había habido al menos tres muertes y como 715 casos de enfermedad y lesiones de "variada intensidad". Los voluntarios americanos son reclutados de las penitenciarías y fuerzas armadas. Muchos de los cerdos de guinea humanos en el último grupo habían sido jóvenes del la Iglesia Adventista del Séptimo Día; pacifistas por convicción; ellos prefieren dedicarse a actividades no militares mientras están en el Ejército." (33)

La investigación militar en biología y guerra bacteriológica produjo una larga lista de programas usando humanos en experimentos. En 1944, la Marina de Estados Unidos usó humanos para probar máscaras de gas y ropa, encerrándolos en una cámara de gas, donde fueron expuestos a gas mostaza y otros componentes como la lewisita. Dos años después, pacientes en la Administración de hospitales para veteranos, son usados para experimentos médicos. Hubo hombres recuperándose de heridas de guerra, o veteranos buscando tratamiento médico por una enfermedad.

En 1950, el Departamento de Defensa forma un plan para detonar armas nucleares en el desierto del sudoeste y monitorear por enfermedades y muertes de los ciudadanos que viven a los alrededores de las explosiones. Seis años después la CIA inició experimentos usando LSD en sujetos civiles y militares, sin su consentimiento o conocimiento.

El Departamento de Defensa condujo un experimento a aire abierto usando bacterias y virus que podrían producir enfermedades al estar en contacto con estos. El experimento duró 18 años y fue conducido en varios lugares, exponiendo a los residentes de las áreas circundantes. Otra vez en 1953, el Ejército americano produjo nubes de gas de cadmio y zinc sobre Winnipeg, Canadá; Fort Wayne, Indiana; en el área de Monocacy River Valley, en Maryland y en Leesburg, Virginia en un experimento para determinar qué tan eficientemente podrían ser dispersados esos agentes químicos.

El Proyecto MKSEARCH fue un programa operado por la CIA y el Departamento de Defensa en 1965, para conducir experimentos humanos en un esfuerzo por controlar la conducta con drogas alternativas.

En el periodo entre 1961 y 1971, el Ejército de los Estados Unidos roció 80,000,000 de litros de Agente Naranja sobre áreas de combate en Vietnam. El Agente Naranja fue nombrado así, por los barriles naranjas en que entregaban los químicos y técnicamente se trata de *phenoxyl herbicides, dichlorophenoxyacetic acid* and *trichlorophenoxyacetic acid* usados para deshojar áreas boscosas para negar al enemigo la protección de los árboles que les servían para esconderse. Más tarde otra forma de agente fue desarrollado, fue llamado Agente Azul que fue designado para destruir los cultivos de la gente y forzarlos a moverse a las ciudades que estaban controladas por las fuerzas de los Estados Unidos. El uso de Agentes Naranja y Azul trajeron hambre y la más grande pobreza a pueblos, ya por sí pobres y que dependían de sus tierras para su existencia.

Hay records sobre esta guerra, indicando que un mínimo de 6,542 misiones por aire fueron dedicados a rociar los agentes, y solamente en el sur de Vietnam 10,000,000 de hectáreas de rica tierra para la agricultura fueron destruidas. Los ácidos que forman el Agente Naranja fueron algunas ocasiones mezclados para ser cien veces más fuerte de lo que es reconocido como seguro para el uso humano.

Los Estados Unidos constantemente ha negado las afirmaciones de los veteranos americanos de la Guerra de Vietnam, por las enfermedades que contrajeron por estar expuestos al Agente Naranja. Más tarde en 2011, cortes federales negaron a los soldados el derecho a presentar su caso ante la Suprema Corte. Parte del problema es que no hubo reportes publicados en relación con el uso del Agente Naranja, entonces las cortes o tienen referencia de cómo evaluar estos efectos. El Ejército no tiene interés en los subsecuentes efectos de los químicos, por lo que no se han desarrollado estudios adicionales. Sin la investigación post-guerra sobre las consecuencias de este agente, las víctimas no tienen evidencias para presentar en la corte.

Muchos soldados creen que ser expuesto al Agente Naranja es lo mismo que ser herido y querer el Corazón Púrpura, pero esto también les fue negado. Los hospitales para veteranos estuvieron llenos con veteranos quejándose de erupciones en la piel y de una condición conocida en los círculos médicos como Cloracné (hidrocarburos aromáticos). Actual-mente esa condición es una deformidad de la piel causada por una exposición directa a varios tipos de químicos tóxicos. Los hospitales por supuesto son parte del Gobierno de los Estados Unidos y oficialmente reportaron, "Excepto por una condición de la piel conocida como Cloracné, no hay presencia de ningún dato de estudios que incrimine herbicidas como agentes causantes de alguna otra categoría conocida de enfermedad o síntoma crónico. Sin embrago, un contaminante, Dioxin, se encontró en pequeñas cantidades en defoliantes que son tóxicos." (34)

Hoy los Hospitales para Veteranos tratan condiciones que pueden estar relacionadas al Agente Naranja, pero continúan admitiendo que las condiciones son actualmente "causadas" por este agente. Los veteranos reciben en la actualidad alguna compensación, pero ésta difícilmente se compara con el sufrimiento y desestabilización que ellos han conocido. El Gobierno continúa básicamente ignorando a estas víctimas y muchos piensan que simplemente se está esperando a que los veteranos de la guerra de Vietnam mueran y con esto el problema desaparecerá.

El Gobierno de los Estados Unidos rechaza los reclamos sobre el Agente Naranja, aunque una enorme cantidad de evidencias existen, no sólo por lo que la exposición al mismo trajo a la piel, las irritaciones, también en la actualidad se alteró la estructura genética de las víctimas. El Gobierno de Vietnam estima que

400,000 personas fueron muertas o mutiladas, y 500,000 niños nacieron con defectos de nacimiento por la exposición al Agente Naranja.

La Cruz Roja en Vietnam declara que más de tres millones de vietnamitas fueron afectados por el Agente Naranja, incluyendo 150,000 niños con defectos de nacimiento. Se incrementó dramáticamente el número de niños que nacieron muertos y lo mismo sucedió con el ganado, cerdos y búfalos que abortaron a sus crías.

El Agente Naranja fue encontrado en la leche de pecho de las madres amamantando a sus hijos, mismos que fueron aquejados de paladar hendido, hernias, deformidades e incapacidades mentales en un rango alarmante. Cerca de cuarenta años después de la Guerra, los ciudadanos vietnamitas continuaron siendo víctimas de la contaminación de Dioxin; todavía en la tierra permanece 350 veces más alto que lo que las recomendaciones internacionales. La tierra produce comida envenenada y la gente continúa sufriendo problemas de la piel y un alto índice de de problemas pulmonares y de cáncer de laringe y próstata.

Hay como siempre, un incidente generalmente desconocido para la población. En 1965, diez años antes del final de la Guerra en Vietnam, el Gobierno condujo experimentos en prisioneros en la Holmesburg State Prison en Philadelphia, donde ellos fueron expuestos al Dioxin, el tóxico agente químico encontrado en el Agente Naranja. El motivo para este experimento fue observar si los hombres más tarde desarrollaban formas de cáncer. Entonces, si el Gobierno siempre creyó que el Agente Naranja sería seguro, ¿por qué hizo este experimento, conducido durante cuatro años después de la primer rociada del agente sobre Vietnam? (35)

Puede ser argumentado que los soldados deberían esperar ser expuestos al peligro de todo tipo durante el trascurso de una guerra, pero qué hay acerca de los ciudadanos viviendo su vida diaria, sin conocer que ellos están en la mitad de un vasto experimento que podría dañarlos a ellos y a sus familias.

El principal químico en la creación de la Bomba Atómica fue fluoruro. Recientemente, documentos desclasificados del Proyecto Manhattan, que juntaron a los mejores científicos para crear un arma de destrucción masiva, cuentan la historia del fluoruro y de cómo éste fue parte de un gran experimento.

Para crear la Bomba Atómica, se necesitaron millones de toneladas de fluoruro. Sn embargo, el fluoruro es extremadamente tóxico y fue considerado por la leading health como peligroso durante los experimentos de la Bomba Atómica. Hubo temor por la seguridad de los trabajadores en el proyecto, también por la gente que vivía en comunidades cercanas. Pero la bomba no pudo ser completada sin el fluoruro, y fue obvio que algo se necesitaba hacer.

Fue en este tiempo que el fluoruro se convirtió en parte de los sistemas que procesan el agua en América y a la gente se le dijo que se le había agregado al agua de consumo, para producir dientes más sanos para ellos y sus hijos. Los científicos trabajaron en el proyecto de la bomba, pero esto fue secreto; se les dijo que el fluoruro fue inofensivo en pequeñas dosis, para evidencias usadas en litigación, desde que el Gobierno temió que habría reacciones en la corte relacionadas con problemas causados a la saludo por el uso de fluoruro. Los documentos desclasificados indican que la primera demanda contra el Gobierno, fue acerca del fluoruro, no de la radiación.

Un artículo que apareció en el Christian Science Monitor en la primavera de 1997, decía: "Fueron necesarios estudios humanos. Los investigadores del programa de la bomba jugaron un rol de líderes en el diseño e implementación del más extensivo estudio de los Estados Unidos sobre los efectos en la salud al agregar fluoruro al agua de consumo público en Newburg, Nueva York, de 1945 a 1956. Después en una operación en clave clasificada cuyo nombre fue 'Program F´, ellos secretamente acumularon y analizaron sangre y muestras de piel de ciudadanos de Newburg, con la cooperación del personal del Departamento de Salud de Estado.

La versión secreta original -obtenida por estos reporteros- de un estudio de 1948, publicado por científicos del ´Programa F´ en el periódico de la Asociación Dental Americana, muestra que la evidencia de los efectos adversos a la salud del fluoruro fue censurada por la Comisión de Energía Atómica de los Estados Unidos (AEC), -considerada la más poderosa de las agencias de la Guerra Fría- por razones de seguridad nacional.

El Programa de estudios seguros de la Bomba de fluoruro fueron dirigidos por la Universidad de Rochester, sitio de uno de los más notorios experimentos de radiación humana de la Guerra Fría en cuyo incauto hospital, pacientes fueron inyectados con dosis tóxicas de radioactividad con plutonio. Los estudios del fluoruro fueron conducidos con la misma actitud ética, en cuyo ´seguridad nacional´ fue primordial." (36)

El Centro para Control y Prevención de Enfermedades identifica la causa de Fluorosis Dental como: "La Fluorosis Dental sólo ocurre cuando niños jóvenes consumen mucho fluoruro, proveniente de cualquier fuente, por largos periodos de tiempo, cuando los dientes están desarrollándose en las encías." (37)

La American Association of Poison Control Centers, recibe miles de casos cada año de accidentes por la ingestión de fluoruro. El National Research Council, establece que los niños consumen tres o cuatro veces más fluoruro que los adultos. Una Asociación Dental Americana advierte a las madres que las fórmulas para los bebés ´que niños vulnerables han sido sobreexpuestos´ al fluoruro. El Centro de Control para las Enfermedades aconseja que los suplementos de fluoruro no deben ser administrados a los niños que viven en áreas donde se consume agua con fluoruro. El periódico de investigación dental advierte que un tubo de pasta dental contiene suficiente fluoruro para matar a un niño de nueve años en promedio; aún así, más del 80% de niños en algunas ciudades americanas tienen fluorosis dental.

Una advertencia aparece en un artículo de noticiero que dice: "Menos conocido para el público es, que el fluoruro también se acumula en los huesos- "Los dientes son ventanas para ver lo que pasa en los huesos,"- explica Paul Connet, profesor de química en   St. Lawrence University (N.Y.). En recientes años, especialistas en huesos pediátricos han expresado alarma acerca de un incremento de fracturas entre gente joven de los Estados Unidos. Connet y otros científicos están preocupados de que el fluoruro – conectado al daño del hueso por estudios desde los años treintas – tal vez sea un factor que contribuye. Documentos desclasificados agregan urgentemente: muchas de las pruebas originales muestran que dosis cortas de fluoruro son seguras para los huesos de los niños, esta información proviene de los científicos que trabajaron en la Bomba Atómica, todo esto de acuerdo a esta investigación. (38)

Se está haciendo actualmente investigación seria en los documentos desclasificados del Proyecto Manhattan, con la esperanza de determinar qué tan extensa parte de la población fue incluida en experimentos.

El Dr. Phyllis Mullenix, uno de los investigadores y ex-director de toxicología en el Centro Dental Forsyt, en Boston, condujo sus propios experimentos con animales y descubrió que el fluoruro tiene un efecto devastador en el Sistema Nervioso que podría disminuir funciones cerebrales en los humanos, inclusive con pequeñas dosis. Investigación adicional proveniente de China apoya el reclamo, declarando que la dosificación en pequeño del fluoruro reduce el IQ en los niños. (39)

Mullenix estuvo alarmado con su descubrimiento del efecto del fluoruro en el cerebro humano y quiso estudiar esto más a fondo. Ella aplicó a los Institutos Nacionales de Salud de los Estados Unidos, pidió asistencia financiera para continuar con su trabajo, su aplicación fue rechazada con la respuesta oficial: "El fluoruro no tiene efectos en el Sistema Nervioso Central"

Los documentos desclasificados sobre el Programa de la Bomba Atómica, Sin embargo; un memo oficial fechado en abril 29 de 1944, establece: "Evidencia clínica sugiere que el hexafluoruro de uranio puede tener más tarde un efecto marcado en el Sistema Nervioso Central; parece que el factor F (código para fluoruro) es más el factor causante de esto, que el T (código para uranio)." (40)

El memo condujo el sello de mal agüero "SECRETO" y fue enviado al Coronel Stafford Warren, jefe de la sección médica del Proyecto Manhattan. Se le preguntó al Coronel para que diera permiso de conducir experimentos en animales. "Desde que se trabaja con estos componentes, es esencial, que será necesario conocer por adelantado, cuáles son los efectos mentales que pueden ocurrir después de la exposición...Esto es importante, no sólo para proteger de manera individual, sino también para prevenir a algún trabajador confundido de que lesione a otros por manejar impropiamente sus deberes."(41)

Los documentos de comunicación del Proyecto Manhattan han sido desclasificados, pero reportes oficiales relativos al fluoruro, están todavía en el estatus de clasificados en los archivos nacionales de los Estados Unidos.

Los autores Chris Bryson y Joel Griffiths estos documentos desclasificados y reportaron:" El rastro de evidencia comienza a la altura de la Segunda Guerra Mundial en 1944, cuando un incidente de severa contaminación ocurre a favor del viento de E.I. du Pont du Nemours Company, fábrica química en Deepwater, Nueva Jersey. La fábrica fue entonces produciendo millones de libras de fluoruro para el Proyecto Manhattan, el ultra secreto programa militar del Ejército de los Estados Unidos, la carrera para producir la primera bomba atómica del mundo.

Las granjas en los condados de Gloucester y Salem fueron famosos por sus productos de alta calidad- sus duraznos iban directo al Hotel Waldorf Astoria, en Nueva York; sus tomates fueron comprados por la empresa Campbell´s, para sus sopas.

"Pero en el verano de 1943, los granjeros comenzaron a reportar que sus cosechas fueron atacadas por la plaga y eso ´algo está quemando las cosechas de durazno en los alrededores´

"Las aves mueren después de una tormenta de toda la noche ´reportaron. Los trabajadores de la granja que comieron lo que producían y habían cosechado, muchas veces vomitaron toda la noche y al siguiente día también.

´Recuerdo a nuestros caballos que se veían enfermos y estuvieron muy adoloridos para trabajar; estos reportes fueron dichos por Mildred Giordano, quien era adolescente en ese tiempo. Varias vacas estuvieron tan tullidas que no podrían levantarse, ni pastar, se arrastraban en sus panzas.

"El reporte fue confirmado en entrevistas grabadas,... Con Philip Sadtler de Sadtler Laboratories de Philadelphia, una de las firmas de consulta química más viejas. Sadtler había personalmente conducido la investigación inicial del daño.

"Aunque los granjeros no lo sabían, la atención del Proyecto Manhattan y el Gobierno Federal, fue afianzado con el incidente de Nueva Jersey, de acuerdo a los documentos secretos obtenidos por estos reporteros. Después de que la Guerra terminó, en un memo secreto del Proyecto Manhattan, fechado el 1 de marzo de 1946, el jefe del proyecto de los estudios toxicológicos sobre el fluoruro, Harold C. Hodge, con preocupación le escribió a su jefe, el Coronel Stafford L. Warren, Jefe de the Medical Division, acerca de ´problemas asociados con la cuestión de la contaminación del fluoruro en la atmósfera en cierta sección de Nueva Jersey. Ahí parece haber cuatro distintos (aunque relacionados) problemas´ continuó Hodge:

1. Una cuestión de daño de la cosecha del durazno en 1944.

2. Un reporte de extraordinario contenido de fluoruro en el cultivo de vegetales en esta área.

3. A Un reporte de contenido anormal de fluoruro en la sangre de individuos humanos residentes de esta área. 4. Un reporte del creciente cuestión-amiento sobre el serio envenenamiento de caballos y de Ganado en esta área.

Los granjeros de Nueva Jersey esperaron hasta que la Guerra terminó, entonces demandaron a du Pont y al Proyecto Manhattan por el daño del fluoruro – según consta las primeras demandas en contra del programa de la Bomba Atómica de los Estados Unidos.

Aunque pareciera trivial, las demandas sacudieron al Gobierno, los documentos secretos hicieron revelaciones. Bajo la dirección personal del Proyecto

Manhattan, el General Mayor Leslie R. Groves, tuvo reuniones secretas que fueron convocadas en Washington de obligatoria asistencia de científicos y oficiales del Departamento de Guerra de Estados Unidos; del Proyecto Manhattan; de la Administración de Alimentos y Drogas; del Departamento de Justicia y Agricultura; del Servicio de la Armada y de Guerra Química de los Estados Unidos; del Arsenal Edgewood; de la Oficina de Estándares y de los abogados de du Pont. Memos desclasificados de las reuniones revelan una movilización secreta de las fuerzas completas del Gobierno para vencer a los granjeros:

"Estas agencias 'Están haciendo investigaciones científicas para obtener evidencia con la cual se pueda usar para proteger los intereses del Gobierno en el juicio de sus demandas levantadas por los dueños de duraznos, orquídeas en ... Nueva Jersey, manifestado por el Teniente Coronel Cooper B. Rhodes, del Proyecto Manhattan en un memorándum con copia para el General Groves.

"El 27 de agosto de 1945, Asunto: Investigación del daño del cultivo en Lower Penns Neck, Nueva Jersey.

"Al Comando General, Servicio de Fuerzas Armadas, Edificio del Pentágono, Washington, D.C.

"A la petición del Secretario de Guerra, el Departamento de Agricultura ha acordado cooperar en la investigación de las quejas del daño atribuido a los cultivos... por los gases de una planta operada en conexión con el Proyecto Manhattan."

"Firmado, L.R. Groves, Major General U.S.'

"El Departamento de Justicia está cooperando en la defense de estas demandas" escribió en un memo el General Groves en febrero 28 de 1946 al Presidente del U.S. Senate Special Committee on Atomic Energy." (42)

La pregunta es ¿por qué el Gobierno estuvo en pánico sobre varias acciones de la corte, comenzando por unos pocos granjeros en Nueva Jersey? Pero para 1946, Los Estados Unidos estuvieron en una completa producción de bombas atómicas. Fue la única nación en la tierra con poder nuclear y esta arma garantizaría el liderazgo en el mundo después de la Segunda Guerra Mundial. Para hacer eso, se necesitó más fluoruro, y las quejas de los granjeros podrían traer publicidad innecesaria a su proyecto.

Los experimentos no fueron descontinuados, apenas fueron cambiados de la autoridad del Departamento de Agricultura a la del Servicio de Guerra Química del Ejército y sin alguna acción en contra por más quejas. La Corte podría estar influenciada por cuestiones acerca de la seguridad nacional. No hubo preocupación acerca de las pérdidas financieras de los granjeros locales o por la salud de los residentes del área, lo que fue más importante fue la creación de más armas de destrucción masiva.

En México, 250mg de fluoruro se agrega a cada kilogramo de sal para el consumo humano; se puede encontrar en la sal de mesa, pan, productos para hornear, comida procesada, etc. Los resultados son esas 250 toneladas de sal con fluoruro que son consumidas cada año. El promedio de consumo por persona es de 7.14 gr. De sal con fluoruro al día. Un estudio en busca de fluorosis dental en niños viviendo en el área de la Ciudad de México descubrió, que el 81.9% de estos niños fueron afectados.

Un reporte señala: "los niveles de fluoruro en diferentes fuentes de agua para beber en la Ciudad de Chihuahua y en los municipios más habitados fue determinado por la suma de incidencia y grado de fluorosis , y en las escuelas primarias fue establecido, para justificar la prestación del mencionado programa nacional tan pronto como fue posible y luego para evitar un incremento en la frecuencia y severidad de la fluorosis dental en la población.(43)

Los beneficios y riesgos del fluoruro están siendo todavía debatidos, pero eso no es el asunto mayor. Lo que es más importante es que el Gobierno eligió es no servir más a su gente. Prefirió someterlos a severos peligros, en el nombre de la supremacía internacional y el poder. Los experimentos conducidos sobre ciudadanos reticentes y desinformados, o aquellos contaminados desde lejos que proveen una imagen diferente de Washington, de la que siempre se presentó en imágenes o películas. Un estudio de sus actividades y agresiones silenciosas contra su propio pueblo, retrata, que el mismo sé traiciona en contra de los verdaderos intereses de los ciudadanos americanos.

Los implementos de guerra no intimidan más como la Bomba Atómica. Los Estados Unidos ha desarrollado y refinado incontables formas para destruir millones de seres, con minúsculas cantidades de toxinas. Más allá de tecnología de escala, inventada por los genios de Nikola Telsa a inicios del Siglo XX. Este concepto puede potencialmente usar el mismo medio ambiente como una máquina de muerte. La sospecha es que los Estados Unidos no sólo tiene esta tecnología, sino que la ha probado, una vez más en su propia gente.

En 2011, más de 5000 muertes de pájaros negros de alas rojas, literalmente el paisaje de Arkansas y Louisiana. La opinión impresa de expertos fue que los pájaros habían sido víctimas de los shows de fuegos artificiales al celebrarse el 4 de julio. Verdaderos expertos ornitólogos, dicen que esa conclusión es ridícula y que la muerte de los pájaros no fue "natural" Otros expertos reclaman que una repentina corriente de aire ascendente u otro fenómeno causó la ola de pájaros muertos, pero testigos no vieron nada de ese tipo de condiciones y varios vieron pájaros caer del cielo mientras volaban. Un reporte manifiesta: "...no todos los pájaros que cayeron estuvieron ya muertos. Algunos estaban todavía vivos y aparentemente confusos o aturdidos; algunos incluso hacían desesperados intentos de buscar refugio adentro de las casas, pareciera que trataban de escapar de los que fuera que los estaba matando afuera." (44)

No podría haber sido un fenómeno de condiciones de tiempo local, porque los pájaros también estuvieron cayendo en Louisiana y Kentucky. El Juego de Arkansas y la Comisión de Pesca investigaron la muerte de los pájaros y establecieron: "Los pájaros sufrieron un agudo trauma físico de hemorragia interna y muerte...no hubo señal de enfermedad por infección crónica." (45)

El noticiario NBC, más tarde reportó el estado oficial de Arkansas por parte del Dr. George Bradley, que concluía que los pájaros murieron a medio vuelo, y no con el impacto con el suelo después de caer.

En la misma época preces muertos flotaban en un área de 20 millas a lo largo en el Río Arkansas; miles de peces fueron muriendo en el área de la Bahía Chesapeake, y cien toneladas de peces muertos se pudrían en las playas de Brazil.

Los incidentes podrían ser atribuidos a enfermedades, a las condiciones del tiempo, o a algún fenómeno natural; excepto por una cosa. Los pájaros que murieron fueron de una sola especie; ningunos otros pájaros fueron afectados. El pescado fue todo de una sola especie y ningún otro tipo fue impactado. Esta sola selectividad sugiere que alguna inteligencia detrás de las muertes y la única fuente lógica, considerando la pasada historia, podrían ser experimento del Gobierno de los Estados Unidos.

Autopsias de los pájaros revelaron, desintegración interna de sus órganos; la apariencia común de desorientación de los pájaros también sugiere un agente externo, estas claves nos guían a la tecnología de Scalar.

Hay muchos tipos de radiación: térmica, de microondas, nuclear, fotónica y magnética. Lo que Telsa percibió fue que si una alta energía electromagnética pudiera ser proyectada, se podría perturbar todos los procesos geológicos y biológicos. Tanto como si fuera Ciencia Ficción. El antiguo Secretario del Departamento de Defensa de los Estados Unidos, William Cohen dijo: "Otros aún se están empeñando, en un terrorismo ecológico, por medio del cual, pueden alterar el clima, desencadenar terremotos, volcanes; remotamente a través del uso de olas electromagnéticas...por lo tanto hay bastantes mentes ingeniosas afuera, que están trabajando en la búsqueda de caminos, en los cuales ellos pueden causar terror sobre otras naciones...Esto es real y esa es la razón de por qué nosotros tenemos que intensificar nuestros esfuerzos (contra terrorismo)." (46)

Los experimentos secretos de los Estados Unidos incluyen: sonar de alta frecuencia que mató incontables ballenas y otros animales del océano: Fue negado primero, pero en diciembre 23 de 2001, un reporte en las noticias dio una explicación más verdadera. "La Marina de los Estados Unidos y El Servicio de Pescadores de la Marina

Nacional ha lanzado un reporte, reconociendo el rol que jugó el sonar experimental de la Marina, en la muerte de 17 mamíferos marinos en Las Bahamas el año pasado. El reporte es la primera admisión oficial de la agencia, de que el sonar puede contribuir al fenómeno de las ballenas varadas.

La Marina y NMFS concluyeron que la presencia de las ballenas en un canal del océano restrictivo, durante condiciones de agua calmada, el cual refleja y amplifica sonidos, causados por el sonar de la Marina, para dañar los oídos de las ballenas y haciendo que esto las guie hasta la playa por ellas mismas.

"El reporte dice que el experimento de la Marina del sonar activo de baja frecuencia (LFAS), el mismo que ya ha sido implicado en otras acciones de ballenas encalladas, no estuvo envuelto en este incidente.

"Esta investigación acompañada con otra investigación en el impacto del sonido del sonar en mamíferos marinos, incrementó el conocimiento de la densidad de dichos mamíferos, incrementó el conocimiento también de las causas de las ballenas picudas encalladas, de su anatomía, fisiología y medicina, y más a fondo, investigación sobre la propagación del sonar, que proveerá valuable información para determinar, cuales combinaciones o factores son más adecuados para causar otro evento masivo de encallamiento," (47) ellos concluyeron.

El reporte también notificó que las ballenas tenían signos de haber estado sangrando en el oído interno y que una había sangrado internamente en el cerebro; la causa de este padecimiento fue: "cualquiera, un golpe en la cabeza, o ruidos extremadamente fuertes." Diez ballenas han sido rescatadas y regresadas al océano, pero las tres que murieron han sido golpeadas en la cabeza con "algo." Nosotros hemos cuestionado y también creído que las diez sobrevivientes, no han oído los "ruidos excepcionalmente altos." Sin embargo, muchos expertos están de acuerdo en que las ballenas pueden detectar sonidos de muy alta frecuencia que a los humanos no pueden dañar. Incluso, es de mayor importancia falla en decir cuál de las ballenas ha muerto. ¿Eran éstas de la misma especie?, ¿Podría la selectividad ser detectada en este caso también?

El incidente de Bahamas, de marzo de 2000, no fue el primero. Ha habido al menos 19 incidentes, de ballenas en masa encalladas desde 1963, cuando los Estados Unidos inició su semi-frecuentemente experimento con sonar. El actual record de estos incidentes provee interesante información. Cuatro Culvier's Beaked Whales encallaron en Donaire en 1974. Doce Culvier's Beaked Whales y una Gervais Beaked Whale encallaron en las Islas Canarias en 1985. Tres años después, tres Culvier's Beaked Whale y una Northern Bottlenose Whale, encallaron en Canarias. Veinticuatro ballenas, la mayoría Culvier's Beaked Whales fueron varadas en las Islas canarias en 1989. Doce Culvier's Beaked Whales encallaron en Grecia en 1996. El patrón de estos encallamientos y de las muertes, indica claramente a un tipo en particular de ballena, Culver's Beaked fue el objetivo en los experimentos. La tecnología Scalar hace exactamente eso. Puede ser dirigida hacia una especie biológica, como una especie particular de pájaro, o pescado, o humanos. Esto sería, o ha sido suficientemente refinado para enfocarse hacia un oriental, un negro, un mexicano, o a un miembro de una tribu en particular, o indígenas.

El mayor peligro es el otro elemento de la tecnología Scalar, es su habilidad de usar la tierra y su medio ambiente como un arma. Ésta puede ser usada para crear tormentas, tornados, huracanes y tormentas de nieve. Puede activar volcanes y alterar las fallas para crear terremotos, o adecuar la fuerza para formar un tsunami. Nosotros no podemos culpar a aquellos quienes cuestionan al único tsunami recordado en la historia o en la memoria humana. No podemos criticar a aquellos quienes desconfían de sus gobiernos tanto, que tienen dudas acerca del Huracán Katrina. No podemos ridiculizar a aquellos quienes reconocen el calentamiento global, pero tienen preguntas hacer de su inicio. No podemos ignorar a aquellos quienes preguntan ¿por qué sólo en recientes generaciones hemos visto la emergencia del SIDA, la enfermedad del legionario, ébola, Alzheimer, la enfermedad de la vaca loca, la bacteria carnívora, el síndrome pulmonar hantavirus. El Bird flu, Ansian flu y otras?

Los naturalistas están debidamente preocupados acerca del bienestar de la vida en el mar, en la ruta de los experimento de sonar de los Estados Unidos. Pero, ¿es este tipo de experimentación limitada sólo a los océanos? Para encontrar la respuesta, uno debe mirar a un área cerca de Fairbanks, Alaska. Para ver ¿qué límites han desarrollado las teorías de Tesla, uno necesita investigar a la Fuerza Aérea de los Estados Unidos en su programa de investigación de Alta Frecuencia Actividad Auroral (HAARP). La instalación en Alaska tiene características de un complejo masivo militar, con hectáreas de antenas capaces de enviar rayos electromagnéticos a la ionósfera, cerca de 96 kilómetros sobre la tierra. Esto promete ser o crear una tecnología que enviaría una mega-poderosa radioonda a la ionósfera y calentarla a extraordinarias temperaturas, antes de ser apuntado a su regreso a un específico objetivo en el planeta. Podría penetrar edificios, acero, concreto, roca, todo.

El Departamento de Defensa describe HAARP como un programa para, "explotar la ionósfera para propósitos del Departamento de Defensa." (48)

El físico Bernard Eastlund dice: "...se hace más claro, cómo el Ejército intenta usar el trasmisor HAARP. También hace negaciones gubernamentales menos creíbles. El Ejército sabe como intenta usar esta tecnología y lo hace claro en sus documentos. El Ejército deliberadamente ha engañado al público a través de juegos de palabras sofisticados. Decepción y plena desinformación." (49)

La tecnología de HAARP no es propiedad del Gobierno de los Estados Unidos, es propiedad de E-Systems, el más grande contratista de Inteligencia en el mundo. Uno de sus más grandes clientes es la CIA. Tiene contratos por $1,800,000,000 dólares, de los cuales, 800,000,000 están designados para programas tan secretos que ni el Senado sabe cómo son usados estos gastos que ellos aprueban.

Irradiaciones expulsadas por HAARP pueden inutilizar todos los sistemas de teledirección de cada aeroplano en el aire, barcos en el mar, o carros con sistemas de computación. Justo como la teoría de los pájaros desorientados y los peces; esto paralizaría la transportación a través del mundo. Podría crear una "envoltura" que destruiría los misiles por llegar.

Documentos desclasificados de la Fuerza Aérea revelan que un sistema fue desarrollado por alteración o manipulación del pensamiento humano. Pulsaciones de radiofrecuencia pueden ser emitidos sobre grandes áreas geográficas para prevenir patrones lógicos de pensamiento.

Zbigniew Brzezinski, anterior consejero de Seguridad Nacional para el Presidente Caarter, escribió: "Estrategias políticas han provocado explotar la investigación en el cerebro y conducta humana." (50) El geógrafo J.F. McDonald, un especialista en problemas de guerra, dice: "...con exactitud y tiempo, artificialmente-excitado electrónicamente, derrames cerebrales, pueden dirigir a un patrón de oscilaciones, que producen relativamente niveles de alto poder sobre ciertas regiones de la tierra...en este camino, uno podría desarrollar un sistema que afectaría seriamente el desempeño del cerebro de una población muy grande, en ciertas regiones sobre un periodo extendido...no importa cómo se perturben profundamente los pensamientos del uso del medio ambiente para manipular la conducta a favor de ventajas nacionales; para varios, la tecnología permite ese tipo de uso que probablemente se desarrollará en las próximas décadas."(51)

Sabemos por experimentos con el LSD, que el control de la mente fue una de las estrategias soñadas por los Estados Unidos y cuando uno considera la segunda elección de George W. Bush, el debió preguntar si el programa ya no era funcional. En 1970, Zbigniew Brzezinski les dijo a otros que una "sociedad más controlada y directa" emergería sujeta a la tecnología. La sociedad sería controlada por un elemento de poder que influiría en los votantes hacia la tecnología... "Sin obstáculos, sin la restricción de valores liberales tradicionales, esta élite no dudaría en alcanzar sus fines políticos, usando las últimas técnicas modernas para influenciar la conducta pública, y mantener a la sociedad bajo una servidumbre cerrada y controlada. Un impuso técnico y científico alimentaría entonces la situación explotada." (52)

Es especialmente interesante comparar la conducta de los pájaros cayendo y de las ballenas con un reporte publicado por la Fuerza Aérea, describiendo los usos de HAARP. "Las potenciales aplicaciones de campos electromagnéticos artificiales oscilando ampliamente y que pueden ser usados en situaciones militares y cuasi-militares... Algunos de esos usos potenciales incluyen procedimientos con grupos terroristas, control de multitudes, infracciones de seguridad en instalaciones militares y técnicas antipersona en tácticas de guerra. En todos estos casos, los sistemas EM(electromagnética)serían usados para producir suavidad a la severa perturbación psicológica, o a la distorsión perceptual, o desorientación. En adición, la habilidad de los individuos para funcionar podría ser degradada hasta un punto de que ellos estarían combatiéndola inefectivamente. Otra ventaja del sistema electromagnético es que ellos pueden proveer cobertura sobre grandes áreas, con un simple sistema. Estos son silenciosos y contra-medida ...Una última área donde la radiación electromagnética se puede probar y tiene algún valor, es en mejorar habilidades de individuos a través de fenómenos raros." (53)

Por más de veinte años, el Ejército de los Estados Unidos ha investigado métodos para controlar el clima. Fueron hechos experimentos para crear lluvia durante la Guerra de Vietnam. Se hicieron estudios de cómo dirigir relámpagos y huracanes. El Proyecto Prime Argus fue dirigido para encontrar métodos para causar terremotos.

El profesor Gordon J. F. MacDonald de la Universidad de California y miembro del President's Science Advisory Committee escribió sobre el arsenal que manipularía el clima, mayúsculas cantidades de hielo polar derretido, penetración del ozono, creación de terremotos, controlar las olas del océano y las ondas del cerebro humano. Usando la tecnología, una persona podría ser atacada sin conocimiento de esto. Ellos podrían derrotar políticamente, ambientalmente, financieramente, y sin esperanza de sobrevivir y nunca saber que fueron víctimas de otra nación.

El desarrollo de la Tecnología Scalar podría prometer el fin de una guerra como nosotros lo sabemos, pero también podría prometer un control universal de la población entera del mundo por un puñado de personas. Las naciones que se revelen podrían ser castigadas con terremotos o tsunamis. Soñadores queriendo un nuevo y diferente mundo podrían tener sus pensamientos reajustados para aceptar los patrones. La sobrepoblación podría ser controlada con epidemias de enfermedades desconocidas. Los bien portados conforman naciones que podrían ser recompensadas con sacudidas de energía para revitalizar su porción de la tierra con suficientes cultivos, suficientes lluvias y un control de la felicidad en el pensamiento. La elite controlada sería el réferi del mundo, decidiendo su propia justicia en cualquier disputa internacional y bendecirían al mojigato (en su opinión) y castigarían a los ofensores con cualquier cosa, incluso la exterminación.

Cuando Leslie Sthal tuvo en su programa de noticias televisivo "60 Minutes" a la Secretaria de Estado Madeleine Albright, preguntó: "Hemos oído que medio millón de niños han muerto, esto significa que han muerto más niños que en Hiroshima; y usted sabe, ¿el precio vale la pena?

Albright respondió: "Creo que es una elección muy dura, pero el precio – pensamos que el precio lo vale" (54)

Uno es forzado a preguntar ¿qué alma humana corrupta creería que la muerte de 500,000 niños inocentes "valió la pena"?, ¿alguna meta política, o ambición militar?, ¿Tener la conciencia colectiva de los Estados Unidos anquilosada por tantas agresiones y guerras constantes? Si se permite que medio millón de niños mueran por una ideología política, ¿qué otras cosa el Gobierno impondría sobre la gente?

La experimentación sin el consentimiento del sujeto toma muchas formas y algunas veces es completamente desconocida. En 2006, la Disposición Pública y el Acto de Preparación de Emergencia (PREP) fue firmado en una ley por la Administración Bush, dándole al Gobierno de los Estados Unidos el poder para declarar una "emergencia nacional" por cualquier enfermedad infecciosa que ellos declaren que se convertiría en un peligro nacional y por lo tanto requiere de la vacunación obligatoria para la población entera de los Estados Unidos. En otras palabras, a los ciudadanos de los Estados Unidos se les estarían negando sus derechos constitucionales de elegir, y serían forzados a vacunarse, o a enfrentar la cárcel por ser una "amenaza para la seguridad nacional", todo sin juicio y sin una representación legal.

Un artículo del Washington Post del 24 de octubre de 2011, contiene información acerca de todavía otro programa del Gobierno, donde los ciudadanos serían el sujeto de experimentación. Aunque en esta ocasión, el Gobierno quizo niños.

"La Administración Obama está luchando con la controvertida cuestión de si los científicos deberían inyectar a niños saludables con la vacuna del Anthrax, para ver si las inyecciones los protegerían sin riesgo contra un ataque bioterrorista.", dice el artículo. "La otra opción es esperar hasta que un ataque suceda y entonces tratar de recolectar datos de los niños cuyos padres estén de acuerdo para inocularlos, encarando a una amenaza actual." (55)

Una vez más vemos la tendencia abierta de controlar los medios. El reporte falló en mencionar el grado de riesgo, los anteriores experimentos con la vacuna, la probabilidad de ser necesitada o cualquier perspectiva negativa. El reporte se limita a niños adquiriendo la vacuna, o "la otra opción" de esperar que pase un ataque.

El trabajo de un grupo clave de consejeros federales, respaldaron pruebas e desataron objeciones de aquellos quienes consideran que este paso inmoral, innecesario y peligroso. El Consejo Nacional de Ciencia de la Biodefensa (NBSB), que aconseja al Gobierno Federal, se reunirá el viernes para votar por sus recomendaciones en el trabajo de grupo.

"Al final del día, ¿queremos esperar por un ataque y dársela a millones y millones de niños y recolectar los datos al mismo tiempo?" dijo Daniel B. Fagbuyi del Children's National Medical Center en Washington, que dirigía el grupo. "O hacer lo que queremos decir: ´¿cómo proteger a nuestros niños mejor?´ Podemos cuidar a nuestra abuela y nuestro abuelo, a nuestro tío y tía, pero en este momento no tenemos nada para los niños.

La vacuna ha sido probada extensivamente en adultos y ha sido administrada a más de 2.6 millones de personas en el ejército, pero las vacunas nunca han sido probadas o dadas a los niños, dejando incierto cómo bien la vacuna trabaja en gente joven, en qué dosis, y si ésta es segura. A diferencia de la rubeola, las paperas y otros padecimientos, la probabilidad de que los niños estuvieran expuestos al anthrax, teoréticamente hace del cálculo de riesgo-beneficio mucho más cuestionable al probar la vacuna en ellos." (56)

"Es difícil creer que esto es algo que hace un gran acuerdo de conciencia," dijo Joel Frader, un pediatra bioético de la Escuela de Feinberg School of Medicine. en la Universidad de Northwestern. "Sería difícil justificar las pruebas de las vacunas en niños, simplemente en la hipotética posibilidad de que pudiera haber un ataque." (57)

Anthrax es una infección que amenaza de por vida, causada por una bacteria que produce toxinas, por mucho tiempo considerada como bioterrorismo, de muy fácil elección, ya que es relativamente fácil producir y distribuir sobre una amplia área. Una semana después de los ataques del 11 de septiembre de 2001, cartas que contenían esporas de anthrax llegaron a algunas oficinas de los medios y a dos oficinas del Senado; matando a 5 personas y enfermando a otras 17. Eventualmente, el FBI concluyó que las cartas fueron enviadas por Bruce Ivins, un científico disgustado, de Fort Detrick , Maryland, quien se suicidó en 2008, aunque algunos expertos cuestionan los descubrimientos del FBI.

"Como parte del amplio esfuerzo para proteger mejor a los americanos contra el bioterrorismo, el Pentágono una controversial inmunización militar contra el anthrax en 1998; hubo un desafío en la corte sobre cuestionamientos acerca de la seguridad de la aplicación de la vacuna y la rehabilitación. Actualmente el Pentágono demanda la vacuna para el personal designado a actividades en defensa del bioterrorismo y algunas otras unidades especiales, así como aquellos desplegados por 15 días o más en el Medio Este y en países cercanos al mismo, al igual que en Corea del Sur.

"El gobierno Federal ha gastado 1.1 billones de dólares para almacenar esta vacuna para proteger a los americanos en caso de un ataque. Los antibióticos ayudarían a proteger a aquellos que estuvieran expuestos de forma inmediata. La vacuna defendería contra los residuos de las esporas, que son las que subyacen en estado latente. La vacuna está hecha con una cepa de anthrax que no causa la enfermedad." (58)

Sin los medios controlados, los padres estarían al tanto de la larga historia de los experimentos médicos, conducidos bajo la apariencia de éste. Pero sin la información y una inherente confianza en el gobierno, ellos estarán más como guiados a creer que están protegiendo a sus hijos y los enviarán a vacunar. No podemos decir que el programa es aún otra conspiración médica. Quizá está designada con una preocupación legítima. Pero juzgamos acciones por acciones previas, y esto es suficiente para incrementar una legítima sospecha.

Es difícil dar confianza cuando la historia del Gobierno y la historia de la medicina en los Estados unidos es corrupta, con incontables casos de violación a la dignidad y a los derechos humanos. Revisando esa historia, se vuelve aparente que pocos médicos fueron la excepción de pasar los límites de la ética médica. Inclusive el Dr. Jonas Salk, el héroe de la medicina moderna, acreditado con el desarrollo de la vacuna de la polio, condujo experimentos con pacientes del manicomio de Ypsilanti en el estado de Michigan. Él inyectó a personas que fueron "seniles y debilitados" con una vacuna de influenza y que más tarde fueron expuestos a esta enfermedad. La condición de los pacientes confirma que ellos fueron incapaces de dar su consentimiento para estos procedimientos y esto sólo es una evidencia de que Salk estuvo conduciendo experimentos ilegalmente y faltos de ética.

Durante una audiencia del Congreso acerca de la Industria Farmacéutica en 1973, oficiales de una compañía farmacéutica admitieron que experimentaron con prisioneros porque ellos eran más baratos que los chimpancés." (59)

La indiferencia para la vida humana, independientemente de su estatus social, está favoreciendo a la típica caracterización de América. El infame internamiento de prisioneros árabes en Guantánamo, ofrece una historia de absoluta brutalidad. Entre los abusos a los detenidos están:

1. Sodomizar a un hombre detenido con una linterna y posiblemente con un mango de escoba.
2. Amenazar a los detenidos con una pistola cargada de 9 mm.
3. Un guardia policía militar teniendo sexo con una mujer detenida.
4. Usando perros de trabajo militares, sin bozal, para intimidar y asustar a los detenidos; en al menos un caso, mordieron a un detenido y le causaron severas lesiones.
5. Rompiendo lámparas y lanzando un torrente de líquido fosfórico sobre los detenidos.
6. Golpear a los detenidos con el mango de una escoba y con una silla.
7. Lanzando torrentes de agua fría sobre los detenidos desnudos.
8. Dando puñetazos, cachetadas y pateando a los detenidos.
9. Permitir a un guardia policía militar coser la herida de un detenido que fue lesionado después de haber sido estampado contra la pared en su celda.
10. Amenazar a un hombre con ser violado.

11. Saltar sobre los pies descalzos de los detenidos.
12. Videograbar y fotografiar hombres y mujeres detenidos desnudos.
13. Colocar a la fuerza detenidos en numerosas posiciones sexuales para fotografiarlos.
14. Forzar a los detenidos a desnudarse y quitarles la ropa por días seguidos.
15. Forzar a detenidos hombres desnudos a usar ropa interior de mujer.
16. Forzar a grupos de hombres detenidos desnudos a masturbarse ellos mismos mientras son fotografiados y videograbados.
17. Colocar hombres desnudos detenidos en una pila y saltar sobre ellos.
18. Poner a un hombre desnudo en posición de caja MRE (Meals Ready to Eat) con una bolsa de arena en su cabeza y atando cables a sus dedos de pies y manos y a su pene, dándole toques eléctricos.
19. Colocar una cadena para perro alrededor de un detenido desnudo y tener una soldado mujer posando para una foto y tomando fotografías de soldados iraquíes muertos. (60)

El General Taguba se tardó para declarar "Nuestro honor nacional está manchado por el indigno e inhumano trato que estos hombres reciben de sus captores. Después de años de revelaciones de las investigaciones gubernamentales, informes de los medios y reportes de las organizaciones de derechos humanos, ya no hay más dudas, aunque la pasada Administración (G.W. Bush Administration) ha cometido crímenes de guerra. La única pregunta que permanece sin contestar es, si aquellos que fueron ordenados de cometer actos de tortura serán detenidos para dar cuenta de esto." (61)

Obviamente aquellos que son responsables por introducir la tortura a la reputación nacional no van a ser detenidos para dar cuenta de la misma. George W. Bush está "retirado" con su muy amplia pensión federal, como están muchos de su séquito en sus crímenes en contra de la humanidad. En lugar de castigar a aquellos que violaron la ley internacional y todo código de dignidad humana. Ellos viven premiados y viven confortablemente para el resto de su vida, bajo la protección de agentes del Servicio Secreto.

En el siguiente capítulo veremos cuántos acusados enfrentaron con miedo las consecuencias de sus actos, y cómo ellos usaron poderes ejecutivos para quedar exentos de cargos criminales que se merecían totalmente.

Los experimentos médicos en los Estados Unidos tal vez proveen la más fuerte evidencia de que los intereses de su gobierno serán atendidos sin consideración de las consecuencias que pagan miles de inocentes, incautas víctimas. La lista de los proyectos fundados por los Estados Unidos, reta a cualquier record encontrado en los registros de los campos de concentración. El precio y reconocimiento dado a los perpetradores de estas exploraciones contra la miseria humana, sólo revela la falta de estándares de la moral, esto es por sí mismo en lo que se ha convertido el estándar de los Estados Unidos.

Es característica de los experimentos de los Estados Unidos tener sujetos desamparados, desinformados, vulnerables o incapacitados. En Central Park, en la Ciudad de Nueva York hay una estatua de J. Marion Sims, a quien muchos llaman el "Padre de la Ginecología" Se han escrito libros acerca de su carrera médica y cómo él fue fundamental en el cuidado médico para las mujeres. Aunque no se mencionó que durante la década de los 1840, él llevó a cabo cirugías innecesarias, sin anestesia en mujeres esclavas negras; varias de estas mujeres fueron sujetos de hasta 30 operaciones, todas sin su consentimiento. En sus experimento se incluyen operaciones en bebés de mujeres esclavas, donde se utilizaron instrumentos primitivos para mover los huesos de sus cráneos.

La revista The Journal of pediatrics, de febrero de 1942, contiene un reportaje del Dr. William C. Black describiendo, cómo él vacunó a un bebé de 12 meses con herpes. Él aseguró que el bebé fue "ofrecido como voluntario." (62)

Durante la década de 1940, el Ejército de los Estados Unidos y el Departamento de Estado, fundaron un programa operado por la Universidad de Chicago para exponer prisioneros de la Penitenciaría de Stateville, con malaria para estudiar sus efectos. Lo mismo fue hecho con pacientes psiquiátricos en el Illinois State Hospital. Los experimentos fueron tan inhumanos que los de los doctores nazis los usaron como parte de su defensa en los juicios de Nuremberg. (63)

Entre las tragedias traídas acerca de los experimentos inmorales e ilegales está la de Willowbrook State School en Staten Island, Nueva York. Por 22 años entre 1950 y 1972, a los padres de niños deshabilitados mentales, les anunciaron que los servicios de la escuela serían posibles, si ellos firmaban un consentimiento de vacunación a sus niños con hepatítis viral. Los niños con retraso mental fueron vacunados a propósito, además de que les dieron un extracto que contenía heces de pacientes infectados con el virus de la hepatítis. (64)

Entre los más crueles de todos los experimentos en los Estados Unidos, está el que ocurrió en 1953, cuando la comisión de Energía Atómica, les dio a mujeres embarazadas Iodine-131, para que abortaran embriones que pudieran ser estudiados. A bebés recién nacidos pesando entre 2.5 y 3.9 Kg. a sólo 36 horas de haber nacido, les administraron oralmente, o en vacuna iodine radioactivo para medir los efectos finales. (65)

El mismo tipo de experimento fue llevado a cabo en el Colegio de Medicina de la Universidad de Nebraska, donde a 28 bebés sin problemas de salud les fue administrado iodine-131. Todavía en otro experimento, les dieron lo mismo a 65 bebés prematuros. (66)

En 1946, una "bebida vitamínica" fue preparada para 829 madres embarazadas en Tennessee para "mejorar la salud de sus bebés" En realidad, las bebidas contenían hierro radioactivo, en un experimento para ver cuánto tiempo era necesario para que el radioisótopo entrara en la placenta. El resultado fue devastador para ambos, bebés y madres. (67)

A niños débiles mentales en la Walter E. Fernald State School en Massachusetts les aplicaron inyecciones de calcio radioactivo. A bebés malnutridos en el hogar se les aplicaron en 1956, inyecciones químicas radioactivas, con las agujas perforando sus cráneos. Otros recibieron las inyecciones en sus cuellos y en su espina dorsal, así podrían analizar los fluidos espinales. (68)

Los autores Pontell y Geis hicieron lo que quizá es la más extraordinaria revelación, al escribir: "Como en 2007, un no singular investigador del gobierno de los Estados Unidos fue juzgado por experimentar con humanos, y muchas de las víctimas de estos experimentos, no recibieron compensación, o, en muchos casos por el desconocimiento de lo que hicieron con ellos." (69)

El borrador original del gobierno de los Estados Unidos estuvo basado sobre la premisa del concepto de proveer seguridad, protección y bienestar a su pueblo. Esa premisa desapareció de la escena política de la nación. La estructura del poder en Washington ahora piensa en términos de control, manipulación y explotación. La República una vez dedicada a los más altos principios, es ahora temida a través del mundo. Sus metas emergen de ser la más poderosa y con derechos de intervenir cualquier lugar que elija y domine. Su una vez celosa reputación por el bien y la generosidad fue abandonada en nombre de Halliburton, Fundamentalismo Cristiano, la creación de una presidencia con autoridad ilimitada, e incontables mentiras. Si se puede recuperar y continuar como una primera nación del mundo, eso queda por ser visto. Si no se puede, quizá el futuro considere lecciones acerca de la vida que los Estados Unidos impusieron a otros.

EL VECINO Y SU PATIO TRASERO

Cuando Madeleine Albright respondió: "Pienso que esta es una elección muy difícil, pero el precio-pensamos vale la pena" Al hablar de las muertes de medio millón de niños, la mayoría de menos de cinco años de edad, ella no ofrecía una opinión personal, ella estaba declarando una política nacional.

¿Ahí hay un punto donde el valor de la salud y de la vida humana se vuelven más importantes que la estrategia y proyectos del gobierno regularmente diseñados para la destrucción humana? ¿Hay un límite para que la gente necesite ser sacrificada sin su consentimiento o aprobación?, si la historia es correcta, la respuesta tiene que ser, no. No hay límite y Duane Clarridge, el jefe de la CIA para Latinoamérica estuvo revelando la verdad cuando afirmó que los crímenes que Augusto Pinochet causó al pueblo de Chile "valen la pena" porque estos "sirvieron a los intereses de la nación" de los Estados Unidos.

Es extraño cómo la hipocresía siempre crea ironía, los Estados Unidos fue instrumento en la formación de la Liga de Naciones después de la Primera Guerra Mundial, una organización dedicada a la creación y preservación de la paz en el mundo. La Liga fracasó cuando Alemania, Japón e Italia fueron hostiles y se replegaron de la misma, al igual que España. La Segunda Guerra Mundial fue la evidencia de que la organización no podría cumplir sus metas. Aunque al final de esta Segunda Guerra Mundial se hizo otro intento y los Estados Unidos apoyaron completamente a la Unión de Naciones que su cuartel general fue construido en la Ciudad de Nueva York.

La ilusión creada por todo esto fue, que América era amante de la paz y quería preservarla a través del mundo...en sus propios términos. La International Criminal Court mantiene autoridad sobre casos de crímenes de guerra, pero los Estados Unidos de rehúsa aceptar su jurisdicción sobre sus fuerzas militares. El resultado es que los soldados estadounidenses pueden cometer atrocidades en cualquier campaña de guerra o de ocupación, y no hay consecuencias internacionales. El hecho es que ellos perpetran crímenes de guerra y tienen una larga historia de los mismos.

Los Estados Unidos recurrieron al chantaje en su intento para obligar a México y Bolivia para firmar el Acuerdo Bilateral de Inmunidad (BIA) en la ratificación de la International Criminal Court (ICC). Alfredo Palacios, Presidente de Ecuador había dicho que, si ellos no firmaban la BIA, Washington retiraría la ayuda militar por una cantidad de 70 millones de dólares. México ratificó el Tratado International Criminal Court a pesar de rehusar los términos que quisieron los Estados Unidos, y fue amenazado con la pérdida de millones en ayuda.

"Nuestra máxima meta es concluir nuestros acuerdos del artículo 98 con cada país en el mundo, independientemente de que estos hayan firmado o ratificado el ICC, independientemente de que lo planeen para el futuro," John Bolton, ex Subsecretario de Control de Armas y actual embajador de los Estados Unidos ante las Naciones Unidas dijo que él es uno de los más fuertes oponentes de la International Criminal Court. (1)

El temor de enfrentar la acusación en el ICC fue suficientemente fuerte, que el Congreso de los Estados Unidos pasó el Acta de Protección a los Miembros del Servicio Americano, que provee inmunidad de la persecución por crímenes de guerra o por crímenes en contra de la humanidad. Parte de la nueva ley prohíbe que cualquier nación que no haya firmado la BIA, no puede recibir asistencia militar de Estados Unidos. Una legislación adicional prohíbe que las naciones que rehúsen firmar la BIA, perderán la ayuda económica para seguridad internacional, programas en contra del terrorismo, programas de derechos humanos, programas del tráfico antidrogas, programas del cuidado de la salud, y otros asuntos de ayuda asistencial humana. Para citar, 53 miembros ICC han dicho no a la BIA. México continuó rechazando la solicitud de los Estados Unidos, y del Presidente Fox habló de rehusar las llamadas del Presidente Bush.

A diferencia de años anteriores, cuando México aceptó los mandatos de los Estados Unidos con pequeñas objeciones. La Administración Fox continuó resistiendo la presión de Washington y rehusó firmar el BIA. Como consecuencia, en 2006, fueron congelados 3.6 millones de dólares en asistencia militar, como también 11 millones de dólares en apoyo económico. Washington estuvo diciendo que sus amigos del "patio trasero" debían ser obedientes, o enfrentarían las consecuencias económicas.

Lo que Fox y su administración rebatió es muy fácil de interpretar. Bajo las restricciones Washington ordenó que los soldados norteamericanos podrían violar, robar, masacrar, o dominar brutalmente a inocentes, sin repercusiones. La misma nación que ejecutó nazis por abusos de la humanidad, ahora quiere que los soldados americanos tengan una política de puerta abierta para hacer lo mismo. Que el abuso y la tortura continúe en Guantánamo a pesar de las protestas internacionales. Prisiones secretas son operadas por la CIA y prisioneros son retenidos, sin cargos, o recursos legales.

Los Estados Unidos y sus líderes políticos tienen una larga historia de oposición a cualquier doctrina que proteja a la humanidad de las atrocidades de la guerra. Tratados rechazados por los Estados Unidos incluyen:

1. La Convención Internacional de Derechos Civiles y Políticos
2. La Convención de Eliminación de todas las formas de Discriminación
3. La Convención de Derechos económicos, Sociales y Culturales
4. La Convención Americana de Derechos Humanos
5. La Declaración de la Prohibición del Uso de Armas Termonucleares
6. La Resolución en la Definición de Agresión
7. La Resolución en el No-Uso de la Fuerza en Relaciones Internacionales y Permanente Prohibición en el Uso de Armas Nucleares
8. La Declaración de la Prohibición de Armas Químicas

9. La Convención de Derechos de los Niños

Observadores de crímenes de Guerra incluyen a George W. Bush como uno de sus ofensores; le hacen cargos de Crimen en contra de la paz, planeando y llevando una guerra de agresión, complicidad en la Comisión de Crímenes de Guerra; destrucción sin sentido de ciudades y pueblos; devastación no justificada por necesidad militar; tratamientos de enfermedad para civiles de territorio ocupado; complicidad en la Comisión de Crímenes de Guerra – tortura; tratamientos de enfermedad de detenidos. Él aprobó el uso de métodos de ahogamiento y otros métodos de tortura. Firmó una orden (7 de febrero de 2002) declarando que los terroristas no fueron autorizados a la protección bajo la Convención de Ginebra, pero, por supuesto él quiso protección de los procesos de la International Criminal Court.

No cabe duda de que los Estados Unidos tienen una larga y sangrienta historia de crímenes y criminales de guerra. Algunos han sido divulgados y pocos han sido procesados. La actitud de los Estados Unidos en esa clase de crímenes es que no deberían de ser una ofensa internacional, más bien son asuntos para ser resueltos sin fronteras. No tiene importancia que las víctimas sean internacionales, o que los crímenes fueron cometidos fuera de los Estados Unidos. Persiste la creencia de que los gringos deberían ser inmunes de ser procesados por la International Criminal Court.

Cuando dos mujeres embarazadas y un joven fueron asesinadas por fuerzas especiales de los Estados Unidos que asaltaron un hogar en Khataba, Afganistan, en febrero de 2010, el reporte oficial reportó que los cuerpos habían sido descubiertos con manos y pies atados siguiendo el estilo de una ejecución. Más tarde fue probado que las tropas americanas habían matado a las mujeres y que ellos habían hecho un esfuerzo por ocultar la atrocidad, extrayendo las balas de los cuerpos de las mujeres, con cuchillos extrayendo las balas fuera de las paredes, así no quedaría ninguna evidencia balística. La sangre fue retirada con alcohol y el reporte del incidente afirmó que las mujeres ya habían sido muertas por apuñalamiento poco tiempo antes de ser descubiertas.

Como se declaró anteriormente a este escrito, los medios de los Estados Unidos no recibirían esta información y entonces la historia apareció en el Times of London. Más tarde el mismo periódico reportaría otra masacre de inocentes, cometida en julio 27 de 2007 en una población cerca de Baghdad.

Wikileaks, el sitio web que expuso mucho de los documentos secretos de los Estados Unidos, reveló un video de un helicóptero volando sobre un grupo de iraquíes reunidos en la esquina de una calle, aparentemente platicando; de repente, la ametralladora lanzó sus ráfagas y el grupo comenzó a caer. Una camioneta estacionada en la escena, aparentemente ofreció ayuda a los heridos para trasportarlos a un hospital, nuevamente la ametralladora disparó sobre la camioneta. Más de una docena de personas fueron asesinadas, incluyendo a dos empleados de la agencia de noticias Reuters. Los soldados declararon que la cámara de los reporteros "se veía como una AK47". El reporte del Ejército de Estados Unidos detalló a todas las víctimas como "insurgentes".

El columnista Dave Lindorff declaró: "No ha habido pláticas acerca de levantar cargos contra el personal de las Fuerzas Especiales, quienes cometieron estos asesinatos, y quienes después buscaron cubrir sus acciones, o a quienes permitieron que se cometiera el crimen y no lo reportaron." (2)

Esta es una interesante nota secundaria, que cuando Wikileaks lanzó documentos secretos de Estados Unidos al internet, estos estuvieron escondidos dentro de otros sitios web, para hacer su presencia menos obvia. Por varias razones y sin mi permiso, un gran número de esos documentos fueron incluidos dentro de uno de mis libros que ha sido publicado online.

Geoffrey Millard sirvió en Irak con la División 42 de Infantería y cuando regresó a Estados Unidos, habló sobre las atrocidades que había visto y cómo éstas fueron resueltas por sus comandantes. "Esta unidad arregló este punto de control de tráfico y este muchacho de 18 años en lo alto de un Humvee blindado, con una ametralladora de calibre .50" dijo y "este carro corre a gran velocidad y él hace una segunda decisión, de que éste es una bomba suicida y presiona el gatillo y coloca 200 disparos en menos de un minuto dentro del vehículo. Mató a la madre, al padre y a dos niños. El niño tenía 4 años y la niña tres...y ellos resumieron al general como espantoso. Quiero decir, ellos tienen fotos. Se las mostraron al Coronel, éste las mostró a todo el personal de la División y dijo: ´Si estos putos Hadjis aprendieran a manejar, esta mierda no hubiera ocurrido´." (3)

El acuerdo de inmunidad bilateral que Estados Unidos demandó que firmaran las naciones bajo coerción, permitiría que estas atrocidades no fueran castigadas y en la mayoría de los casos fueran desconocidas. Las tropas americanas pueden entrar a una nación extranjera y estar libres de consecuencias como lo estuvieron los piratas del Siglo XIX. No habría límites o control de la brutalidad, ellos podrían imponerse sobre otros, sin ningún recurso de la International Criminal Court.

Después de que los japoneses se rindieron en agosto de 1945, la nación fue ocupada por fuerzas americanas. En los primeros diez días de ocupación de Kanagawa, en la prefectura que tiene Yokohama como su capital, hubo 1336 reportes de soldados americanos violando a mujeres japonesas. (4)

Durante el anterior momento a la rendición de Japón, los Estados Unidos lanzaron un total de 160,000 toneladas de bombas en sus ciudades. En Vietnam, el Ejército de Estados Unidos lanzó un total ocho millones de toneladas a través del Sudeste de Asia. El costo fue de un millón de vidas civiles y otros 1,500,000 en Laos y Camboya. El ejemplo más horrendo del bombardeo indiscriminado fue que el hospital para leprosos en Quynh Lap, reconocido como el mejor hospital en el mundo para el tratamiento de lepra, fue atacado 39 veces mientras, mientras tenía una enorme bandera con la Cruz Roja identificándolo como área no combatiente. (5)

Voltaire dijo: "Está prohibido matar; por lo tanto todos los asesinos son castigados, a menos que ellos maten en grandes números y al sonido de las trompetas." Esa es la naturaleza absurda de la guerra. Pero las naciones se parecen más a los niños, en la conducta de sus aventuras. Las guerras se basan en mentiras y se apoyan en falsa propaganda, justo como los niños inventan razones para sus agresiones y apuntan con el dedo a cada uno. Ciertamente América es el bravucón de todas las naciones, usando su poder y desagradable preparación para pelear e intimidar países dedicados a la paz, o desprevenidos para el conflicto. No existe un ejemplo mayor que el de la Invasión a Irak.

Como se estableció, los Estados Unidos fueron el primer fundador de las Naciones Unidas y protestas aún ignoradas de alrededor del mundo, además otra de sus agresiones históricas. El Secretario General de las Naciones Unidas Kofi Annan habló de la invasión a Irak: "Desde nuestro punto de vista y el del Acta de las Naciones Unidas, esto fue ilegal."(6) La International Criminal Court recibió 240 declaraciones en contra de crímenes de guerra de los Estados Unidos, pero América no fue un miembro de la International Criminal Court y George W. Bush, aún fue tratando desesperadamente de convencer al Presidente de México, Vicente Fox para que votara en contra. El Presidente Obama finalmente enroló a los Estados Unidos como un miembro de la ICC, en mayo de 2012. Muchos creyeron que la objeción de Bush a la existencia de la organización, fue el temor de que más tarde sería acusado de crímenes de guerra.

¿George Bush y su vicepresidente Richard Cheney cometieron crímenes de guerra? La Invasión de Irak violó las condiciones del Acta de las Naciones Unidas, como también violó el Acta de Nuremberg. La invasión permitió el asesinato en masa de 107,000 civiles inocentes, que no pudieron ser llamadas víctimas de guerra, si la guerra fue ilegal. El abuso y tortura de prisioneros de guerra es una violación abierta a la Convención de Ginebra que claramente dicta el trato y condiciones para todos aquellos capturados en tiempo de guerra.

El 12 de junio de 2002, un juicio oficial fue retenido en Kuala Lumpur, Malasia, acusando con crímenes de guerra a George W. Bush y miembros de su administración en ausencia. Nuevos reportes establecieron: "En que como es la primera condena de esta clase en el mundo, el primer Presidente de los Estados Unidos y siete de sus miembros claves de su administración, ayer fueron encontrados culpables de crímenes de guerra.

"Bush, Dick Cheney, Donald Rumsfeld y sus asesores legales, Alberto Gonzales, David Addington, William Haynes, Jay Bybee y John Yoo fueron tratados en ausencia en Malasia.

"El juicio se llevó a cabo en Kuala Lumpur, escuchado y narrado por un testigo de las víctimas de horripilante tortura sufrida en manos de soldados americanos y contratistas en Irak y Afganistan. Ellos incluyeron testimonios de un hombre británico Moazzam Begg, un ex detenido de Guantánamo y de una mujer irquí Jameelah Abbas Hameedi, quien fue torturada en la notoria prisión de Abu Ghraib.

Al final de la larga audiencia semanal, el tribunal, panel de cinco, deliberó y el veredicto fue unánime, se consideró culpable a Bush, Cheney, Rumsfeld y a sus asesores legales claves quienes fueron convictos como criminales de guerra, por tortura y crueldad inhumana y trato degradante.

"Las transcripciones completas de los cargos, declaraciones de los testigos y otro material relevante ahora es enviado al Fiscal en Jefe de la International Criminal Court, así como a las Naciones Unidas y Concilio de Seguridad.

"La Comisión de Crímenes de Guerra de Kuala Lumpur también está pidiendo que los nombres de Bush, Cheney, Rumsfeld, González, Yoo, Bybee, Addington y Haynes estén enterados e incluidos en el Registro de la Comisión de Criminales de Guerra para el récord público." (7)

Bush canceló un viaje a Suiza en 2010, porque estuvieron grupos ahí, listos para archivar cargos criminales contra él y bajo la Ley Suiza, pudo ser detenido y juzgado. Una organización de abogados en Canadá también están preparando un caso criminal contra el ex presidente y varios de los miembros de su administración.

La idea histórica de que los Estados Unidos tienen el derecho divino de robar y matar para formar su propia nación ha evolucionado en décadas pasadas para prolongar ese "derecho divino" para ahora patrullar al mundo. Para reforzar ese "derecho divino" en los ciudadanos de los Estados Unidos y hacer que todos entiendan su existencia, hombres jóvenes son atraídos al servicio militar, donde la brutalidad es llamada entrenamiento y a esos hombres se les lava el cerebro, hasta que crean que matar y morir será hecho por una noble causa. En 2009-2010, con la continuación de la guerra en Afganistan, los récords del Ejército de Estados Unidos revelaron una estadística alarmante. "Para el segundo año (2010), en una fila, se mataron a sí mismos más soldados (468) norteamericanos que los que murieron en combate (462). ́Si tu...sabes de una causa que permita cometer suicidio, por favor déjanos saber, ́ General Peter Chiarelli, le dijo al **Army Times**, ́porque nosotros no sabemos. El suicidio es trágico pero predecible reacción humana, para pedir que te maten – y mirar a tus amigos ser matados – particularmente cuando estás en una guerra basada en mentiras. Quizá ser obligado a embolsar la carne retorcida de un compañero soldado podría ser otra razón por la que algunos cometen suicidio." (8)

El General confesó que él desconocía el porqué sus soldados se estuvieron matando ellos mismos. Cualquiera con menor capacidad de analizar la vida en América debería entender. La gente joven está orientada por películas y televisión de que la guerra puede ser apasionante y glamorosa. Rambo siempre sobrevive y el enemigo representa al mal y matarlos está justificado y hace héroes de hombres ordinarios. El Ejército de los Estados Unidos seduce a los hombres para entrar a su servicio con más promesas que a una prostituta de París. Son ofrecidos bonos arriba de $40,000 dólares; si un enlistado es competente en Baluchi, Pashtu, Kurdish, Somali, Punjabi, Urdu, Indonesian, Hindi, Persian Iranian (Farsi), Persian Afghan (Dari), Arabic (regional dialects such as Algerian, Gulf, etc.), Tausug/Moro, Chechen, Tamil, Maylay, o Swahilihe, él puede recibir adicionalmente

$10,000 dólares. Enlistarse en los Marines garantiza el pago total de una educación universitaria, cuando al término de cuatro años, el servicio ha terminado. El Ejército de los Estados Unidos provee vivienda gratis y guardería para la familia de un soldado estacionado en una base en los Estados Unidos. El atractivo es tentador y muchos hombres jóvenes son víctimas de ellos. En el momento que ellos pisan el suelo de una tierra extranjera, sin importar que la gente que vive ahí, debe ser ahora llamada su enemiga, los beneficios se disipan en oscuridad.

Para patrullar el mundo, se les pide a americanos jóvenes que peleen y maten gente por las razones que nunca les fueron explicadas. Les dicen que están defendiendo un pedazo de tierra marcada por líneas invisibles, hechas por hombres ambiciosos siglos atrás. De repente ellos están confrontados con la materialización de que en cualquier momento su vida puede encontrar su final y de que ellos pueden vivir un momento más largo si están dispuestos a matar. Están rodeados por sangre y carnicería que nunca pareció en las películas o la televisión. Están horrorizados por el olor a carne quemada, o gritos de aquellos arrasados por bombas de racimo, que envían navajas afiladas, metrallas en todas direcciones en un área de cinco campos de futbol. Todos ellos aman y necesitan en ese momento estar lo más lejos para abrazarse o correr hacia el confort y la seguridad. Esta es la pesadilla de la que no se puede despertar y ellos decidieron no vivir en ella. Este no es el mundo que ellos hicieron, pero este es el mundo que estuvieron tomando para realizar masacres, o para sobrevivir; para guardar las mentiras de la maquinaria de propaganda de Washington, viva y aún preparada para crear otra guerra.

¿Por qué los jóvenes cometen suicidio en el Ejército de los Estados Unidos? La respuesta es simple, es porque ellos no pueden vivir con lo que les han pedido que hagan. Aquellos que no tiene lavado de cerebro pasaron el punto de redención, conocen la culpa de participar en conflictos totalmente ajenos a cualquier causa de libertad o de peligro para su propia nación. Ellos son típicamente entregados a una nación donde ellos no quieren estar y son vistos como los verdaderos agresores.

Norm Chomsky, uno de los intelectuales más finos del mundo, tiene la valentía de decir: "Nosotros no deberíamos olvidar que los Estados Unidos, por sí mismo es un Estado Terrorista."(9)

La historia ha mostrado humanidad en incontables ocasiones, ¿qué pasa cuando una nación no merece más el patriotismo de su pueblo? Conquista y Golpes de Estado marcan la larga crónica de naciones que han desaparecido de los mapas del mundo. Una nación puede con orgullos servir como identidad de su pueblo y a través de su liderazgo expresar las cualidades y el carácter representativo a sus habitantes. Este no es el caso con los Estados Unidos. El tiempo y nuevamente los sondeos indican que el pueblo no está de acuerdo con las acciones de su Gobierno, pero sus voces no son escuchadas. Esto es justo para decir que el Gobierno de Estados Unidos ha sido sordo con la población americana por los pasados 50 años.

Otra lección de historia, es que el poder engendra corrupción y esto nunca fue más verdad que en Washington. Un votante que no piensa, puede estar confiado en que los resultados de elección son certeros, o representan verdaderamente el deseo del pueblo. Mark Robinowitz escribió en Oil Empire US: "2000: el mundo entero vio que George W. Bush no fue en realidad el ganador. Mientras el fraude de la votación no fue limitado a Florida, ese Estado se volvió famoso como el centro para sobornar la elección... 2004: Kerry ganó la elección, pero las máquinas de boletas electrónicas y la supervisión de la votación dio la vuelta en varios estados en el Colegio Electoral y desplazó varios millones de votos a Bush."

En el libro "CIA Diary" por el ex agente de la CIA Phil Agee, nosotros hemos dicho que la CIA una vez forzó sus influencias en el sistema político de México y dictó la selección de un candidato mucho antes que su propio partido, PRI, así que se podía. "El otro día un cable llegó de la Ciudad de México, mostrando cómo el sistema funciona allá. El Jefe de Estación sugirió que Luis Echeverría, Secretario de Gobernación (seguridad interna), le dijo que él había estado secretamente seleccionado como el siguiente presidente mexicano. Echeverría es ahora el famoso

Tapado (el cubierto) a quien el alto círculo interno del partido gobernante, Partido Revolucionario Institucional (PRI), selecciona bien por adelantado quién será el siguiente presidente. Aunque Echeverría lo dijo en cierto modo de una manera discreta. El Jefe de Estación no tiene duda de que él estuvo intencionalmente dejando saber el secreto – aunque incluso las elecciones no se llevarían a cabo hasta 1970." (10)

Este mensaje secreto de la CIA fue enviado en octubre 25 de 1966, cuatro años antes de las elecciones nacionales en México. El uso de la palabra código RYBAT es significativo porque la CIA, lo usó como parte de su criptónimo, esto significó que el comunicado contenía, "información extremadamente sensitiva" El mensaje codificado fue enviado a la Casa Blanca y el Departamento de Estado informó entonces las buenas noticias de Echeverría."

Chuck Collins y Joshua Holland escribieron en conjunto: "La evidencia de fraude en las elecciones crece en México" en agosto de 2006, sus conclusiones fueron examinadas por los investigadores Bill Gibbons y Erica Haikara, al lado de Ron López Ph D. El autor sostuvo que: "El ex embajador de los Estados Unidos para México Jeffrey Davidow le dijo a Obrador "Si tu ganas la elección, te apoyaremos" Pero cuando Obrador apareció a la cabeza de esta elección, el PAN se alió con las fuerzas de Estados Unidos para lanzar una fiera campaña contra él.

Aunque las leyes de Estados Unidos previenen la influencia estadounidense en las elecciones de otros países, la propaganda anti-Obrador trasmitida en la televisión mexicana fue diseñada por firmas estadounidenses, e ilegalmente financiada por consejos de negocios que incluyen a la trasnacional Wal-Mart y a Halliburton. Los consejeros para las elecciones en Estados Unidos, Rob Allyn y Dick Morris, fueron contratados para desarrollar una campaña en los medios que fomentaría miedo de que Obrador, con ataduras a Chávez y Castro planteara una peligrosa amenaza socialista para México.

El saliente Presidente Vicente Fox violó la ley de la campaña, haciendo docenas de discursos anti-Obrador durante la misma. Como el partido del PAN ilegalmente saturó a las radiodifusoras, al estilo de un veloz bote, atacó con propaganda contra Obrador. Bajo la ley mexicana, el fallo de la interferencia del partido es un crimen serio y fundamento para anular una elección.

"Mientras la campaña de Obrador y cientos de observadores independientes de la elección documentaron varios cientos de casos de fraude, haciendo lo imposible para el recuento; la mayoría de estaciones de la televisión mexicana fracasaron en reportar las irregularidades que surgieron. Días después de la elección, el New York Times irresponsablemente declaró a Calderón como ganador y Bush llamó para personalmente felicitar a Calderón en su "victoria", aunque no se había declarado esta victoria bajo la ley mexicana. Las ilegales campañas de los medios combinaron a gran escala un fraude que había tenido su efecto.

Así las fuerzas dominantes de los Estados Unidos tuvieron una fuerte presencia detrás de la escena de la elección mexicana de 2006. Como consecuencia, Washington espera trabajar con Calderón, quien promete un control hermético (represivo) y cooperación en todos los asuntos de interés para los Estados Unidos, en un acelerado plan para poner a México más directamente bajo la dominación de los Estados Unidos.

Por consiguiente ha sido rechazada la elección democrática a México a un presidente quien posiblemente habría acompañado a Latinoamérica en detener las políticas neoliberales agresivas de los Estados Unidos." (11)

La intrusión de Estados Unidos en los asuntos de las naciones de Latinoamérica, es casi parte de su política nacional. En los pasados 120 años, los Estados Unidos ha ejecutado intervenciones en Argentina, Chile, Haiti, Nicaragua, Cuba, Puerto Rico, Honduras, República Dominicana, Granada, Panamá, México, Guatemala, Venezuela, Uruguay, Chile, Bolivia y Costa Rica, por un total de 65 veces. En un cálculo simple es fácil determinar que por más de cien años, los Estados Unidos ha estado agresivo con estas naciones en un promedio de una vez, cada dos años.

El pensamiento del poder delirante sobre el liderazgo de los Estados Unidos es que si ellos no son miembros de la International Criminal Court y han pasado una ley dando inmunidad a sus miembros militares por cualquier crimen de guerra o crimen en contra de la humanidad, entonces ellos tienen el "derecho divino" de imponer sus intenciones sobre cualquier nación que ellos deseen. En 2008, los Estados Unidos designaron $16.5 millones de dólares para crear una academia: International Law Enforcement Academy (ILEA) en El Salvador, una sucursal de esta academia también sería fundada en Perú. Graduados de la escuela, les serían dada inmunidad contra cualquier cargo de crímenes en contra de la humanidad y ésta asegura entrenar oficiales de policía, abogados fiscales y jueces en un promedio de 1,500 en cada generación. Ellos están supuestamente entrenados en "técnicas antiterroristas" La escuela no ofrece transparencia y todo, incluyendo los nombres de los graduados está listado como "clasificado". Gente preocupada en El Salvador temen que ILEA sea una copia de la Escuela de América, donde oficiales militares de alrededor del mundo son enseñados con el conocimiento tan útil de la técnica de la tortura, de la guerra química, la formación de escuadrones de la muerte, etc.

Cuando El cura católico, Padre Roy Bourgeois obtuvo una lista de los graduados de la Escuela de América, que han estado previamente clasificados, él notó que varios de los nombres son de conocidos líderes de escuadrones de la muerte y grupos de tortura. Fundó el Grupo Observador de la Escuela de América y cuando se oyó sobre el establecimiento de la ILEA, él declaró, " El legado del entrenamiento de fuerzas de seguridad de los Estados Unidos a lo largo de Latinoamérica es un derramamiento de sangre, de tortura, cuyo objetivo son las poblaciones civiles, de desaparecidos...el reciente anuncio de Rice, acerca de los planes para la creación de una ley internacional que refuerce la academia en El Salvador, debería levantar serias preocupaciones sobre cualquiera que se preocupa por los derechos humanos." (12)

Hugo Chávez fue electo Presidente de Venezuela en 1998, y cumplió sus promesas de campaña que incluyeron el mensaje a los gringos ricos, quienes capitalizaron las reservas del petróleo de la nación, que sus días habían terminado y Chávez los acabó. Nacionalizó PDVSA, la compañía petrolera de Venezuela, e ignoró las cuotas de producción de la OPEC, para controlar los precios del petróleo. En 1999, él cambió la Constitución de Venezuela y dio el derecho de tierra a los pobres de la nación, que representan la mitad de la población. El dio educación gratuita a los pobres quienes nunca tuvieron esa oportunidad anteriormente. Creo clínicas gratis en los barrios pobres y los derechos de cada ciudadano fueron impresos en paquetes de productos en las tiendas, así todos estarían informados. Rehusó dar permiso a los Estados Unidos para vuelos militares en el espacio aéreo de Venezuela y abiertamente se opuso a su dominio en los asuntos de Latinoamérica.

En 2002, un golpe de estado removió a Chávez del poder. Un grupo de traidores políticos encabezado por Pedro Carmona, un ex socio en los negocios de George Bush Sr., ingresó con oficiales del Ejército para tomar control del Gobierno. Carmona fue nombrado Presidente y su primera orden fue "Disolver la Constitución, Legislación Nacional, Suprema Corte, la Oficina General del Fiscal y la Oficina del Contralor." (13)

En Washington había celebraciones; el Gobierno respaldó oficialmente al nuevo Gobierno de Venezuela. Los medios trataron de apoyar el golpe con noticias positivas. Pay Robertson, líder religioso y antiguo candidato para la nominación presidencial dijo en su programa de televisión: "Tenemos la habilidad de sacarlo (a Chávez) y pienso que el tiempo ha llegado de ejercitar esa habilidad."(13) El término "de sacarlo" puede ser traducido como matar a Chávez. Un comentario popular afirmaba que Chávez debió haber sido muerto mucho tiempo antes.

Cuando hizo erupción la violencia en las calles de Caracas, se reportaron 17 muertos, los reportes noticiosos americanos reportan una y otra vez las grabaciones de supuestos protestas anti-Chávez, siendo disparados por francotiradores. Todavía hoy la gente recuerda las escenas y las usa como razón para su disgusto por Chávez. El mundo creyó la historia hasta que John Pilger expuso su grabación como un fraude en su serie de videos. The War on Democracy. Cuando más de 40 seguidores de Chávez fueron muertos, esto nunca fue mencionado en los reportes noticiosos norteamericanos. El autor Jon Beasley-Murray reportó que: "Las Operaciones Psicológicas Especiales de Guerra de la CIA (PSYOPs) produjeron anuncios en la televisión, supuestamente por políticos y líderes empresariales venezolanos, diciendo que Chávez provocó la crisis, ordenando a sus seguidores disparar a manifestantes pacíficos en Caracas." (14)

Lo que la familia Bush no anticipó fue la respuesta de los pobres de Venezuela. La gente que había estado privada de derechos por administraciones previas y ahora tenía hogares, educación para sus hijos, servicios de salud, precios bajos para los alimentos, y un presidente que los cuidaba; decidió ser escuchada. Ellos marcharon desde los barrios en las montañas, 250,000 personas, marcharon hacia Miraflores, al palacio presidencial y corearon el retorno de su presidente. Oficiales militares rebeldes pelearon al lado de la masa furiosa, abandonaron al grupo de Carmona y le fueron leales nuevamente a Chávez. El nuevo gobierno podía ver, que ellos nunca podrían mantener el poder enfrentando esa clase de resistencia y alrededor de la medianoche, un helicóptero llegó a Miraflores; Hugo Chávez bajó del mismo, y los traidores que dieron el Golpe de Estado se enteraron, de inmediato volaron a Miami, donde Jeb Bush los estaba esperando con los brazos abiertos.

En los meses que siguieron, Washington tuvo trabajando tiempo extra a su máquina de propaganda, atacando a Hugo Chávez. Él fue retratado como un socialista, ignorante y peligroso para el hemisferio. En una conferencia internacional en Chile en 2007, Chávez habló con fiera condena de José María Aznar, Primer Ministro de España, en respuesta Juan Carlos I, Rey de España, sacudió el dedo diciéndole: "¿Por qué no te callas?"

El incidente fue conducido en todos los medios americanos con comentarios acerca de que Chávez era falto de educación, sin modales necesarios en la arena política internacional. Aunque lo que ellos hicieron no menciona, que cuando el Golpe de 2002 tuvo lugar, el embajador de España en Venezuela había estado en el Palacio Presidencial con los perpetradores y Chávez más tarde manifestó: " Es muy duro imaginar al Embajador español en el Palacio Presidencial apoyando a los golpistas, sin la autorización de su majestad." Chávez también creía que el embajador estuvo ahí con la aprobación, o bajo la orden de José María Aznar, el Primer Ministro en ese tiempo. Los medios estadounidenses sólo mencionaron la parte conveniente de la historia, el Rey tuvo que decirle a Chávez que "se callara" Sólo la BBC británica trasmitió la historia completa, incluyendo los comentarios de Chávez, implicando al Rey y a su embajador en el Golpe, porque él reclamó que tenían conocimiento previo del mismo. (15)

Cualquier propaganda de Washington tiene que hablar acerca de Chávez; hay varias cosas que no pueden ser negadas. Él ganó ocho elecciones en diez años y tiene el apoyo de una vasta mayoría de su pueblo, los pobres de Venezuela. Con Chávez a cargo del Gobierno, los ciudadanos pueden llenar el tanque de gasolina de su carro por $14.00 pesos. Su programa de salud gratis ha llevado a cabo 300 millones de consultas en sólo cuatro años y ha sido elogiado por la Organización Mundial de la Salud. Un programa de educación gratis y liberal para personas de todas las edades, que ha eliminado el analfabetismo de Venezuela y 1.6 millones de personas han aprendido a leer y a escribir. Antes de que Chávez fuera electo, el 20% de los niños de esa nación, estuvieron mal nutridos. El gobierno subsidió un programa de alimentación para todos, y hoy el 98% de la gente come tres veces al día. Cuatro millones de niños reciben en la escuela, almuerzo gratis; y agua potable gratis está disponible para otros seis millones, quienes nunca tuvieron accedo a la misma anteriormente. La preocupación por los pobres, privados de derechos probablemente llega por el hecho de que Hugo Chávez creció en la pobreza, como hijo de un maestro rural. Él recuerda que cuando niño, no tuvo zapatos. La única manera de que él tuviera una educación fue entrar al ejército, lo cual hizo y sirvió en el mismo como paracaidista.

Por todos sus logros en Venezuela, hay uno que no ha sido reconocido. Hugo Chávez es un presidente electo en Latinoamérica, que desafía a los Estados Unidos. Él con valentía le dijo a Washington, que Venezuela no sería parte de su Imperio. Rehusó rendirse a la presión de los ricos y poderosos en Caracas, quienes se opusieron a los cambios que enriquecieron las vidas de los pobres. Creó el ejemplo que más tarde sería seguido por otros. Él fue el símbolo de lo que podría ser hecho por hombres como Fernando Lugo que fue elegido Presidente de Paraguay después de 61 años de dominación por el ala derecha del Partido Colorado. Uno de los primeros mensajes que Lugo ofreció, fue que los gobiernos de América Latina estaban cambiando y ahora ellos "no aceptarían ningún tipo de intervención de ningún país, no importa cual grande sea éste" En junio de 2012, Lugo fue impugnado y removido de su cargo.

Mientras el pueblo de Paraguay lloró en las calles, los políticos de la nación regresaron a la normalidad, Washington fue muy feliz.

Oficialmente los Estados Unidos declararon neutralidad en la impugnación de Lugo, pero cualquier persona que estuvo familiarizado con esta historia sospechaba diferente. Lugo fue reemplazado por el Vice-presidente, Federico Franco, y hubo evidencias de diferencias significantes que existieron entre los dos. Franco tuvo una cercana y frecuente relación con la Embajada de los Estados Unidos en Asunción y la comunicación entre ellos fue, "una rutina casi diaria." (16)

Cuando Lugo llegó al poder en Paraguay, los Estados Unidos nombraron a James Cason como su nuevo embajador. Cason tenía mucha experiencia en intrigas en América Latina, había estado a cargo de la Sección de Intereses Estadounidenses en La Habana, que está catalogada como Agencia Diplomática, pero que en realidad es una instalación de la CIA. En pocos meses Cason había fermentado varias confrontaciones en la capital de Paraguay y después fue reemplazado con Liliana Ayalde. Inmediatamente Ayalde fue una confidente de Franco y poco a poco éste se convenció de que se podía dar un Golpe de Estado y eso lo pondría en la Presidencia.

Hay abundante evidencia de la interferencia de Estados Unidos en Paraguay, una de las cuales es que a inicios de 2010, el Ministro de Defensa de Paraguay, General Luis Bareiro Spaini fue reprendido por la Sala de Justicia auxiliar, porque él supuestamente había cometido "enfrentamientos con el Embajador de Estados Unidos."

El alegado enfrentamiento incluía una carta que él había enviado, acusando al Embajador de "intervenir en asuntos internos de Paraguay." De hecho, el Embajador había intervenido flagrantemente en los asuntos de Paraguay. Ella había dispuesto una cena en la Embajada con Federico Franco y un grupo de generales visitantes de los Estados Unidos, abiertamente hablaron del Golpe de Estado contra el Presidente Lugo.

Un memorándum secreto de la Embajada de Estados Unidos en Paraguay expresaba "Sensitivos reportes indican que varios miembros del círculo interno de Lugo tiene lazos con representantes del Presidente Hugo Chávez de Venezuela. Estos infiltrados de Lugo aseguran que él apoya los planes de Chávez para América Latina. Lugo ha declarado públicamente y privadamente (A oficiales de la Embajada) que él no se alinearía con Chávez." (17)

Al final, la historia fue la misma. Influencias provenientes de los Estados Unidos han jugado su parte en desplazar a otro presidente Latinoamericano electo democrát-icamente.

Justo como el pueblo de los barrios de Venezuela marchó para reclamar a su presidente; igual hizo el pueblo de Bolivia oponiéndose al brutal régimen de Gonzalo Daniel Sánchez de Lozada, y por primera vez en su historia nacional, eligieron a una persona indígena para su presidente. Sánchez de Lozada pudo ver que el movimiento popular fue creciendo, y renunció a la presidencia, voló a los Estados Unidos, donde él había estado pidiendo asilo a pesar de cuatro intentos del gobierno boliviano para extraditarlo por crímenes en contra de la humanidad.

El pueblo de Bolivia eligió a uno de los suyos; un hombre indígena con una visión por su nación. Él soñó con reformas para beneficiar a su gente y desafió abiertamente al Imperialismo de Estados Unidos. A pesar de que el

Embajador de Estados Unidos, Manuel Rocha advirtió a los bolivianos de que no votaran por Morales, ..."Si ustedes eligen a aquellos que quieren que Bolivia vuelva a ser el mayor exportador de cocaína otra vez, esto pondrá en peligro el futuro de la asistencia norteamericana a Bolivia." (18)

El embajador estuvo claramente interfiriendo en los asuntos internos de Bolivia. La Corte Internacional ha emitido decisiones acerca de la intervención muchas veces. En su dictamen concerniente a Nicaragua de 1986 pautó: "...el principio de prohibición de que todos los estados, o grupos de estados para intervenir directamente, o indirectamente en asuntos internos, o externos de otros estados" y que "una intervención prohibida debe, como corresponde, ser dirigida sobre materias, en las cuales cada Estado está autorizado, por el principio de soberanía de Estado a decidir libremente. Una de éstas es la elección de sistema político, económico, social o cultural, y la formulación de política extranjera. La intervención es arbitraria cuando se usan métodos de coerción para afectar las elecciones, las cuales deben conservarse libres. (19)

Morales pronto se convirtió en otro objetivo para los medios estadounidenses. Después de todo, los Estados Unidos tienen una inversión en Bolivia. Por años ellos han canalizado millones a través de la Agencia Estadounidense para el Desarrollo Internacional y la Donación Nacional para la Democracia, dinero que fue directamente a las manos del ala derecha del gobierno, esa fue la disposición de dar cualquier cosa que Washington quisiera por un precio. Bolivia tiene grandes depósitos de gas natural y la corrupción del Gobierno de Lozada cooperó con los intereses de las inversiones de Estados Unidos, en el precio. En contraste, Morales nacionalizó los recursos de gas natural de Bolivia y el 90% de su pueblo apoyó este movimiento. El nuevo presidente ordenó que los oficiales electos sirvieran al puebo y no a los intereses de Estados Unidos. Esto fue exactamente lo que Washington no necesitaba que pasara y al mismo tiempo fue tratando de caracterizar a Venezuela como una de las imaginarias naciones "Ejes del Mal" El perfil de los políticos de Latinoamérica fue cambiando y Estados Unidos tuvo que encontrar nuevas estrategias para controlar su "patio trasero".

Todo lo demás había fallado, los medios lanzaron la propaganda que los alimentó para demonizar a Chávez como el dictador sudamericano que censuró a los medios venezolanos y silenció a sus opositores, mientras él planeó ser el gobernante permanente. Nada de esto fue verdad. La televisión y los periódicos todavía eran propiedad de los adinerados, quienes los controlaban, continuaron con su antipatía hacia Chávez por su intervención en sus "buenas vidas" fueron a menudo crueles y raramente precisos en sus reportes de oposición acerca de Chávez. Las editoriales lo han comparado con Hitler y aún continúan imprimiendo y transmitiendo esos mensajes, y ninguna censura de Washington reclama, o es evidente en Caracas. ¿Quiere él continuar siendo el Presidente de Venezuela?, Si, pero lo más importante es el hecho que los pobres de Venezuela tienen miedo de regresar a las viejas formas, cuando los barrios no aparecían en los mapas, pero estaban catalogados como "espacios verdes", como si los pobres no existieran y los beneficios fueran sólo para aquellos que no los necesitan.

Cuando la editorialista del New York Times, Rachel Nolan escribió un artículo bastante positivo acerca del programa de televisión sobre Chávez "Olé Presidente" más respuestas dieron evidencia del buen lavado de cerebro y del buen trabajo de la propaganda que Washington había hecho. "Chávez es demasiado estúpido y escudado para darse cuenta que su velo de discreción por mucho tiempo ha sido puesto a un lado, y la ciudadanía se ha visto aterrorizada, por abuso de poder, un simio estúpido con el que ellos están forzados a vivir."

"Chávez ha sido electo, pero eso no le da el derecho de imponer su agenda, aplastar o ignorar a las personas que no votaron por él. La democracia no es para el pueblo la imposición de uno sobre el otro, sólo porque son la mayoría circunstancial."

"La elección de Chávez es una farsa completamente controlada y manipulada, como lo es cualquier elección local (Aunque ahora muchas son simplemente nombramientos.)El es un dictador, sin duda con una verdadera autocracia."

Una nación sujeta a tan mala gestión y control despótico, debería por toda lógica, tener ciudadanos descontentos, demandando cambios y reformas para mejorar sus vidas. Pero en marzo de 2012 se hizo pública a nivel mundial alguna información, que Washington ciertamente no apreció. La firma de padrones electorales Gallup lanzó los resultados de su estudio sobre la gente más felíz del mundo. "El domingo, el Washington Post recalcó sobre el lanzamiento de la encuesta global sobre felicidad, aplicada el año pasado por la firma Gallup, en la cual se encontró que Venezuela es el quinto país más feliz en el mundo. De acuerdo con la encuesta, 64% de los venezolanos que respondieron a la misma, dijeron que su bienestar fue floreciente. La encuesta midió cuánta gente en 124 países evaluaron sus vidas al mismo momento y sus expectaciones por los siguientes cinco años. En lo más alto de la lista estuvo Dinamarca, Suecia, Canadá y Australia, Finlandia tuvo un empate con Venezuela, compartiendo el quinto lugar. Venezuela es el país de América Latina con el más alto bienestar, seguido por Panamá Costa Rica, Brasil y México." Los Estados Unidos terminaron en el lugar número 12, siete lugares debajo de Venezuela. (20)

Un mes después, la Universidad de Colombia en Nueva York, que en 1976 estuvo recibiendo 326 millones anualmente en fondos federales para varios proyectos de investigación, decidió hacer su "primera" encuesta de la gente más feliz en el mundo. Los resultados no fueron una sorpresa. Los Estados Unidos estuvieron en el lugar número once y Venezuela cayó hasta el lugar diecinueve. (21) El completo y tan conveniente estudio elevó dudas básicas acerca de porqué, esto debió haber sido presentado tan pronto después de los resultados que mostró la firma Gallup de que los venezolanos eran más felices que los gringos. Se sospechó que esto es el producto de los deseos de Washington.

Aún en el lugar número 19, no obstante, debió haber sido difícil para los americanos entender cómo una nación tan reprimida, como la retratan los medios, puede tener ciudadanos en el nueve por ciento de los más felices del mundo. Si Venezuela fue la nación delicadamente equilibrada en el borde del totalitarismo, ¿por qué debería su gente estar feliz en comparación con aquellos que están en una democracia pura?

Con los planes fallidos de Bush para sustituir a Chávez, los Estados Unidos acogieron al Gobierno de Colombia, vecino de Venezuela; si ellos no pidían eliminar a Chávez como un poder político en Latinoamérica, entonces seducirían a Colombia con promesas y dólares para estar siempre al lado de Chávez, observando. El Plan Colombia pondría 728 millones de dólares en ayuda militar para combatir a las drogas y traer paz a esa problemática nación. Al mismo tiempo, por supuesto se presentaría un poder militar estadounidense en la frontera con Venezuela.

Al final le fueron dados $6,000,000,000 de dólares al Gobierno de Colombia, la entidad más corrupta en el hemisferio. El difunto hermano del Presidente Álvaro Uribe fue sospechoso de tener vínculos con los señores de la droga colombiana. Al momento de este escrito, Dolly Cifuentes, cuñada de Uribe, y su hija Ana María Uribe fueron programadas para extradición a los Estados Unidos con cargos de traficantes de drogas y lavado de dinero. A ambas les hicieron cargos de tener lazos con "El Chapo" Guzmán y el Cartel de Sinaloa. En un reporte de Inteligencia Militar de 1991, el Presidente Uribe fue un "amigo cercano" de Pablo Escobar y pidió prestado uno de los helicópteros de Escobar en 1983 para visitar a su padre que estaba enfermo. El primo de Uribe, Mario, fue convicto de tener comunicación activa con una organización paramilitar.

Andrés Felipe Arias, Ministro de Agricultura bajo la presidencia de Uribe, fue encarcelado por dar dinero subsidiado para granjeros pobres a sus ricos socios. El fue acusado de distraer el dinero en manos de ricos terratenientes y de la dueña del periódico más poderoso, otra figura política y antigua reina de belleza, quien no poseía ninguna tierra.

Bernardo Moreno, jefe de personal de Uribe fue arrestado por espiar a jueces, reporteros y a otros políticos. Fue acusado por usar la agencia de inteligencia doméstica para poner cableado para interceptar y conductos de vigilancia electrónica a personas seleccionadas. María del Pilar Hurtado, ex jefe de la agencia de inteligencia, al momento de este escrito está escondida en Panamá, pero se ha llenado y solicitado su extradición para su retorno a Colombia.

Cargos de soborno fueron llenados contra dos más miembros del gabinete de Uribe, Sabas Prelelt, Ministro del Interior, junto con el Ministro del Trabajo, Diego Palacio, quien tiene cargos por sobornar a una congresista, para que cambiara su voto a favor de una legislación del 2004, que permitió a Uribe tener un segundo periodo como presidente.

El General Mauricio Santoyo Velasco, jefe de la Policía Anti-secuestro en Medellín, de 1996 a 1999, y de 2000 a 2002, Comandante de la élite Antiterrorismo de Colombia, fuerza de tarea, fue acusado por los Estados Unidos en junio de 2012 con cargos de ser informante de los traficantes de drogas de las investigaciones, operaciones de arresto, actividades de la U.S. Drug Enforcement Administration (DEA), colocando alambres para transmisión para los traficantes y proveyendo información de inteligencia.

Este es el gobierno en el que Estados Unidos confió, en el que se depositaron fondos de los contribuyentes designado para la imaginaria guerra anti-drogas. El Washington Post publicó en agosto 20 de 2011: "Por más de una década y durante tres administraciones, Colombia ha sido el más cercano amigo de Washington en América Latina y el más grande recipiente de asistencia económica y militar – 6 billones durante los periodos de Uribe 2002-2010." (22)

William Arthur Ward dijo, "El liderazgo está basado en la inspiración, no en la dominación; en la cooperación, no en la intimidación." Aparentemente los líderes en Washington no están de acuerdo. De repente, la Marina de Estados Unidos reactivó sus patrullajes en aguas de Latinoamérica. La última vez que ellos tuvieron esa presencia fue en 1954. En mayo 16 de 2009, 60 soldados colombianos cruzaron sobre la frontera internacional, casi un kilómetro dentro de Venezuela. Más tarde las tropas colombianas pasaron la frontera con Ecuador y mataron a veinte presuntos miembros de la organización rebelde Fuerzas Armadas Revolucionarias de Colombia (FARC). Con el apoyo técnico y financiero de los Estados Unidos; Colombia aparentemente sintió que no necesitaba respetar las fronteras internacionales y toda Latinoamérica fue su patio de juego; para gastar los dólares de ayuda económica de Estados Unidos, en misiones militares.

El evento fue manipulado por Estados Unidos, al punto de ser suficientemente ridículo e irrisorio. Una semana antes de la batalla, se había reclamado que los oficiales colombianos habían intervenido varios teléfonos satelitales usados por las FARC. Una fuente anónima en el Ejército Colombiano manifestó que una de las llamadas interceptadas fue de Hugo Chávez al líder Raúl Reyes de las FARC, quien fue muerto en el ataque.

Cuando el Presidente Álvaro Uribe habló sobre el ataque, declaró: "La Fuerza Aérea Colombiana procedió a atacar el campo del lado colombiano (de la frontera)...una vez que el campo fue bombardeado, las fuerzas colombianas recibieron órdenes de asegurar el área y neutralizar al enemigo." (23) Mágicamente, sin embargo y a pesar del bombardeo, varias computadoras laptop sobrevivieron en buena condición para recuperar la información guardada.

Los reportes de las noticias admitieron que los Estados Unidos jugaron un rol crucial en el ataque y que fue una misión llamada "Operación Fénix" No fue una sorpresa entonces que los datos almacenados en las "computadoras salvadas milagrosamente" que indicaban que Chávez estuvo financiando a la organización rebelde y apoyando el terrorismo en Latinoamérica. Los oficiales de Estados Unidos rápidamente reclamaron que habían probado ligas entre las guerrillas y el Gobierno de Venezuela. El esfuerzo para desacreditar a Chávez y disminuir su influencia en Latinoamérica fue tomando su forma más desagradable.

Los Estados Unidos se han venido acostumbrando a hacer todo lo que han querido y los buenos líderes de las naciones latinas dependen de la ayuda en dólares de los Estados Unidos, esto los haría dóciles y aprueban discretamente. Esta vez no fue el caso. La Organización de Estados Americanos y El Grupo de Río, organizaciones que representan a casi todas las naciones de América Latina denunciaron las acciones de Colombia, y al final, sólo los Estados Unidos apoyaron las violaciones de Colombia a las fronteras internacionales.

La Oficina del Control de Bienes extranjeros de Estados Unidos es parte del Departamento del Tesoro y guarda una lista de gente sospechosa de estar envuelta en tráfico de drogas y/o terrorismo. En 2008, uno de los nombres que aparecieron e esa lista fue la del General Henry Rangel Silva, de Venezuela. No hubo evidencia presentada para a poyar que su nombre estuviera en esta lista y nunca fue acusado, no le pusieron cargos, pero los Estados Unidos decidieron que debería estar en la lista como traficante de drogas internacional. En la lista con Rangel, estuvo el General Hugo Carvajal, Jefe de Inteligencia Militar y Ramón Rodríguez Chacin, Ministro del Interior y de Justicia.

Los nombres fueron agregados a la lista, los Estados Unidos reclamaron porque los tres fueron mencionados en información encontrada en las misteriosas laptops que sobrevivieron en el bombardeo del ataque ecuatoriano. El Gobierno de los Estados Unidos dijo que los tres "tenían materialmente asistidas las actividades del tráfico de drogas de las FARC, una organización narcoterrorista.

Después de examinar las laptops, la INTERPOL, informó que los datos guardados en las computadoras no se pudieron verificar o autentificar. La Suprema Corte de Colombia descartó que la información que ellos alegaban contenida, no podría usarse como evidencia contra nadie. Existieron serias dudas acerca de quién introdujo esos datos en las computadoras y cuándo. Quizá como un acto de desafío, Chávez promovió al General Rangel Silva al cargo de Ministro de Defensa.

¿Se comunicó alguna vez Hugo Chávez con el líder Raúl Reyes de las FARC? Si, en lo que fallaron en mencionar los Estados Unidos, fue que Hugo Chávez, con la aprobación del Gobierno de Colombia, negoció y aseguró fue la libertad de varias víctimas de secuestro de las FARC. Uno de los que fueron liberados por las negociaciones de Chávez fue Ingrid Betancourt, ex candidata presidencial de Colombia y otros tres de estos liberados fueron contratistas militares de los Estados Unidos. Para citar, los Estados Unidos nunca han presentado ninguna evidencia de que el Gobierno de Venezuela, o alguno de sus oficiales ninguna vez han tenido algún nexo con las FARC. Aún así, Victoria Nulnd, vocera del Departamento de Estado de los Estados Unidos le dijo a la prensa: "Nuestra preocupación acerca de Rangel Silva es bien conocida y por mucho tiempo." (24)

Enfrentando una serie de derrotas en sus esfuerzos para disminuir la importancia de Hugo Chávez en Latinoamérica, los Estados Unidos regresaron a lo que él hace mejor. Y regresó el bravucón otra vez. En 2009, el prestigiosos periódico Wall Street anunció que los Estados Unidos construirían siete nuevas bases militares en Colombia.

El más grande terror de Estados Unidos, por supuesto, es que está perdiendo control en América Latina. Describió la situación como. " El patio trasero de los Estados Unidos se ha ido, ha creado su propio vecindario y los Estados Unidos no son parte de él."(25)

John Lindsay Poland, codirector de Task Force on Latin America and the Caribbean (FORT), levantó serios cuestionamientos acerca de la expansión militar de los Estados Unidos en Colombia y de los sospechosos lugares de las instalaciones. La base Militar estadounidense en Manta, Ecuador la cerró por lo que los polacos llamaron "La preocupación de Ecuador sobre la arrogancia y la agresión." La nueva dirección de la presencia de los Estados Unidos va a ser notada en Colombia y Polonia. Las ubicaciones de las bases bajo negociación traerán nuevos y profundos cuestionamientos. Ninguna de éstas está en las costas del Océano Pacífico, donde los aeroplanos de la base Manta patrullan por tráfico de drogas – supuestamente con gran éxito, reflejando cómo el tráfico se ha incrementado en el Pacífico. Tres de las bases están apiñadas, cerca una de la otra en la costa del Caribe, no lejos de las ya existentes bases militares de Aruba y Curazao – y más cerca de

Venezuela que del Océano Pacífico. ¿Por qué están aparentemente los negociadores de los Estados Unidos negociando sitios del Pacífico, si las medidas diseñadas para prevenir el uso de narcóticos es aún parte de la misión militar de Estados Unidos.? ¡Qué misiones más allá de la frontera colombiana están los Estados Unidos contemplando? (26)

La respuesta no es tan difícil. Al Gobierno de Estados Unidos nada le gustaría más que un incidente internacional justificara su intervención en Venezuela. El regreso del petróleo de esa nación a manos de los ricos corredores de bolsa americanos, sería el premio de esa intrusión. Pero el apabullante apoyo del que disfruta Chávez de los pobres de Venezuela, seguramente brindaría feroz resistencia y Estados Unidos nuevamente sería criticado por la comunidad de naciones por otra invasión no provocada a una nación democrática.

Si Latinoamérica no confía en los Estados Unidos, esto es significante par darse cuenta que un número impresionante de encuestas de opinión en los Estados Unidos insiste en el tema de que sus ciudadanos no confían en su propio gobierno. Muchos vieron a Washington como la gran amenaza para su libertad personal. La desconfianza ha alcanzado tales proporciones, que mucho eligen dejar la tierra donde nacieron que preferir ser sujetos de sus abusos. La organización Global Initiatives dirigió un estudio revelando que 1.6 millones de familias ya han decidido dejar los Estados Unidos y vivir en una nación diferente y otros 1.8 millones seriamente han considerado lo mismo. Ya tres millones han dejado Estados Unidos para vivir en otros países.

Entre las quejas del jefe, del descontento en América, está el sistema por sí mismo. Es un sistema en dónde el Gobierno puede hacer todo lo que quiere y si la evidencia indica que eso se ha hecho mal, se investiga él mismo y no encuentra defectos. Unos medios controlados gubernamentalmente asegurarán al público que la indagación fue hecha con altos niveles de ética y profesionalismo y todo será olvidado hasta la siguiente ocasión. Por toda la apariencia externa, el público parece aceptar robóticamente estos procesos, pero cuando han cuestionado privadamente, emerge una imagen diferente de cómo ellos realmente se sienten. Gallup, la mayor y una de las más confiables firmas de encuestas en América determinó las siguientes opiniones del público: más de la mitad (51%) cree que esto es en cierto modo es probable que los oficiales del Gobierno fueron, "directamente responsables del asesinato del Presidente Kennedy." Más de la mitad (60%) cree que es probable que los oficiales militares ocultaron los peligros del químico Agente Naranja en la guerra de Vietnam. Cuatro quintos (80%) cree que es probable que oficiales militares están ocultando información acerca de que soldados americanos fueron expuestos a gérmenes de guerra o gas nervioso en la Guerra del Golfo. Más de la mitad (52%) cree que es probable que la CIA permitiera a los distribuidores de drogas de Centroamérica vender cocaína crack a afroamericanos al interior de las ciudades de Estados Unidos. Cerca de un tercio (29%) de los negros de Nueva York indicaron creer que el SIDA fue "deliberadamente creado en un laboratorio con la intención de infectar a la población negra." Una encuesta del New York Times reveló que sólo el 16% de la gente cree la historia del gobierno acerca del 11 de septiembre de 2001. El cálculo muestra que 84% cree que el Gobierno está escondiendo información, o está envuelto en la tragedia. Si la cifra pareciera exorbitantemente alta, esto se notaría en la encuesta levantada en Canadá con el mismo cuestionamiento, que indicó que el 85% de los canadienses no aceptan la historia del Gobierno. Más alarmante, el 80% de los americanos cree que el Gobierno estuvo directamente involucrado en los eventos del 11 de septiembre.

Nunca hubo un mejor ejemplo de la manipulación del Gobierno y control de los medios que el 11 de septiembre de 2001 y los días posteriores. A pesar de las grabaciones televisivas, donde adicionalmente fueron escuchadas explosiones previas al colapso de los edificios; los medios continuaron apoyando la declaración del Gobierno de que los edificios colapsaron a causa del calor de la gasolina de los aviones usados en el ataque. No importa que los videos claramente muestren que la mayoría

172

de la gasolina explosionó fuera de los edificios, los medios se imprimieron con la historia y nunca le dieron honor a la curiosidad periodística.

Las condiciones por las cuales tres edificios colapsaron el 11 de septiembre fueron suficientemente extrañas, que hasta los oficiales del gobierno y ex oficiales dieron severos y condenatorios comentarios. Paul Greg Roberts, ex Secretario del Tesoro de Estados Unidos, dijo: "Conozco muchos ingenieros calificados y científicos que han dicho que el World Trade Center (WTC) colapsó por explosivos. Si ustedes miran la manera de cómo cayeron, tienen que darle a sus conclusiones credibilidad." (27)

Andreas von Beulow, ex Secretario de Defensa de Alemania, está de acuerdo con: "Lo que vi en septiembre 1 fue un perfecto acto de ejecución que pudo haber sucedido sólo con la ayuda de los Servicios de Inteligencia." En su libro, "La CIA y 9/11" abiertamente asevera que los ataques en las Torres del World Trade fueron "escenario para justificarlas guerras de Irak y Afganistan." En una entrevista, von Beulow dijo: "Si lo que digo es correcto, el Gobierno por completo de Estados Unidos debería terminar tras de los barrotes... han ocultado detrás de un velo de secreto y destruido la evidencia de que ellos inventaron la historia de que 10 musulmanes trabajando con al-Qa'eda, Osama Bin Laden – para esconder la verdad de sus propias operaciones ocultas... estoy convencido de que el aparato de Estados Unidos debe haber jugado un rol, y mi teoría está respaldada por (Washington) el Gobierno se rehúsa a presentar alguna prueba, fuera lo que fuera, de los sucedido." (28)

"... cuando las noticias llegaron tuve que asombrarme. ¡Por qué aviones volaron alrededor por hora y media sin interceptores y siendo codificados por Andrews.? ¡Por qué el Presidente sólo se sentó en el salón de clases cuando oyó la noticia? Se le preguntó a Paul Hellyer ex ministro de Defensa Nacional de Canadá. (29)

El reporte oficial del Gobierno de los Estados Unidos en relación al 11 de septiembre fue tan inverosímil que el Parlamento de Japón se los dijo en vivo en la televisión nacional: "Los edificios del World Trade Center 7 (WTC 7), cuarenta y siete culminantes historias, localizadas a una cuadra colapsaron a sus pies, siete horas después de que los edificios del WTC fueran atacados, en cinco, o seis segundos, aunque no era el blanco planeado y tenía un daño mínimo de incendio. No sólo hizo fracasar a la Comisión del 11 de septiembre al mencionar al WTC 7, pero la Agencia de Dirección General de Emergencia Federal de los Estados Unidos (FEMA) y el Instituto de Normas y Tecnología Nacional (NIST) no hicieron mención de esto en sus reportes." Ellos expresaron.

El miembro del Parlamento, Yukihisa Fujita, dijo a la audiencia: "Hasta ahora, la única cosa que el Gobierno ha dicho es, que pensamos que fue causado por al-Qaeda, porque el Presidente Bush nos lo dijo. No hemos visto ninguna prueba real de que fue al-Qaeda... necesitamos regresar al inicio y no simplemente confiar ciegamente en la explicación de los Estados Unidos, e información indirecta provista por ellos... Necesitamos mirar la evidencia y preguntarnos a nosotros mismos, ¿qué es lo que realmente es la guerra sobre el terrorismo?... Necesitamos preguntar ¿quiénes son las verdaderas víctimas de esta guerra sobre el terrorismo? Yo creo que los ciudadanos del mundo son sus víctimas." (30)

A través del mundo, los evidentes mensajes expresados de simple desconfianza, porque los hechos presentados en imágenes, atestiguadas por el mundo, no fueron simplemente lógicos. Lo lógico fue el hecho de que aquellos que tuvieron opiniones fuertes acerca de la participación del Gobierno en el 11 de septiembre, fueron aquellos que no estuvieron dependiendo de los medios estadounidenses para informarse. La gente en los Estados Unidos se paralizó por el trauma de los eventos, fueron movidos a expresar una unidad nacional, y, por supuesto, eso no podría pasar si hubiera desconfianza en el gobierno. Las banderas volaban en las casas como símbolos de un nuevo sentido de patriotismo y de ardiente furia para que los extranjeros se enteraran de que los Estados Unidos de América y sus más prominentes monumentos fueron atacados. El Presidente Bush se dirigió a la nación en el día del ataque y prometió castigar a la "gente" que ejecutaron el ataque.

Las evidencias acumuladas los día que siguieron al ataque, probaron que diecinueve hombres jóvenes, quince de Arabia Saudita, dos de los Emiratos árabes Unidos, uno de Egipto y uno de Líbano. Subsecuentes hallazgos indicaron que ellos fueron financiados por fondos de Pakistán. Aunque toda la información vino de fuentes federales dentro del Gobierno. Si los sospechosos y los alegatos mencionados arriba son correctos, nosotros entonces tenemos una situación de criminales investigándose a ellos mismos, llegando a conclusiones oficiales para exonerarse a sí mismos. Puede haber un pequeño cuestionamiento acerca de por qué los americanos están teniendo menos y menos confianza en su Gobierno, como se expresó en una encuesta en 2008, que expuso el hecho de: "Sólo el 26% de los americanos dicen que están satisfechos con la forma en que la nación está siendo gobernada, lo más bajo en el octavo año de la historia de las encuestas sobre el Gobierno y empatada con la de 1973 de Gallup, donde se lee como la más baja. (31) La clasificación más baja de 1973, por supuesto fue cuando Richard Nixon estaba en el medio del famoso escándalo de Watergate.

Desde que Pancho Villa atacó Columbus, Nuevo México en 1916, ningún extranjero había atacado los Estados Unidos. Por todas las razones y por compasión humana, ésta fue de hecho una tragedia. Una nación lamentó y mensajes de simpatía y apoyo llegaron de todas las partes del mundo. Sin embargo, en un sentido, de frío razonamiento y distante objetividad, las 3000 pérdidas del 11 de septiembre, podrían ser comparadas con los 16,000 mexicanos que murieron como resultado de la ilegal invasión a México en 1847, y los 117,000 iraquíes que murieron como resultado de la invasión de Irak, que fue igualmente ilegal. Si el jefe de la CIA, Duane Clarridge cree que el mundo necesita ser usado por el imperialismo americano, entonces tal vez necesitan ser bienvenidos en el mundo real que ellos crearon. Muchos americanos creen que es inconcebible que su gobierno pueda victimizar a sus propios ciudadanos en una conspiración tan vil como la del 11 de septiembre. Pero ellos deberían tener idea de que es imposible que los hombres negros pobres, serían inyectados con sífilis, para que esos investigadores los vieran morir. Habría sido impensable que el Gobierno hubiera rociado el virus de la tos ferina sobre Tampa Bay, Florida. Debería haber sido imposible que el ejército lanzara mosquitos sobre Savannah, Georgia y sobre Avon Park, Florida, para observar cómo se extendía la fiebre amarilla y el dengue. La única lógica debería concluir que, si doce millones de indios y mexicanos pudieron morir en el nombre de una expansión nacional, 3000, pudieron morir en nombre de la dominación del mundo.

Las metas del Gobierno de los Estados Unidos son llenadas a cualquier costo y la historia provee incontables ejemplos de que esto es verdad. En diciembre 12 de 2005, George W. Bush habló al Consejo de Asuntos Mundiales de Filadelfia en Pensilvania y dijo: "Justamente hace dos años y medio, Irak estuvo sujeto a un cruel dictador, quien había invadido a sus vecinos, financiado terroristas, buscado y usado armas de destrucción masiva, asesinado a su propio pueblo y por más de una década, desafiado las demandas de las Naciones Unidas y del mundo civilizado. Desde entonces, el pueblo iraquí, ha asumido la soberanía sobre su país, ha tenido elecciones libres, el borrador de una constitución democrática y ha aprobado esa constitución en un referéndum a nivel nacional." (32)

Un año después, Bush dijo esas palabras. Se levantaron varias encuestas entre la gente de Irak, la misma gente que supuestamente estuvo disfrutando las maravillas de una nueva democracia y se reveló que el 90% de ellos pensaban que sus vidas estaban mejor con Saddam Hussein, antes de la invasión de Estados Unidos. (33) El Centro para Estrategias y Estudios Internacionales, en 2009 confirmó las opiniones de los iraquíes. " La expectativa de vida en Irak ha declinado desde la invasión de Estados Unidos. En 1987, el promedio era de 65 años, para 2006, ha bajado a 58.2 años. La violencia en Irak pudo haber jugado un rol, en el que por lo general la pobre calidad de los servicios fue otro factor mayor con este cambio, otra vez, cuando comparamos con otros países en la región, Irak está al final en esta categoría. Irak está también entre los tres últimos lugares en salud en el mundo árabe. Los iraquíes tienen el 19.4% de oportunidad de no sobrevivir después de los 40 años de edad." (34)

Una checada a la conducta del Gobierno de los Estados Unidos durante dos siglos, da un perfil claro de una nación deseando seducir, conspirar, intrigar, invadir y engañar con la finalidad de satisfacer su propia agenda. Aparentemente no es importante si las víctimas son extranjeras o domésticas con tal de alcanzar las metas. La idea de "In God We Trust" aparece solamente en los billetes y parece presentar un secreto y un importante mensaje, más allá del dinero, el Gobierno de los Estados Unidos confía en su fuerza, intimidación y control.

Un ejemplo previo de su filosofía operacional fue provisto por la Agencia de Alcohol, Tabaco y Armas (ATF), "Fast and Furious" operación que obstinadamente permitió que armas sofisticadas entraran a México a enriquecer las manos de los cárteles. Un testimonio posterior por oficiales de la ATF establecieron que las armas entraran a México por la Fast and Furious, programa y que habían sido encontradas más de 200 escenas de crímenes en México. El Gobierno de Estados Unidos estimó que cerca de 300 mexicanos han muerto por estas armas, pero el verdadero número seguramente está en miles. Con las malas implicaciones de este programa que trajo sangre y sufrimiento a incontables mexicanos, El Presidente Obama falló en ofrecer una disculpa. (35)

Después uno de los Fast and Furious estuvo conectado con el asesinato del guardia de la Patrulla Fronteriza, oficial Brian Terry, no menos de 550 sitios web fueron dedicados a la indignación ciudadana, homenajes y testimonios. Ningún sitio web pudo ser encontrado en honor de los cientos de mexicanos que murieron por esas armas. El Presidente Obama firmó el homenaje a Brian Terry, acto para honrar al oficial asesinado, pero ninguna mención fue hecha de aquellos que murieron asesinados en México, por sus padres dolidos, familiares y amigos.

Pero la actitud de Washington es que las disculpas no son necesarias, Tienes que pensar que estás equivocado para pedir disculpas. La ATF ha dicho que hubo un motivo para permitir que las armas entraran a México y eso parece ser suficiente. Es casi como decir que unos cuantos cientos de mexicanos son sacrificables, pero un oficial de la patrulla fronteriza no lo fue. La muerte de un americano es trágica y la muerte de un mexicano es casual. Esto fue un hecho claro cuando un oficial de la patrulla fronteriza disparó y mató a un muchacho de 15 años en un puente de Ciudad Juárez. El chico fue acusado de estar con un grupo de jóvenes tirando piedras a los agentes; más tarde un representante de los agentes defendió el asesinato como "autodefensa" porque las piedras son un "arma mortal", más tarde una investigación fue supuestamente conducida y fue decidido no acusar al agente de ningún crimen.

La doble moral que Estados Unidos ha usado en todas sus interacciones con Latinoamérica, envía el mensaje de que ellos no solamente están por encima de la ley, sino que ellos crean y ejecutan las leyes para todos. Un ejemplo se encuentra en el periódico Summits, donde líderes de las Américas se reúnen con la meta de discutir y quizá resolver graves asuntos internacionales. La sexta en la serie de esas cumbres fue en Colombia y el colectivo de las naciones le envió a los Estados Unidos una demanda unificada. Tampoco Cuba estaría presente en la siguiente cumbre, o no habría más cumbres; éstas fueron financiadas por la Organización de Estados Americanos (OEA) y Cuba perdió su membrecía en 1963 por la crisis de los misiles. Aunque la mayoría de las naciones Latinoamericanas creen que ha pasado suficiente tiempo para poner de lado asuntos del pasado, y que una nueva generación ha surgido en Cuba que no debería ser castigada por las ofensas de sus padres. El sentimiento es muy fuerte en relación con Juan Manuel Santos, Presidente de Colombia, favorito de Estados Unidos, dijo a la cumbre:"... Sería inaceptable tener cualquier cumbre futura en la cual Cuba no esté presente." (36)

Hugo Chávez estuvo ausente de esta cumbre porque estuvo recibiendo tratamiento contra el cáncer en Cuba. El Presidente Daniel Ortega de Nicaragua y Rafael Correa de Ecuador rehusaron asistir a la cumbre donde se trataron asuntos de Cuba.

La respuesta oficial de los Estados Unidos llegó de la Secretaria de Estado Hillary Clinton quien insistió para que Cuba re entrara a la Organización de Estados Americanos, "... Debería haber una oportunidad para la transición a una total democracia en Cuba." (37)

Una nación que ha suspendido habeas corpus (evitar los arrestos y detenciones arbitrarias)a sus ciudadanos, permitiendo que cualquier persona sea arrestada y nunca acusada, se quede en prisión indefinidamente, esa tortura de sus detenidos y desacatos a los mandatos de las Naciones Unidas, que han sido implicados en el derrocamiento de presidentes Latinoamericanos electos democráticamente, le está dictando a Cuba que debe ser una democracia. Una nación que permitió que los teléfonos privados fueran intervenidos, que los e-mails fueran interceptados y leídos y conversaciones dentro de las casas fueran monitoreadas, está ahora hablando de democracia para Cuba.

Jean-Bertrand Aristide fue dos veces electo democráticamente Presidente de Haiti y dos veces removido por golpes de Estado promovidos por la CIA. Salvador Allende fue electo democráticamente como Presidente de Chile, quien quería servir a su pueblo, no ser un sirviente de las demandas de Estados Unidos. El Presidente Richard Nixon respondió a eso diciendo: "... si nosotros dejamos a los líderes potenciales de Sudamérica pensar que pueden moverse como en Chile y tener ambos caminos, estaremos en problemas." (38) Allende fue asesinado en un Golpe de Estado patrocinado por la CIA y reemplazado por el seleccionado por los Estados Unidos, General Augusto Pinochet, uno de los más brutales dictadores en la historia de América Latina.

Jacobo Arbenz fue el Presidente de Guatemala electo democráticamente, quien creó reformas sobre las cuantiosas tierras para beneficiar a los pobres de su nación; esto ofendió a la poderosa American United Fruit Company, y uno de los dueños de la compañía fue Allen Dulles, quien fue Director de la CIA. Arbenz fue removido de su cargo y Carlos Castillo Armas fue puesto en su lugar. Castillo Armas rápidamente canceló las reformas de la tierra y forzó a los campesinos a regresar las tierras que les habían dado en la pasada administración. Él entonces formó el primer escuadrón de la muerte en Latinoamérica y fue responsable de la

desaparición de 250,000 guatemaltecos. Más tarde él fue asesinado por un guardia en el Palacio Presidencial, pero su tiempo en el poder sirvió como un vivo testimonio de las consecuencias de la interferencia de Estados Unidos en los asuntos de Latinoamérica.

¿Es ésta la nación que está demandando que Cuba sea democrática? Washington ha decidido conservar el embargo que desde hace 50 años impuso a Cuba y comerciar solamente lo relacionado con alimentos; pero no hay problema con tener a la China Comunista como su segundo más grande socio en comercio internacional. Vietnam comunista es también socio comercial de Estados Unidos. Rusia Comunista es socio comercial; pero en el caso de Cuba, la pequeña isla tiene primero que ser democrática para que Estados Unidos le permitas ser miembro de la Organización de Estados Americanos. La postura es injusta a los ojos de las demás naciones de Latinoamérica y Washington continúa teniendo su política extranjera caracterizada por el hecho de que a ellos simplemente no les importa la opinión de los otros.

Independientemente de si es la sala de conferencias internacionales, o una clínica remota en Guatemala, los estados Unidos han demostrado consistentemente que no hay consideración por nada o nadie, excepto para sus propios intereses. Si otros tienen que sufrir o morir para obtener esos intereses, ellos serían considerados como pérdida necesaria para su logro. Acciones recientes, imitando a la diplomacia estadounidense, hacen claro que se hará cualquier cosa para oponerse u ofender a Cuba y Venezuela.

Considerando el caso de Luis Clemente Faustino Posada Carriles, un ex agente de la CIA, con interesantes antecedentes desde que él es venezolano que nació en Cuba; las corte panameñas lo condenaron por la muerte de 73 personas con la ubicación de una bomba en varios de los mejores hoteles de La Habana y en centros nocturnos.

Él fue arrestado por un atentado a la vida de Fidel Castro durante una visita a Panamá.

Posada fue arrestado nuevamente en 2005 en Texas por estar en los Estados Unidos sin papeles migratorios. El cargo fue desestimado dos años después.

Alguna vez en los Estados Unidos, Venezuela pidió su extradición y fue rehusada bajo la justificación de que él: "enfrentaba una amenaza de tortura" a manos de las autoridades venezolanas. Posteriormente Cubo pidió su extradición y fue rehusada bajo la misma justificación de que él podría ser torturado. En 2007 él fue liberado con una fianza, aunque incluso el Departamento de Justicia de los Estados Unidos había pedido que quedara en custodia porque fue, "admitido como mente maestra en complots y ataques terroristas" y un daño para el público. En 2011, Posada Carriles fue juzgado y el jurado lo absolvió de todos los cargos." (39)

Él ahora vive en Florida y camina libremente por las calles. Aparentemente teniendo al hombre una vez llamado: "uno de los más peligrosos terroristas en la historia reciente" relacionándose con el público es mejor que cooperando con Cuba o Venezuela. Se le ha dado asilo a pesar del hecho de que antes la CIA rompió todas las conexiones con él; Posada fue sospechoso de tráfico de drogas y fue sospechoso de conspirar para asesinar a Henry Kissinger, Secretario de Estado de Estados Unidos.

El retrato de América representando el egoísmo, encallecida indiferencia por la vida humana, dominación, manipulación, abuso, decepción y una actitud de superioridad internacional no vista desde los tiempos del Imperio Romano. No es un retrato atractivo, pero es una auto imagen pintada por el mismo Gobierno de los Estados Unidos. El corrupto núcleo del liderazgo diseñó la imagen de una nación que eligió victimizar al mundo hasta convertirse en víctima de sí mismo.

Adrienne Rich dijo: " Falsa historia se hace todo el día, cualquier día, la verdad de lo nuevo, nunca está en las noticias" Pero a veces los periódicos aprenden que la propaganda de Washington los ha alimentado de mentiras, para preservar su propia integridad, algo debe de hacerse. En 2004, el Washington Post y el New York Times se vieron enfrentados con esa situación. La Administración Bush había mentido acerca de las armas de destrucción masiva que supuestamente estaban escondidas en Irak. Richard Cheney había mentido cuando habló sobre estas supuestas armas y les dijo: "Sabemos dónde están, están en el área alrededor de Tikrit y Bagdad..." George W. Bush había mentido cuando hizo referencias varias veces acerca de que Irak estaba envuelto en los ataque del 11 de septiembre. Ahora les tocó a los periódicos sufrir las consecuencias de aceptar a ciegas reportes de noticias de la gran máquina de propaganda.

El New York Times publicó en mayo 26 de 2004, "Editores de varios niveles que deberían de haber sido reporteros exigentes, apremiantes por más escepticismo, fueron quizá demasiado resueltos, o ajetreados por las exclusivas... Los reportes de los desertores iraquíes no fueron siempre sopesados contra su fuerte deseo de tener a Saddam Hussein destituido. Artículos basados en reclamos nefastos acerca de Irak tendieron a obtener prominente exposición, mientras los siguientes que cuestionaron a los originales fueron muchas veces sepultados; en algunos casos ya no hubo artículos siguientes."

Los medios pagaron el precio por su credulidad y su disposición a conceder el deseo de Washington para engañar al público. La experiencia pudo haber dañado su reputación, pero para el Gobierno, nada se perdió. Ellos estuvieron a cargo. El poder y la aplicación de todo lo que quisieron imponer sobre sus ciudadanos. El populacho creería lo que ellos querían que creyera y sabían lo que deseaban que supieran.

Un ejemplo de parte que la propaganda de Estados Unidos juega en su dominación de los medios fue vista cuando Denis MacShane escribió en The Guardian en agosto 3 de 2009. "Chávez ha puesto antes que el parlamento venezolano, la propuesta de una ley que impondría sentencias de prisión de más de cuatro años, a periodistas cuyos escritos pudieran divulgar información contra 'la estabilidad de instituciones del Estado'"

Pero Chávez nunca propuso esta medida y ninguna ley como esa existe en Venezuela. La Agencia de

Noticias de la AFP, reportó que no hay una propuesta que se haya discutido en el parlamento como esa legislación; pero los medios sirven como una de las más efectivas armar del Gobierno; sus influencias públicas, pensamientos y opiniones, alteran los puntos de vista y se presentan a sí mismos como mensajeros de la verdad. En realidad, los corresponsales de la Casa Blanca aceptan todo lo típicamente los alimenta, sin cuestionamientos, por miedo de perder su posición de élite entre los reporteros. La otra consecuencia de no ajustarse a los temas de propaganda de la Casa Blanca, es ser ignorado. Ronald Reagan fue bien conocido por no llamar a los periodistas que estaban en desacuerdo con él. Muchas veces la información dada a los medios no representa la verdad. Al mismo tiempo, los medios son a menudo igualmente culpables.

El escritor sirio Saman Mohammadi escribió: "Los propagandistas en los medios también falsamente aseguran que ellos tienen fuentes en el área de Siria, quienes están reportando la verdad acerca de lo que está pasando. Más o menos en el último año, muy a menudo hemos oído de historias espantosas acerca del Gobierno de Assad por activistas sirios, pero la mayoría de esos "activistas" viven en el extranjero y están conectados a los gobiernos de Gran Bretaña y de Estados Unidos. Ellos no están diciendo la verdad acerca de la situación en Siria." (40)

Los medios son manipulados para que publiquen información negativa que incremente las dudas, o altere las opiniones acerca del líder nacional. Los Estados Unidos no tienen interés y no les importa que el líder haya sido elegido democráticamente, ellos sólo quieren formar una base de oposición, construida sobre esta información. Desde lo anterior, ellos usan a sus consejeros militares, a los dólares y a la CIA, para finalizar el derrocamiento. Sólo la vigilancia extrema ha conservado la administración de Hugo Chávez, Evo Morales y Rafael Correa de Ecuador, así libres y lejos de la intrusión de los Estados Unidos. No podría ser dicho lo mismo en relación a Manuel Zelaya, Presidente de Honduras electo democráticamente.

En junio 28 de 2009, el Presidente de Honduras fue secuestrado a punta de pistola y puesto en un aeroplano hacia Costa Rica en un Golpe de Estado orquestado en parte, por dos generales entrenados en Estados Unidos. Desde ese tiempo, la evidencia emerge de los viejos escuadrones de la muerte que están regresando a afligir a la nación. Entre aquellos que se resisten al nuevo gobierno militar están, los movimientos de trabajadores y las voces de sus líderes. Parte de la oposición política es rehusar la unificación de los sindicatos para reconocer al Gobierno del Presidente Porfirio "pepe" Lobo, quien ganó el poder a través de una elección muy sospechosa y disputada. La sospecha de los escuadrones de la muerte existe al interior de todos los barrios y no sin razón. De 43 asesinatos recientes, más de la mitad de las víctimas fueron miembros de los sindicatos que se oponen a la administración de Lobo.

Gilda Batista, de Refugio sin Límites ha investigado privadamente la muerte de varios líderes sindicales, y cree que las muertes fueron financiadas por la autocracia corporativa y el ejército.

La Profesora Dana Frank, de la Universidad de California en Santa Cruz dijo: "(El Gobierno de Lobo) sabe que los sindicatos de comercio no son la gran amenaza económicamente. El movimiento laborista ha sido realmente central a la resistencia, En Tegucigalpa, muchas de su más grande reuniones de resistencia, se están llevando a cabo en el edificio de la Bottling Plant Union. Las uniones son una amenaza económica directa (porque) ellos tienen una visión más amplia para Honduras." (41)

Zelaya dio una entrevista exclusiva a Democracy Now, un sitio de noticias, diario, independiente y global e hizo varias observaciones en acuerdo con las que se presenta aquí.

"... hubo una conspiración internacional para decir que el comunismo estaba entrando a este país y que el plan de Caracas iba a entrar para destruir a los Estados Unidos y que nosotros estamos destruyendo el Imperio Norteamericano... este Golpe de Estado fue hecho por el ala derecha de los Estados Unidos."

El Departamento de Estado de los Estados Unidos siempre ha negado y continúa negando cualquier lazo con el Golpe de Estado que menciona Zelaya. Sin embargo, todas las pruebas incriminan al Gobierno de Estados Unidos; y todas las acciones que fueron tomadas por el régimen de facto, o el régimen golpista, los cuales son esos, quienes concretaron el golpe y esto es para hacer el favor de las políticas industriales, militares y financieras de los Estados Unidos en Honduras.

Más tarde añadió: "Esta semana había 85 miembros del Congreso de los Estados Unidos, ellos enviaron una carta a la Secretaria de Estado, Hillary Clinton y en esta carta se habla de la necesidad de controlar el apoyo y ellos hablan sobre paralizarlo, lo cual estuvo predispuesto por las fuerzas armadas de Honduras. Y entonces, ellos apuntan a los altos índices de violaciones de los derechos humanos que tienen lugar en Honduras. En otras palabras, después del Golpe de Estado en este país, los Estados Unidos han incrementado el apoyo militar a Honduras.

Zelaya concluyó la entrevista con: "La liga que el Embajador Ford de los Estados Unidos, que fue el anterior al Embajador Llorens, ha dicho que no podría haber una amistad con Hugo Chávez. Él quiso que yo le diera asilo político a Posada Carriles; quiso también nombrar a los que serían los ministros de mi gabinete en mi gobierno." (42)

Gracias a Wikileaks, memorándums de la Embajada de Estados Unidos en Honduras se hicieron públicos y apoyaron las declaraciones de Zelaya. Una vez que el Presidente había sido raptado por soldados enmascarados y sacado del país, la élite de la nación se congregó por detrás del nuevo gobierno ilegal. Los diplomáticos de Estados Unidos se unieron al festejo, e inmediatamente comenzaron las comunicaciones con líderes de negocios e individuos políticamente poderosos. Una reunión privada se llevó a cabo entre el Embajador de Estados Unidos, Hugo Llorens y varios de los ciudadanos más ricos de Honduras, Emilio Larache, Emin Barjum y Antonio Travel, quienes discutieron la aceptación del Golpe de Estados Unidos. La Embajada fue aconsejada por el Honduran Private Enterprise Council acerca de que ellos estarían organizando una reunión pro-golpe. Cables de Honduras a Washington mencionaron cuáles individuos serían importantes para "las metas de Estados Unidos" y qué gente sería "obstáculo."

Los cables les fueron enviados a: Tom Shannon, Secretario Asistente de Estado para los Asuntos del Hemisferio Oeste; Harold Koh, el Consejero Legal del Departamento de Estado; Dan Restrepo, Director Senior para el Consejo Nacional de Asuntos del Hemisferio Oeste, La Casa Blanca y a la Secretaria de Estado, Hillary Clinton. Éste dio la primera información acerca del Golpe y las observaciones del persuasivo contenido, tales como: "no hay duda" de que los eventos ocurridos el 28 de junio un ilegal, e inconstitucional Golpe. "El Embajador celebró la posición tomada por aquellos que apoyaron el Golpe, y declaró que esto fue legal y les resumió con "... ninguno... tiene alguna validez sustantiva bajo la Constitución de Honduras."

Aunque Washington eligió ignorar el reporte y falló en retener toda ayuda a Honduras como lo requiere la ley en el caso de Golpes extranjeros. En lugar de esto, un mes después, el Departamento de Estado declaró estar confundido por lo que había pasado en Honduras, si fue una Golpe, o un Golpe Militar. Ellos tenían que saber, declararon, porque la diferencia entre estos dos tipos de Golpes, determinarían si deberían descontinuar la ayuda a Honduras. El Centro para Investigación Económica y Política reportó en agosto de 2009, que en los 12 meses previos estados Unidos siguió sus políticas y cortó ayuda en materia de días. En estos casos – en África – no hubo aparente problema acerca de si un "Golpe" fue un "Golpe Militar."

Aunque hubo una gran diferencia entre un Golpe en la distante África y uno en el patio trasero centroamericano de Estados Unidos. Quizá Washington no apoyó el método por el cual Zelaya fue removido de su cargo, pero ellos estuvieron a favor de acabar con su programa de reformas para Honduras. La gran objeción, por supuesto fue que Zelaya proclamara su amistad con Hugo Chávez y Evo Morales, y su intención de pertenecer a, Las Naciones Latinoamericanas con la Alternativa Bolivariana, (ALBA). Actualmente están en este grupo:

Antigua y Barbados, Bolivia, Cuba, Dominica, Ecuador, Nicaragua, San Vicente, Las Granadinas y Venezuela como miembros, y sus planes incluyen una moneda común llamada el SUCRE y sería el comienzo de un mercado común, similar al que existe en Europa. Ninguno de estos estuvo interesado en los Estados Unidos y su adición de Honduras, daría a la organización más prestigio y fuerza.

Aún así, los Estados Unidos no podrían abiertamente dar su respaldo al Golpe, porque ellos sabían que fue inconstitucional e ilegal. Washington eligió no condenar al Golpe, o apoyar los principios de un sistema democrático donde el pueblo tiene derecho a conservar al presidente que eligió. Ellos simplemente eligieron mirarlo de otra forma y permanecer en el lado bueno de los ricos y poderosos dentro de la nación. Como siempre, se repitió la política de: "al diablo con el pequeño chico" y dar una aprobación a cualquier sitio donde el dólar viva.

Como sucedió en Venezuela, los Estados Unidos nuevamente subestimaron al pueblo. El pueblo se organizó y puso suficiente presión en el gobierno para que fuera terminado un acuerdo por el retorno de Zelaya a Honduras. Su festejo de bienvenida fue de un millón de personas, entusiasmando y alentando el futuro apoyo en la elección de 2013. Fue un movimiento que sorprendió a todos y expuso la amenaza masiva hacia la Administración de Lobo. Más tarde, muchos de los líderes de esa oposición fueron encontrados muertos y una vez más el Imperialismo Americano había reclamado una víctima en Latinoamérica.

Una elección se llevó a cabo nombrando a Lobo como el nuevo Presidente de Honduras aunque varias naciones de Latinoamérica rehusaron reconocer su gobierno. Los Estados Unidos por supuesto, aceptaron la disputada elección en Honduras y rápidamente hicieron la petición, para que al nuevo gobierno hondureño le fuera dada su afiliación a la Organización de Estados Americanos, movimiento que el resto del hemisferio rechazó. Washington ha dado su apoyo al nuevo régimen militar a pesar de miles de casos de violación de los derechos humanos. "El Imperio de los Estados Unidos ganó" dijo Evo Morales cuando escuchó (audiencia) el alegato de Manuel Zelaya sobre el hecho de que Estados

Unidos estaba detrás del Golpe en Honduras. "El pueblo de las Américas en Venezuela, Bolivia y Ecuador, nosotros ganamos", morales continuó: "Nosotros somos tres a uno con los Estados Unidos, veamos que nos brinda el futuro."

Lo que el futuro brindará, es la continua negación por el Gobierno de Estados Unidos de que no jugó como parte del Golpe. Justo como lo hizo en 2002, en el caso de Venezuela, mantuvo que no existe "fuerte evidencia" para implicarlo. Tal vez no hay una confesión por escrito del oficial del Departamento de Estado, pero hay lógica humana y razonamiento, que pueden compilar hechos conocidos y hacer una conclusión precisa.

Es conocido por grupos en Venezuela que participaron en el Golpe, que estuvieron apoyados financiera y políticamente por los Estados Unidos. En el caso de Honduras, es conocido, que el Embajador de Estados Unidos atentó contra Zelaya para presionarlo a ser un títere de los Estados Unidos y rendirse a sus planes y deseos.

Es conocido que la CIA ha potenciado el conocimiento de los planes para un Golpe y no izo nada para proteger al Gobierno de Venezuela, los Estados Unidos no hicieron algo significativo para tratar de detener el Golpe. Ciertamente las declaraciones de Zelaya sugieren que los Estados Unidos, no solamente tuvieron conocimiento previo, pero jugaron un rol planeando el Golpe.

Aunque es sabido que los Estados Unidos conocían con anticipación acerca de los planes por un Golpe en Venezuela, cuando estos eventos aparecieron, los Estados Unidos trataron de afirmar que no había Golpe. En el caso de Honduras, los Estados Unidos simplemente esquivaron la mirada y rehusaron apoyar al presidente que el pueblo había elegido.

Es sabido que los Estados Unidos presionaron por el reconocimiento internacional del Gobierno golpista de Venezuela. Se sabe que el Fondo Monetario Internacional no tomaría ninguna acción sin una aprobación anticipada de los Estados Unidos; anunciaron su disposición para apoyar al gobierno golpista unas cuantas horas después de que el Golpe tuvo lugar. Cada día en los Estados Unidos, jurados toman decisiones acerca de la vida humana, basadas en evidencias en extremo más frágiles que éstas y son llamadas justicia. En Honduras, el Gobierno de Estados Unidos incrementó su ayuda militar al nuevo gobierno ilegal.

"Al final" dijo Martin Luther King, "Nosotros no recordaremos las palabras de nuestros enemigos, pero el silencio de nuestros amigos" Sus palabras son relevantes en cualquier lucha social y son especialmente pertinentes para la pelea en curso por la Justicia Social en Latinoamérica y por el propósito de naciones como Venezuela, Bolivia, Ecuador y Honduras.

Como resultado de su vacilación, o complicidad de los Estados Unidos, pacíficas protestas fueron reprimidas con violencia, hubo muertos y muchos heridos; los medios habían sido censurados, la radio independiente y las estaciones de televisión habían estado cerradas. Organizadores políticos habían detenido e intimidado y habían sido suspendidas las libertades civiles fundamentales. Estos abusos fueron documentados y condenados por Amnistía Internacional y otras organizaciones de derechos humanos.

Pero, ¿por qué los Estados Unidos no debieron ignorar las atrocidades que tuvieron lugar en otras naciones? Pocos países pudieron igualar el record de América por las violaciones y acciones de los derechos humanos, que no pudieron ser interpretadas de otra manera, que como crímenes en contra de la humanidad. Otras naciones soportaron la mancha de la esclavitud, conquista y brutalidad en sus pasados, pero abandonaron esas prácticas siglos atrás. No puede decirse lo mismo de los Estados Unidos; si fue responsable por la insensata masacre de los nativos americanos y la invasión ilegal y subsecuentes muertes en México. Entonces es responsable de las injustificadas muertes de más de 100,000 inocentes en Irak en recientes años. Si mujeres i niños indios fueron torturados en el Siglo XIX, entonces hay detenidos torturados en el presente en Guantánamo. Si la mentalidad del liderazgo americano aceptó la idea del "Destino Manifiesto" entonces en la actualidad tienen gente como

Madeline Allbright y Duane Clarridge, quienes creen que "esto funciona", que miles En Irak y Latinoamérica, deben servir a los intereses de los Estados Unidos.

Por décadas, el Gobierno de España ha sido instrumento en el reconocimiento internacional de criminales de guerra, violadores de derechos humanos, o de aquellos que comenten crímenes en contra de la humanidad. Sus cortes han examinado ofensas para Guatemala, Argentina, China, Israel y en otros lugares. Las condenas significan poco para la mayoría, excepto de aquellos que pudieran encontrar garantías aguardándolos por si ellos visitan España. La corte española ha emitido cargos contra Augusto Pinochet de Chile, contra el oficial militar argentino Adolfo Scilingo, contra el ex Secretario de Estado Henry Kissinger, de Estados Unidos, contra el Primer Ministro italiano Silvio Berlusconi, contra el Primer Ministro israelí Ariel Sharon y contra seis de sus consejeros mayores, y más recientemente, contra oficiales de la administración de George W. Bush.

Los cargos contra miembros de la administración Bush están centrados alrededor de los abusos y torturas que tuvieron lugar en Guantánamo y que están entre las más serias ofensas registradas. Los abogados representando a los detenidos de Guantánamo estuvieron entusiasmados con las noticias, y el Centro para los Derechos Constitucionales emitió una solicitud a España para mantener su jurisdicción internacional sobre el caso.

Pero Duane Clarridge ha sido bloqueado en cada turno por ambos, la administración Bush y la administración Obama" dijo Michael Ratner, Persidente del Center for Constitutional Rights (CCR), quien archivó la primera petición de habeas corpus traída en representación de los detenidos en 2002. "Nosotros venimos a España en la búsqueda de nada más que justicia, la cual, tristemente no está disponible en los Estados Unidos."

El reportero Glen Ford notó que: "... el más grande y potencial demandado del mundo por crímenes de guerra y crímenes en contra de la humanidad es Estados Unidos, cuyo record de participación directa e indirecta en tortura y muertes masivas ha sido inigualable por ninguna otra nación, desde al menos la Segunda Guerra Mundial." (43)

En mayo de 2009, el juez español Santiago Pedraz anunció que se acusaría a tres soldados americanos, con crímenes en contra de la humanidad, por las muertes en abril de 2003, de un camarógrafo de televisión español y de un periodista ucraniano, ambos reporteros fueron muertos por un ataque estadounidense en un hotel de Bagdad.

Después sorpresivamente, el Gobierno de España cambió su política de cargos contra criminales internacionales y limitó su propia jurisdicción en casos envueltos en genocidio y crímenes en contra de la humanidad. La decisión fue obviamente hecha bajo una presión muy fuerte de los Estados Unidos y llevó a España a conformar los deseos de Estados Unidos. Bajo la ley internacional, genocidio, crímenes en contra de la humanidad y crímenes de guerra pueden estar bajo la jurisdicción de cualquier nación, incluso si ninguno de sus propios ciudadanos fueran víctimas de esos crímenes. La teoría es que un crimen contra la humanidad debería ser sujeto de una jurisdicción de humanidad abierta, el cual interpreta como cualquier gobierno, en cualquier lugar.

Glen Ford reportó: "Un día antes del cambio en la ley de España, un número de miembros del Tribunal de Bruselas, actuando bajo el paraguas de la Iniciativa Internacional para Procesar el Genocidio Norteamericano en Irak, archivaron cargos de crímenes contra la humanidad y genocidio contra cuatro presidentes de los Estados Unidos y cuatro primeros ministros de Gran Bretaña. Los cargos citan 1.5 millones de iraquíes muertos en el curso de 19 años de ataques británicos y americanos, incluyendo dos guerras sin cuartel de agresión a gran escala, el régimen de más severas sanciones jamás diseñado y subsecuentes ocupaciones de Irak. Medio millón de muertes, de acuerdo con los cargos, fueron de niños.

En paralelo, la rica herencia de Irak y el patrimonio arqueológico y cultural tan único, ha sido lascivamente destruido. En orden de dejar a Irak como dependiente de los diseños estratégicos de Estados Unidos y del Reino Unido, sucesivamente los gobiernos de estas dos naciones, han atentado repartirse Irak y establecer por la fuerza militar una pro-ocupación del sistema político y del gobierno de Irak. Ellos se han promovido y comprometido en el masivo saqueo de los recursos naturales de Irak. Intentan privatizar la propiedad y la riqueza de la nación iraquí; entonces de forma masiva y sistemática fueron los asaltos en Irak, manteniéndose más o menos por una generación. El cargo de los acusadores contra Estados Unidos y el Reino Unido es, la deliberada destrucción de una nación.

Los acusados son: George Herbert Walker Bush, Willian J. Clinton, George W. Bush, Barack Hussein Obama, Margaret Thatcher, John Major, Anthony Blair y Gordon Brown. La demanda sostiene que cada uno ha jugado un rol clave en la planeada destrucción de Irak – que ellos instigaron, apoyaron, condenaron, racionalizaron, ejecutaron y/o perpetuaron, o excusaron esta destrucción basada en mentiras, una estrategia reducida e intereses económicos, y nuevamente sobre la voluntad de su propia gente. El Tribunal de Bruselas afirma que, permitir que estos responsables escapen, irresponsablemente, significa acciones que podrían ser repetidas en otro lugar.

Como ya se mencionó, los Estados Unidos rehúsan pertenecer a la International Criminal Court y reclaman inmunidad por las acusaciones, porque las leyes pasen por su Congreso para su propia protección. El proceso en sí mismo habla de la arrogancia del gobierno, informándole al mundo que leyes internas de los Estados Unidos fueron de mayor influencia que leyes internacionales, mismas que otras naciones las vivieron y toleraron. Fue como el lobo y el cordero, votando sobre lo que hay para cenar.

Como sea, de la manera que el Gobierno lo hizo, fue reportado a la gente como algo en el bienestar nacional y para el mejor interés para los ciudadanos. Nada sería reportado para revelar la verdadera intensión de Washington, excepto en editoriales extranjeras.

Las observaciones de Ford apoyan el reclamo que los medios norteamericanos hacen, para no entretener con noticias negativas acerca de los Estados Unidos, como ellos declaran: "A pesar de la inmensidad de los crímenes, el alto perfil de esos acusados y una completa campaña de la prensa en el caso, el archivo obtuvo cero publicidad en la idea prevaleciente de los medios de habla inglesa." La idea principal continuó propagando la mentira – supuestamente un criticismo – que los Estados Unidos guiaron en su incursión a Irak, fue una metida de pata. Pero no fue un resbalón. Ni los Estados Unidos dieron un paseo a ciegas en el lodazal. Nuestro caso traza la sincronía de comprometidos crímenes – incluyendo la destrucción de la infraestructura civil, el indiscriminado bombardeo y uso de uranio empobrecido, promoción del sectarismo y corrupción, destrucción de instituciones del Estado, violencia contra la ciudad, saqueo, promoción de la tortura – todo dirigido a, y resultante de la intención de destruir el Estado y la Nación Iraquí. El desastre humanitario que es en el presente Irak, fue el final del mismo. Esto es lo que la idea principal de los medios no pueden decir y ocultar."

En círculos internacionales, los Estados Unidos opera como un Dios. Se ha posibilitado la forma de cumplir sus deseos, sin consecuencias desde que tiene el poder para infligir castigos en otros, pero esos otros no tienen el derecho de hacer lo mismo con él. Es función de la jerarquía en una red de secretos y sus conductas permanecen escondidas de todas las sociedades; pero Seymour Hersh, quien ganó un permio Pulitzer como periodista, mantiene que la "...Administración Bush operó un aro de magnicidio ejecutivo que reportó directamente al Ex Vicepresidente Dick Cheney y que el Congreso no ha vigilado para nada. El Equipo Joint Special Operations Command (JSOC) iría a los países, sin hablar con el Embajador, o con el Jede de Estación de la CIA, para encontrar a gente que está en la lista para ser asesinada, ejecutarlos y salir. Fue una lista en curso de de personas-objetivo, destapados por la oficina del Vicepresidente Cheney, de quienes han cometido actos de guerra, o fueron sospechosos de planear operaciones de guerra contra los Estados Unidos. Hersh afirma que ha habido masacres en una docena de países en el Este Medio y en Latinoamérica." (45)

¿Son todos los cargos falsos?, ¿Controlan los Estados Unidos sus medios, o es la víctima de fabricaciones que aparecen en medios extranjeros?, ¿Son las acusaciones de sus líderes, sólo conspiraciones de poderes extranjeros? Los hechos históricos contestarían. No, el record de las interferencias de los Estados Unidos en los asuntos de otras naciones, especialmente Naciones Latinoamericanas disminuyen las posibilidades de coincidencias, o intrigas contra de ellos. Tiene toda la imagen de una nación por encima de la ley; exenta por ella misma de la International Criminal Court y escondiéndose detrás de la ilusión de su propia democracia, que hace mucho abandonó su propio pueblo.

LOS INMIGRANTES

En marzo de 2012, un reporte de Homland Security, indicó que de los 11.5 millones de inmigrantes ilegales en los Estados Unidos, 6.8 millones eran de México. Aproximadamente el 6% de la población de México se ha ido a los Estados Unidos, persiguiendo el sueño americano. De alguna manera, la ilusión de cruzar la frontera, encontrar un empleo, tener un lugar para vivir, y ahorrar dinero para comprar una casa en México y regresar manejando un elegante pickup, llevó a decenas de miles hacia el norte cada año. Y si esto pudiera pasar en las novelas baratas, esto podría pasar en la realidad.

Desafortunadamente para los mexicanos viviendo en los Estados Unidos, la creencia de los gringos es que ellos fueron superiores, no murieron con sus conquistas ilegales. El Programa Bracero (1942-1964) permitió a los trabajadores agricultores mexicanos ayudar con las cosechas en los Estados Unidos y después regresar a México con dólares en sus bolsillos, y la mayoría de las veces el programa trabajó bien y en beneficio de ambas naciones. Aunque siempre hubo el profundo sentido de superioridad incrustado que los gringos sintieron que tenían que expresar, lo que dio como resultado una generalizada discriminación.

El programa se inició porque muchos jóvenes americanos estuvieron fuera peleando en la Segunda Guerra Mundial. La nación requirió de ayuda en las cosechas de los cultivos y los mexicanos fueron conocidos por ser buenos trabajadores. Trabajaban muchas horas y muchos de ellos no recibieron sus salarios completos. A pesar del servicio que ellos estaban proveyendo para los Estados Unidos, varios restaurantes en Texas tenían señales en sus ventanas diciendo: "No se permiten perros y mexicanos" En los años que siguieron, las cosas cambiarían; a los mexicanos se les permitiría entrar a los restaurantes... como meseros o lavaplatos.

La histórica discriminación contra los mexicanos en los Estados Unidos, tuvo pocas referencias en investigaciones, quizá porque las muertes de los mexicanos nunca fueron consideradas como algo importante. Sin embargo entre 1848 y 1928 al menos 597 mexicanos fueron linchados, la mayoría en la parte sudoeste de los Estados Unidos. (1) Éste es un pequeño hecho conocido del Ku Klux Klan aterrorizo mexicanos al igual que a negros y un significante porcentaje de linchamientos provino de sus manos.

Algunos de los casos de abuso han sido clásicos. En 2008, Cirila Baltazar Cruz, nativa de Oaxaca, estuvo viviendo en Mississippi cuando parió a un niño; mientras estaba en el hospital, una de las enfermeras le habló en español y no estuvo complacida con las respuestas que recibió. La verdad es que Baltazar Cruz no hablaba inglés y muy poco español. Su lengua nativa era el chatino, una lengua indígena usada en Oaxaca. Su inhabilidad para entender preguntas en español la guió a dar respuestas erróneas y fue acusada de ser una prostituta y su bebé le fue arrebatado por el Mississippi Department of Human Services. Cuando fue descubierto que el problema real era que Baltazar Cruz no podía comunicarse suficiente con los cuestionamientos de la enfermera, un juez le dijo que aprendiera inglés o perdería a su pequeño. Sólo a través de la intervención de ciudadanos preocupados, ella pudo reunirse con su bebé. (2)

El abuso puede ser rastreado hacia 1836 con la pérdida de Texas para los Estados Unidos. A los mexicanos viviendo en Texas se les ofreció la ciudadanía, pero nunca se les do igualitariamente. Los mexicanos ricos, con grandes ranchos pronto perdieron su tierra por las nuevas leyes y sus hijos se convirtieron en trabajadores comunes del campo. Ellos fueron ciudadanos de segunda clase, viviendo en una nueva nación robada de la tierra que fue de ellos. No les fue permitido servir en jurados hasta mediados del Siglo XX y a algunos se les negaron pasaportes porque ellos habían nacido en el hogar con parteras y no tenían acta de nacimiento.

Algunos velatorios rehusaron preparar cuerpos, o conducir funerales para mexicanos. En algunas áreas, los mexicanos tenían que crear sus propias escuelas, para que sus niños fueran educados. El Estado de Arizona reconoció matrimonios entre blancos y mexicanos, pero los historiadores están de acuerdo en que esas uniones no fueron socialmente aceptadas. El mexicano fue considerado un paso arriba de un negro, pero un gran paso debajo de un gringo. Los mexicanos que nacieron en América fueron privados de sus derechos, que cuando se trataba un caso envolviendo a mexicanos, un juez de la Suprema Corte de Estados Unidos si ellos podrían hablar inglés y otro preguntó si ellos eran ciudadanos.

Viniendo de México, ellos no sabían nada acerca de discriminación, ellos nunca la habían visto en su tierra y pensaron que toda la gente era igual. Sin embargo en los Estados Unidos, ellos encontraron algo diferente. Las mujeres mexicanas fueron consideradas de menor clase, porque en ocasiones se casaban con hombres negros. Una ley del Siglo XVII en el Estado de Virginia, habla de cómo violentamente la gente se opuso a las relaciones entre blancos y negros. "Para prevenir esa abominable mezcla y (niños) espurios, los cuales en el más allá se pueden incrementar en estos dominios, lo mismo que los negros, mulatos, e indios mezclados con ingleses, u otra mujer blanca, como su indecente acompañante con uno, u otro.

"Se ha promulgado... que... cualquier inglés, u otro hombre, o mujer blanca, siendo libres, se mezclarán en matrimonio, con un negro, mulato, o indio, hombre o mujer, amarrado, o libre, será dentro de tres meses después de dicho matrimonio, será desterrado y removido de este dominio para siempre...

Será promulgado más a fondo... que si cualquier mujer inglesa, siendo libre tendrá un niño bastardo, de cualquier negro, o mulato, ella paga la suma de quince libras esterlinas, dentro de un mes después de que el niño bastardo haya nacido, para la Iglesia, guardianes de la parroquia... y en incumplimiento de dicho pago, ella será llevada como posesión de los guardias de dicha Iglesia y servirá a su amo por cinco años, y lo bien dicho de quince libras, o cualquiera por lo que la mujer servirá a su amo, será pagada una tercera parte a sus majestades... un otra tercera parte para el uso de la parroquia... y la otra tercera parte para el informante, y que el niño bastardo es obligado a ser sirviente por los mencionados guardias de la iglesia hasta que, el, o ella alcance la edad de treinta años, y en caso de que dicha mujer inglesa que tendrá a dicho niño bastardo sea sirvienta, será vendida por dichos guardias de la Iglesia (después de que su tiempo es expirado, que ella debe por ley servir a su amo), por cinco años, será vendida y el dinero será dividido como antes se mencionó, y el niño servirá como previamente se mencionó." (3)

La Constitución del Estado de Alabama contenía la siguiente estipulación hasta 2000, "La Legislatura nunca pasará ninguna ley para autorizar o legalizar ningún matrimonio entre ninguna persona blanca y un negro, o descendiente de negro." (4) Cuando varias decisiones de la corte hicieron esto inconstitucional para prohibir matrimonios inter raciales, Florida respondió con un nuevo concepto de ley. "Cualquier hombre negro y mujer blanca, o cualquier hombre blanco y mujer negra, que no estén casados entre sí, quien habitualmente vivirá en y ocupa en la noche el mismo cuarto, cada uno será castigado, por encarcelamiento que no exceda de doce meses, o por una multa que no exceda de quinientos dólares." (5) Si matrimonios mezclados no pueden ser ilegales, el sexo entre personas de diferentes razas sería prohibido. Finalmente en un caso de 1964, en la corte, esta figura fue movida de la ley.

Se levantó una encuesta en 2001 entre los ciudadanos de Mississippi, registrados como miembros del Partido Republicano. La pregunta fue si el matrimonio inter racial debería ser ilegal. Una pluralidad de 46% dijo que sí, que el matrimonio inter racial debería ser un crimen, mientras que el 40% dijo que debería permanecer legal. El restante 14% estuvo indeciso. (6)

Aquellos que vieron la película "Forrest Gump" recordarán la escena donde Forrest estaba sentado en la banca de la parada de autobús, platicando a una enfermera negra, que él fue nombrado después del General Confederado Nathan Bedford Forrest, que más tarde fundó el Ku Klux Klan. En 2011, para celebrar el sesquicentenario (150 años) del inicio de la Guerra Civil. Una Organización de Mississippi propuso tener una placa como licencia especial para los autos, honrando a Nathan Bedford Forrest. Los hijos de los veteranos confederados quisieron conmemorar al "genio militar" quien fue un ejemplo cívico en su tiempo. Ellos eligieron ignorar que Forrest ordenó el asesinato masivo de 277 soldados negros sirviendo al Ejército del Norte en Fort Pillow, Tennessee, y que el Ku Klux Klan mató cerca de 2000 más en los siguientes años. Afortunadamente la propuesta fue derrotada en la legislatura del Estado.

Aunque, opiniones comunes acerca de los mexicanos fueron en gran parte basadas en el sur, donde el parentesco de razas mezcladas fue prohibido. Las mujeres mexicanas nunca han aprendido de diferencias entre las personas y algunas veces violaron estándares sociales. Ellas fueron conocidas como las "amantes de los negros" y consideradas ser de naturaleza inferior a la de las mujeres blancas.

Cuando se descubrió oro en California, en 1849, los mexicanos también entraron en la región. Algunos cálculos dicen que el número fue tan alto como 25,000, fueron hombres con experiencia en explotación minera del oro y tuvieron una larga historia de éxitos. Aunque la mayoría de los gringos que llegaron a California no tenían experiencia en la explotación de minas y vieron a los mexicanos como un obstáculo en sus esfuerzos. Los mexicanos estuvieron produciendo, mientras los gringos aún seguían buscando. No fue justo, pensaron ellos, porque después de todo, el gringo fue superior. La consecuencia fue, como siempre ha sido, violenta; un estimado de 163 mexicanos fueron colgados en doce años. (7)

Josefa Segovia fue una mujer que vivía en Downieville, California, en 1851. Un día un hombre blanco australiano, conocido por su fuerza desde que había participado en peleas de boxeo locales, irrumpió en el hogar de Josefa y la atacó. Los reportes difieren en si hubo, o no, una violación, puesto que los reportes de las noticias típicamente están a favor de los blancos, sin considerar si son culpables, o inocentes. Más tarde el hombre regresó a la casa de Josefa, supuestamente a disculparse. Cuando Josefa rehusó su disculpa, el hombre, enfureció y trató de atacarla nuevamente, en esta ocasión, la mujer le clavó un cuchillo y el hombre murió rápidamente.

Josefa fue tomada por una multitud y llevada a un puente, se le dijo que se disculpara por matar al hombre, ella se rehusó, y enfrente de 3000 espectadores, fue tirada desde el puente y colgada. (8) El evento trajo indignación a varias partes de la nación; un periódico publicó: "En Downieville, una partida de depravados fuera de la ley, ofendieron a una mujer de respetable carácter de una forma vulgar, con lo cual ella se apoderó de un cuchillo y causó una herida sobre uno de ellos, la cual fue mortal. Por esto, ella fue llevada con ruda violencia y sin un juicio, públicamente colgada." (9)

Otro periódico agregó un detalle no mencionado en la anterior publicación, "...un infante nonato pereció con su madre asesinada, antes de ver la luz." (10)

La aparente necesidad de retratar a los mexicanos como inferiores y sujetos a bestiales pasiones fue mostrado en una publicación de un periódico de Nueva York. "Impactante, sin embargo, como son estos casos, son superados por el asesinato de una muchacha en Downieville, arriba en las montañas del Condado de Yuba. Ella fue una señorita mexicana, con toda la pasión y fragilidad, mismas que la sujetan a la raza. Un día ella apuñaló a un hombre, y por eso él murió en muy poco tiempo..." (11) El artículo claramente sugiere que Josefa atacó al hombre, no por su furia de ser atacada, sino por sus "pasiones y debilidades", eso es "parte de la raza."

Entre 1880 y 1930, 282 mexicanos fueron colgados en Texas, 188 en California, 59 en Arizona y 49 en Nuevo México. Entre los cargos que ellos enfrentaron estuvieron:

1. Ser mexicano de ascendencia
2. Trampas con las cartas
3. Brujería
4. Cortejar a una mujer blanca
5. Quitar trabajos
6. Ser de mal caracter
7. Matar una vaca
8. Rehusarse a tocar un violín
9. Trabajar como cobrador (12)

En Julio 13 de 1859, Juan Cortina estuvo en Brownsville, Texas y vio a un hombre que había trabajado para su familia siendo maltratado por el marshal local, golpeándolo con su pistola. Él gritó para que parara la golpiza, pero el agente del orden siguió, hasta que Cortina sacó su pistola y le disparó en el hombro. Cortina después tomó a la víctima sobre su caballo y cruzó la frontera para salvarlo.

En las semanas que siguieron, más mexicanos fueron arrestados en Matamoros y los gringos que asesinaron a mexicanos nunca fueron procesados. La injusticia fue más de lo que Cortina estaba dispuesto a aceptar. Comenzó a formar un pequeño ejército y en septiembre 28 regresó a Matamoros y atacó la prisión. Liberó a los mexicanos que habían sido acusados falsamente y ejecutó a cuatro gringos que nunca habían sido acusados por matar mexicanos. Su pequeña fuerza de hombres elevó la bandera de México sobre la ciudad y gritó, "¡Muerte a los gringos!" Unos cuantos días después, él emitió una proclamación a los residentes de la ciudad que decía: "No hay necesidad de temer. Gente ordenada y ciudadanos honestos son inviolables para nosotros en sus personas y en sus intereses. Nuestro objeto, como ustedes han visto, ha sido castigar la villanía de nuestros enemigos, la cual hasta ahora se ha ido sin castigo, Estos tienen que confabularse uno con otro, y formar, así para debatir, una logia inquisitorial traidora que nos persigue y roba, sin ninguna causa y por ningún otro crimen de nuestra parte, que el ser mexicanos de origen, considerándonos sin duda desposeídos de esos dones que ellos mismos no poseen.

Para defendernos nosotros mismos y hacer uso del sagrado derecho de la preservación, nos hemos reunido en un encuentro popular con el parecer de discutir los medios por medio de los cuales pondremos final a nuestros infortunios" (13)

Las autoridades de Texas publicaron una cruda refutación en el periódico Matamoros, pero éste careció de la elegancia usada por Cortina en sus declaraciones, explicando su causa. Cuando Cortina escribió otra vez en noviembre 23 de 1859, el refinamiento de su mensaje los hizo casi un clásico literario. "En la serie de dichas acciones, los eventos se presentaron por sí mismos cuales opiniones públicas, influenciadas por el sentimiento popular, llamadas para deliberar sobre sus efectos, para formar una exacta y justa concepción de los intereses que ellos promueven y la misma opinión pública debería considerar, como el mejor juez, el cual, con frialdad e imparcialidad, no falle en reconocer algunos principios como la causa para la existencia de una fuerza abierta e inmutable firmeza, la cual imparte el noble deseo de cooperar con verdadera filantropía para remediar el estado de desesperación, de quien en su turno, se convierte en víctima de la ambición satisfecha a costa de la justicia." (14)

Se crearon leyendas alrededor de la vida de Juan Cortina, muchas de éstas diseñadas para glorificar y justificar sus acciones, mientras condenaban aquellas de los gringos. Una de las historias reclama que los gringos atacaron su villa y mataron a su esposa, María Dolores Tijerina "y a sus niños." Records de genealogía dicen que ella nació en 1830 y murió en 1847, un año después de casarse con Cortina. (15) Los records dicen que no hubo hijos en este matrimonio y parecería que los niños fueron agregados a la leyenda para crear una gran compasión por la causa de Cortina. Aunque el hecho de que ella murió a la temprana edad de 17 años, sugiere que su muerte pudo haber sido causada por un acto de violencia como lo dice la historia.

Después de varias victorias sobre las fuerzas compuestas por gringos de Matamoros y por Texas Rangers, el pequeño ejército de Cortina no se pudo oponer exitosamente a las fuerzas militares de Estados Unidos, Él se retiró hacia la Ciudad de México, donde murió a la edad de 70 años. Su resistencia al poder y abuso de los angloamericanos del Río Bravo, representa una página heroica en la Historia Mexicana, aunque desconocida para la mayoría.

También es un poco conocido que tan tarde como en 1915, la resistencia mexicana a la arrogancia del gringo fue tomando la misma forma que la que Juan Cortina había prescrito. En ese año, otro manifiesto fue creado, identificado como el Plan de San Diego y fue firmado llamando a los mexicanos, indios y negros del sudoeste de Estados Unidos para sublevarse violentamente expulsar a los gringos. "La arrogancia yanqui ha alcanzado su límite, no está contenta con su diario linchamiento de hombres, ahora busca linchar a un pueblo entero, a toda una raza, a un continente completo; y esto es en contra de esta arrogancia, que nosotros debemos unir." Dice el documento. (16)

El plan fue presuntamente escrito en el pueblo de San Diego, Texas, pero más tarde se probó que había sido escrito en una cárcel, en Monterrey, Nuevo León. El autor del manifiesto llamado "Ejército Liberador de Razas y Pueblos" por un compuesto de mexicanos-americanos, africanos-americanos, y japoneses, violentamente reclaman los estados de Texas, Nuevo México, Arizona, California y Colorado, para ser regresados a los Estados Unidos de México. El plan llamó por la ejecución de todos los hombres blancos de más de 16 años.

El documento declaró que una revolución violenta debería comenzar en febrero 20 de 1915, pero en enero 24, Basilio Ramos Jr. Fue arrestado en McAllen, Texas y la policía encontró una copia del manifiesto en su posesión.

Cuando pasó el 20 de febrero sin alguna señal de violencia, Las autoridades de Estados Unidos, creyeron que el manifiesto fue el trabajo de una persona, o de un pequeño grupo de radicales sin ningún poder, u organización que lleve a cabo sus términos. Sin embargo en esa fecha, un segundo manifiesto, apareció, haciendo un llamado a los indios americanos, a unirse a la batalla contra los invasores gringos. El mensaje llegó a las autoridades de Estados Unidos, pero fue en general se creyó que fue un sueño revolucionario que no tiene fondo para temer.

No obstante, en julio de 1915, el Plan de San Diego tomó su primera forma violenta como ataque en lo bajo del valle del Río Grande, la fuerza atacante estaba ligada al General Venustiano Carranza y dos residentes texanos que simpatizaban con él, Aniceto Pizaña y Luis de la Rosa, los ataques fueron generalmente diseñados para interrumpir la transportación y cortar los cables telegráficos, mientras al mismo tiempo se mataban gringos. Varios ataques llegaron del lado de la frontera de México, mientras otros se originaron en los Estados Unidos, Se creyó que estos ataques fueron orquestados por Pizaña y Dela Rosa, quienes fueron bien conocidos como insurgentes. Aunque la reacción fue mucho más sangrienta que los ataques por sí mismos. Los agentes del orden público respondieron masacrando a muchos mexicanos, que el número de los mismos permanece desconocida hasta estos días. Un libro estableció que ahí fue una "temporada abierta... sobre cualquier mexicano atrapado en el exterior, armado, o sin una excusa verificable por sus actividades." (17)

Carranza y sus oficiales fueron los primeros sospechosos en apoyar el movimiento del Plan de San Diego, eso se fue convirtiendo en algo serio para las fuerzas militares de los Estados Unidos, mismas que se fueron incrementando a lo largo de la frontera. Cuando Carranza se convirtió en Presidente de México en 1915, los ataques por las fuerzas del Plan de San Diego, repentinamente se detuvieron.

Muchos libros de historia de los Estados Unidos y de México aseguran que el ataque de 1916 en Columbus, Nuevo México, por el Ejército de Pancho Villa, fue el primer ataque extranjero en tierras de Estados Unidos, esto obviamente no es verdad. El principal propósito de los ataques del Plan de San Diego fue interrumpir la vital transportación y elementos de comunicación en los Estados Unidos, pero ellos reclamaron un total de 21 vidas americanas. El ataque de Villa en Columbus mató 18 americanos.

Cuando el General de los Estados Unidos John J. Pershing guió una expedición militar a México, después del asalto de Villa, El Presidente Carranza les pidió que dejaran México y que cruzaran la frontera. Su solicitud fue ignorada y en mayo de 1916, los asaltos por las fuerzas del Plan de San Diego comenzaron nuevamente. Algunos líderes militares mexicanos estuvieron considerando la combinación de sus atacantes y del ejército, para planear un ataque en Laredo, Texas, pero en junio de 1916, los desacuerdos entre las naciones fueron resueltos a través de medios diplomáticos y los ataques del Plan de San Diego nuevamente ceso.

Si los ataques del Plan de San Diego, hubieran sido pequeños, las consecuencias fueran espantosas. Abiertas hostilidades hicieron erupción entre mexicanos y anglosajones en el sur de Texas, y más de 300 mexicanos, extranjeros y nacionales fueron ejecutados. (18)

El sufrimiento infligido sobre el pueblo de México durante la invasión y ocupación de fuerzas americanas fue revivido una y otra vez ya que el poder militar de los Estados Unidos continuó ignorando la ley y los más básicos conceptos de humanidad. La larga historia de discriminación en América incluye el confinamiento forzado de inocentes. Los indios americanos fueron forzados en reservaciones federales, a menudo lejanas de sus nativas tierras; no se les fue permitido pasar las fronteras de la reservación y se hizo todo tipo de esfuerzos para destruir su lenguaje y cultura para futuras generaciones. Años después pasaría lo mismo a los ciudadanos americanos descendientes de japoneses.

Los japoneses-americanos, 120,000 de ellos fueron forzados a permanecer en campos de concentración durante la Segunda Guerra Mundial, bajo la premisa de que ellos fueron una amenaza potencial para la seguridad de los Estados Unidos. Pocos americanos saben que 11,000 germano-americanos también fueron internados en campos durante la guerra. Una vez que la Guerra había terminado y los japoneses-americanos fueron libres, ellos descubrieron que muchas de sus propiedades personales habían sido robadas, o dañadas mientras estaban en almacenes del gobierno. Muchos encontraron imposible el regreso a su anterior vida, y muchos regresaron a Japón. Un porcentaje significante de las familias de los japoneses perdió sus tierras, o les fueron quitadas por la ley de 1910, de California, que prohibía a los extranjeros tener propiedades. El Gobierno ofreció un programa para recuperar las pérdidas, pero cuando 25,568 reclamos fueron archivados, por un total de $148 millones de dólares, sólo $36 millones fueron aprobados. (19)

Lo que la historia de la discriminación americana nos ha enseñado, es que, haber nacido en los Estados Unidos no es suficiente. Uno debe de haber nacido con piel blanca, ser un ciudadano elegible para tener todos los derechos y aceptación. Por décadas, muchos seminarios protestantes en los Estados Unidos, enseñaron que de una persona de piel obscura, los obscuros eran sus pecados. Los negros por supuesto tiene los pecados más graves, por su piel obscura; pero los mexicanos no fueron la excepción, y su tono de piel traiciona sus almas pecaminosas.

Muchos creen que el Ku Klux Klan (KKK) fue una organización que persiguió negros en la primera mitad del Siglo XX, eso no es verdad, los grupos del KKK existen ahora, así como el Ciudadano Soberano, una organización de odio, que copia mucho de la filosofía del KKK. Se sabe que existen grupos del KKK en siete grandes ciudades en Iowa y grupos escindidos funcionan como iglesias, enseñando las mismas lecciones como fueron escuchadas en los primeros días de la Alemania Nazi.

El incondicional protestantismo de América, que algunas veces cae en el fanatismo fue en un inicio, un apoyador en el crecimiento de Adolfo Hitler. Como un mero político promoviendo una causa en Alemania, fue visto muy a menudo saliendo de una iglesia católica o luterana, con su biblia en la mano. Esto significó para los bautistas, presbiterianos, metodistas, etc., que iba a haber un despertar espiritual en Europa, y él fue elogiado en muchas de las publicaciones religiosas de aquel tiempo. Después de todo, Hitler había prohibido a las mujeres alemanas que fumaran, o usaran lápiz labial en público. John Bradbury, un ministro de Boston, dijo sobre su viaje a Berlín, "Fue un gran alivio estar en un país donde la literatura lasciva no se puede vender; donde putrefactas películas en movimiento y films de mafiosos no pueden exhibirse." Al mismo tiempo, el pastor bautista, Paul Scmidth fue insistente en su creencia de que Jesús apoyo el curso de la naturaleza que demandó razas más fuertes par que fueron amos de los más débiles.

M. E. Dodd, Presidente de la Southern Baptist Convention, la más grande organización protestante en América, dijo en 1935, que nadie podría culpar a los judíos por su inteligencia y fuerza, pero: "...ellos podrían ser culpados por usar esas características para obtener posiciones de influencia por un auto-engrandecimiento por las heridas que recibieron del pueblo alemán." (20)

Bernard Rust, Ministro de Ciencia, Educación y Cultura Nacional para el Tercer Reich, "Si alguien puede reclamar la ayuda de Dios, ese es Hitler, porque sin la mano de Dios paternal benevolente, sin su bendición, la nación no estaría de pie hoy, es un milagro increíble que Dios ha conferido sobre nuestro pueblo." (21)

Cuando fue obvio que los proyectos de Hitler fueron algo menos que cristianismo, Bautista de Alabama expresó que: "El cristianismo evangélico trasciende todos los sistemas políticos y sociales... En tanto que los gobiernos, incluso gobiernos fascistas, no interfieran con la salvación del alma, estos pueden ser tolerados." (22)

Hermann Goering, ayudó a convencer a muchos de que el Tercer Reich fue fundado sobre principios cristianos. " Dios dio la salvación al pueblo alemán. Nosotros tenemos fe, una fe profunda e incuestionable, que él (Hitler) ha enviado a nosotros por Dios, para salvar a Alemania... ¿Cómo daré la frase, Oh mi Führer, qué está en nuestros corazones? ¿Cómo encontraré palabras para expresar tus hazañas?, ¿Ha habido siempre un mortal tan amado como tú, mi Fhürer? ¿Fue siempre creído tan fuerte como la creencia en tu misión? Tú fuiste enviado a nosotros por Dios para Alemania." (23)

El autor Franklin H. Littell preguntó: "Para los que profesan el cristianismo, de todas las preguntas que surgen del estudio del Tercer Reich y del Holocausto, las más terribles son éstas: ¿Qué están haciendo las iglesias?; ¿Cómo podrían esta clase de crímenes monstruosos ser cometidos en el corazón de la cristiandad por católicos romanos bautizados, protestantes y ortodoxos del Este, quienes nunca fueron amonestados, mucho menos excomulgados?; ¿Dónde estuvieron los cristianos?" (24)

Distinto a los protestantes americanos, El Vaticano fue situado en el corazón de la confusión de la Segunda Guerra Mundial, Michael Marrus explica eso, "El Cardenal, Secretario de Estado bajo el papado de Pio XI, después, en tiempo de guerra se convirtió en Papa. Pacelli ejemplificó un profundo compromiso hacia la misión espiritual y pastoral de la Santa Sede. Él vio su rol evadiendo la asociación con bloques de poder y forjando ligas diplomáticas con regímenes conservadores, incluso fascistas. Como el fascismo extendió sus influencias en Europa durante la década de 1930, El Vaticano permaneció distante, ocasionalmente desafiando la ideología fascista cuando ésta tocaba asuntos importantes de la doctrina católica o de la posición legal de la Iglesia, pero renuente a interferir con lo que se consideró asuntos de preocupación meramente secular. Más allá de esto, el Vaticano encontró que la mayoría de los aspectos agradables de los regímenes del ala derecha, aceptaban el patrocinio de la Iglesia, su desafío hacia el marxismo y su lucha frecuente de una visión social conservadora." (25)

El Papa Pio XII mantuvo en El Vaticano la histórica posición de neutralidad durante la Guerra, pero fue un lugar de temor cotidiano. Una vez que Alemania había ocupado Italia, estuvo presente el miedo de que en cualquier momento la Gestapo pudiera entrar, arrestar al Papa y a destacados Cardenales. Se tenía el temor de que sí Alemania era derrotada, los bolcheviques de Rusia podían ocupar el área. El gran destino de la Iglesia, dependía de los eventos de cada día y en ese punto tenía que haber un delicado sentido de la diplomacia, que más tarde traería inesperadas críticas a la Iglesia.

El ganador del Premio Nobel, Albert Camus expresó: "Por mucho tiempo, durante esos años espantosos, esperé para que alguien elevara la voz en Roma. ¿Yo, el incrédulo? Precisamente. Porque sabía que el espíritu se perdería si no pronuncio un grito de condena cuando enfrenté con fuerza. Parece que esa voz habló más fuerte. Pero te aseguro que millones de hombres como yo, no la oyen, y que en ese momento, creyentes y no creyentes por igual, comparten una soledad que siguió extendiéndose como los días que se fueron y los verdugos que se multiplicaron... lo que el mundo espera de los cristianos, es que los cristianos deben hablar alto y claro, y que deben expresar su condena de tal manera que nunca una duda, nunca la más mínima duda debe crecer en el corazón del hombre más simple. De que ellos deberían alejarse de la abstracción y confrontar la cara de la ensangrentada historia que empezó hoy. (26)

En muchos casos, los sacerdotes rehusaron seguir la pasiva actitud del Papa y trabajaron incansablemente contra la corriente del fascismo. El Nuncio Andreia Cassulo, Arzobispo y nuncio (enviado) a Rumanía, tomó ventaja de la protección que se les dio a los católicos por bautizar judíos. El Gobierno de Budapest finalmente pasó una ley contra la práctica, pero él demostró el coraje para protestar contra el Gobierno Fascista y trabajar en beneficio de los judíos.

Giuseppe Burzio, Delegado Apostólico para Eslovaquia, aparentemente trató de intervenir en representación de los judíos, como se indicq en su reporte al Papa Pio XII. "Desde mayo (1941) hubo una plática sobre inminentes y serias medidas que se tomarían contra los judíos; incluyendo la prohibición del matrimonio entre judíos y arios. Como tuve el honor de reportar en mi reporte No. 371 del 19 de mayo de 1941, en ese entonces fui a ver al Presidente de la República acerca de la materia y recibí proposiciones de seguridad, las cuales no encontré convincentes."

Uno de los puntos más fuertes de crítica hacia el Papa, es que el falló en dar una definida posición oficial en relación al crecimiento y peligro del fascismo, pero permitió a cada sacerdote, monja, obispo, arzobispo, tomar cualquier camino que ellos eligieran.

Yad Vashem, es el centro para investigación sobre el Holocausto que registra escritos y verifica historias del tiempo de la persecución de los judíos en la Segunda Guerra Mundial. La hermana Agnes Walsh, una monja de las Hijas de la Caridad, fue directamente responsable por esconder a una familia de judíos en Francia durante los días más peligrosas del conflicto.

También reconoció que es Fray Jacques de Jesús, un Carmelita francés, quien fue el director del Petit Collège Sainte-Thérèse de l'Enfant-Jésus, que usó su posición para esconder a jóvenes judíos en la escuela hasta que fue capturado por la Gestapo y envía al campo de la muerte de Mauthausen. Fue liberado en 1944, pero murió pronto de tuberculosis que contrajo por la vida de privaciones y malnutrición severa de los campos. Todos los jóvenes que él trató de salvar fueron enviados a Auschwitz, donde todos ellos murieron.

Bernhard Lichtenberg fue un cura católico alemán arrestado por la Gestapo, porque insistió en terminar las misas con oraciones por los judíos y por enseñar a su congregación que Dios tenía un propósito para ellos, que amaran a sus hermanos. Él murió mientras era transportado a un campo de concentración.

Los críticos raramente mencionan al Arzobispo Giovanni Ferrofino, asignado como diplomático, quien actuaba a las órdenes del Papa Pio XII, convenció al Presidente de Portugal para que diera visas a los judíos esperando escapar de la Alemania Nazi. Él después viajó a la República Dominicana donde recibió 800 visas dos veces por año, para que judíos buscaran refugio en el Caribe. Se enviaron mensajes en código del Papa y le fue dada cooperación del Dictador dominicano Rafael Trujillo. Se estima que unos 10,000 judíos fueron salvados por este proyecto, que después se instaló en los Estados Unidos, Canadá y México.

La Madre Riccarda Beauchamp Hambrough, una monja Bridgettine es condecorada por sus valientes esfuerzos durante la Guerra. Cuando el Papa envió una orden secreta para los conventos, monasterios y claustros, para ocultar judíos de los nazis; ella preparó, la Casa de Santa Brígida, en la histórica Piazza Farnese, para recibir a 60 hombres, mujeres y niños que estuvieron buscando refugio. Años después, los judíos rescatados, hablarían de su valentía y compasión y se refería a ella como "Mama."

Uno no puede olvidar a Stanisława Leszczyńska, que trabajó en el campo de concentración de Auschwitz, ayudando al nacimiento de 3000 bebés en sólo dos años. Sólo la mitad de los bebés sobrevivieron, el resto fueron ahogados en barriles de agua y otro murió de hipotermia, o no fue alimentado hasta que murió. Cuando le ordenaron que asistiera en el proyecto para matar a los bebés, Leszczynska rehusó y retó la autoridad del Dr. Joseph Mengele, cara a cara; él estuvo furioso y grito: "Befehl ist befehl!" (Una orden es una orden), pero ella continuó rehusándose. Después de esto, ningún otro bebé o madre murió mientras ella estuvo a cargo."(27)

El Departamento de Estado de los Estados Unidos fue duramente criticado por El Vaticano en un reporte de 1947 que fue clasificado hasta 1984. Se lee: "El Vaticano, el cual mantuvo una visita ´apostólica´ en Zagreb, de junio de 1941 y hasta el final de la Guerra, estuvo al tanto de la campaña de muerte... las autoridades católicas croatas, condenaron las atrocidades cometidas por el Ustashi, pero de otra manera permaneció solidario al régimen... El Vaticano... es la única y más grande organización envuelta en el movimiento ilegal de migrantes... la justificación... por su participación en este tráfico ilegal, es simplemente la propagación de la Fe. Es un deseo del Vaticano asistir a cualquier persona, independientemente de... creencias políticas, siempre y cuando esa persona pueda probarse a sí misma ser católica...en esos países latinoamericanos, donde la Iglesia es un factor controlador y dominante, El Vaticano ha traído presión para soportar a los que han resultado en los... países tomando una actitud, casi a favor de la entrada a su país de ex nazis y ex fascistas... siempre que estos son anti-comunistas." (28)

En realidad, el Departamento de Estado tuvo una pequeña justificación en su crítica, puesto que una impresionante lista de americanos había apoyado abiertamente a Adolfo Hitler. Allen Dulles, quien más tarde sería director de la CIA, pensó que Hitler sería el salvador de Europa. Allen y su hermano John Foster fueron los primeros criminales en los movimientos clandestinos en Latinoamérica que derrocaron a los gobiernos democráticos y trajeron el sufrimiento a un incontable número de personas. Incluso el Director de la Suprema Corte de Justicia, Arthur Goldberg dijo una vez: "Los hermanos Dulles fueron traidores" James Jesus Angleton, Director de Contrainteligencia en la Agencia Central de Inteligencia dijo que su posición le fue dada, después de prometer a Allen Dulles no ordenar que a 60 conspiradores y socios de Dulles, en crímenes, pasar la prueba del polígrafo, donde se les cuestionaría acerca de su asociación con la Alemania Nazi." (29)

Andrew Mellon, quien se convertiría en el Secretario del Tesoro, abiertamente elogió al dictador italiano Benito Mussolini, la habilidad de convertir los sueños en realidades. El dirigente de Italia, nombrado así, por Benito Juárez, fue un administrador inepto y menos que un líder militar. Su gobierno duró 21 años, pero fue asegurado pos los fuertes lazos con la Alemania Nazi.

Joseph Kennedy, padre de John F. y Bobby Kennedy, una vez que conoció al embajador alemán, quien dijo posteriormente: "No fue tanto el hecho que quisimos deshacernos de los judíos que fue tan perjudicial para nosotros, más bien el ruidoso clamor con el cual acompañamos este propósito. (Kennedy)él mismo entendió completamente nuestra política judía." (29) Kennedy había sabido por su oposición a las influencias judías en negocios y en el gobierno, y tenía fuertes sentimientos con respecto al fascismo en Europa.

Charles Lindbergh, el héroe nacional que en 1927 fue la primera persona en volar atravesando el Océano Atlántico, fue un devoto partidario de Hitler. Él fundó la primera organización americana que tuvo cinco millones de miembros creyendo que Hitler sería la respuesta a los agobiantes problemas en Europa.

"William Randolph Hearst es conocido como uno de los más grandes magnates de los medios de todos los tiempos. Durante los años de la década de 1930, él trabajó con el Partido Nazi, para ayudar a promover una imagen positiva de este partido en los medios americanos. Él también recibió préstamos de los banqueros italianos fascistas durante este tiempo. Las acciones de Hearst fueron un importante elemento en dar forma al sentimiento americano, acerca de no caer envueltos en la situación política de Europa, como muchos americanos fuero guiados a creer de que no había nada terriblemente erróneo pasando en Europa, incluso, después de que la Guerra comenzó, algunos americanos continuaron apoyando al régimen Nazi, basados en la propaganda que ellos habían estado mostrando a través de los medios de Hearst." (30)

Prescott Bush, abuelo de George W. Bush tuvo una fuerte y duradera alianza con Adolfo Hitler y tal vez fundó el tipo de relaciones familiares, que más tarde encontró al clan Bush, firmemente conectado con la familia Bin Laden.

Grrandes corporaciones también jugaron su rol en la construcción del Imperio Nazi. Dupont, General Motors, Coca Cola, Exxon, Ford, ITT, National City Bank, General Electric e IBM; todos fueron participantes en ayudar a Hitler en su crecimiento en el poder y en su permanencia en él. Fue el tiempo en que las grandes corporaciones aprendieron que no tenían que jugar por las reglas, y después ellos hicieron las reglas. IBM usó su primer sistema de computadora para ayudar a Alemania a guardar los records de la población en sus campos de concentración.

Uno, no oye mucha información negativa acerca de la influencia de grandes corporaciones, porque los medios son también propiedad de ellos. Ellos controlan los puntos de vista políticos que se oyen en la radio, las tendencias de los artículos en los periódicos, lo que es dicho y visto en la televisión, lo que las cintas cinematográficas hicieron y distribuyeron y cuánto costará para usted ser así controlado. En 1983, cincuenta corporaciones eran dueñas de casi todos los medios noticiosos en los Estados Unidos, hoy los medios de noticieros son propiedad de 6 corporaciones.

La condición económica de una nación, es evaluada en gran parte, por su producción nacional bruta. Las instituciones financieras de Goldman Sachs, Morgan Stanley, JPMorgan Chase, Citigroup, Bank of America y Wells Fargo, dirigieron mal sus propios asuntos financieros, que el gobierno les prestó 5 trillones de dólares para permaneces en los negocios. Estas corporaciones quieren que sus objetivos de crecimiento sean apoyados por políticos, que pueden ayudar pasando leyes en su favor. Consecuentemente, ellos hacen grandes donaciones a campañas, y en la historia de los Estados Unidos, el candidato que recibe la mayor parte de las donaciones, gana la presidencia.

Ocasionalmente, a pesar del poder opositor de las corporaciones mediáticas, alguien se atreve a decir la verdad. Dylan Ratigan, decidió dejar su empleo como anfitrión de un programa de noticias de televisión, y antes de dejarlo dijo a su audiencia que: "el más grande donante para la campaña presidencial de Barack Obama es

Goldman Sachs. Las primeras actividades de este presidente relativas a los bancos, habían sido para proteger el más lucrativo aspecto de ese negocio, el cual es el mercado negro para el intercambio de créditos incumplidos y cosas similares. Esa ha sido la agenda explícita del Secretario del Tesoro. Este presidente está proponiendo acuerdos de comercio que permiten mejorar el secreto bancario en Panamá, mejorar el asesinato de miembros de sindicatos de Colombia y reintegrando a esclavos norcoreanos." (31)

Lázaro Cárdenas entendió el peligro de que grandes corporaciones entraran a México y de poner los ferrocarriles de la nación en manos del pueblo y nacionalizó su industria petrolera. La expropiación del petróleo de México terminó con la influencia de algunas grandes corporaciones como: "Compañía Mexicana de Petróleo El Águila que fue en realidad propiedad de London Trust Oil-Shell company, Mexican Petroleum Company of California, que ahora es Chevron-Texaco, la segunda más grande compañía de petróleo en el mundo; Huasteca Petroleum Company, Tamiahua Petroleum Company, Tuxpan Petroleum Company, todas también propiedad de lo que hoy es Chevron-Texaco; Pierce Oil Company, adquiridos por Standard Oil Company, que en la actualidad es conocida como: Exxon-Mobil, la más grande compañía de petróleo en el mundo; Californian Standard Oil Co. de México; Compañía Petrolera Agwi, SA., Penn Mex Fuel Oil Company, ahora Penzoil; Stanford y Compañía Sucrs. Richmond Petroleum Company of Mexico, ahora conocidas como ARCO; Compañía Exploradora de Petróleo La Imperial S.A., Compañía de Gas y Combustible Imperio y Empresas; Mexican Sinclair Petroleum Corporation, más tarde conocida como: Sinclair Oil; Consolidated Oil Companies of Mexico S.A., Sabalo Transportation Company y the Mexican Gulf Petroleum Company que se convirtió en el gigante del petróleo del Golfo.

Greg Grandin nos dijo en su libro Empire's Workshop: Latinoamérica, los Estados Unidos y el Crecimiento de un Nuevo Imperialismo, "Por su parte, las corporaciones americanas y las dinastías financieras llegaron a dominar las economías de: México, El Caribe y Centroamérica, también como grandes partes de Sudamérica, realizando aprendizajes ellos mismos en sus expansiones en el exterior, antes de que lo dirigieran en otro lugar, hacia África, Asia y Europa."

Un Walmart puede cerrar veinte tiendas de un vecindario. Un McDonald´s puede cerrar una docena de puestos de hamburguesas en las esquinas. Las películas americanas, eventualmente finalizaron la época de oro del cine mexicano. Tratados internacionales como NAFTA y CAFTA abrieron la puerta para todavía más participación corporativa en la economía nacional que trajeron resultados negativos. Granjas corporativas en los Estados Unidos reciben subsidios para producir cultivos y se les permitió exportar productos agrícolas a México. La consecuencia fue que México importa cada hora 1.5 millones de dólares, valor alimento, en esa misma hora, 30 campesinos mexicanos emigran a los Estados Unidos, buscando trabajo. Aunque los gringos están creando el problema en México, los extranjeros mexicanos son cazados y tratados como criminales cuando son capturados en los Estados Unidos. En el nombre del libre comercio internacional, la economía de México es dañada y sus ciudadanos manejan con desesperación hacia el norte para cazar empleos. La historia nos da amplia evidencia de que la estrategia de los Estados Unidos, es colocar sus corporaciones en naciones extranjeras y en cualquier momento de conflicto civil o perturbación, ellos entren con la fuerza militar a proteger sus intereses. Sin embargo, la mayoría de las veces la violencia no es necesaria, las intrigas y lo sombrío de los tratos de las corporaciones conquistan más que las armas y los cañones.

Después que explotó el terror del fascismo, por décadas, los Estados Unidos promovieron el mito de que el comunismo fue una amenaza internacional para todas las naciones y para sus pueblos. Los comunistas fueron descritos como ateos, déspotas y maníacos, con sueños de conquistar el mundo. No fue importante que México tuviera una comunidad comunista activa por muchos años, y la nación nunca fue un peligro para sus filosofías políticas. Diego Rivera y Frida Khalo fueron comunistas devotos. Los

Estados Unidos en realidad crearon el McCarren – Warren Act, que identificaba personas que entraban a Estados Unidos, como siendo simpatizantes comunistas, o no. Más tarde a Carlos Fuentes le fue negada la entrada a los Estados Unidos, porque él fue sospechoso de tener simpatía por el comunismo.

Ahora que la amenaza del comunismo se ha convertido en otro mito; el Gobierno de los Estados Unidos quiere infundir el terror del terrorismo a través del mundo. El sólo terror alienta la inversión federal en defensa y para alimentar al complejo de la industria militar, donde intereses corporativos verdaderamente dictan las funciones del Gobierno. La centralización de la economía ignora las necesidades del ciudadano promedio y la gente se encuentra en una caída profunda en deudas y desesperación.

La nación que fue una vez el hogar del "sueño americano" está ahora en una ruina financiera con muy poca esperanza de recuperarse. Las estadísticas del gobierno son falsificadas a través de manipulaciones, para que los ciudadanos no se enteren de la verdadera condición de su nación. Las cifras de desempleo son reportadas por los medios controlados, sin investigación, simplemente se acetan los números del Departamento del Trabajo. En enero de 2011, la Oficina de Estadísticas del Trabajo indicó que el desempleo en América había caído de 9.4%, a 9.0%, con algunas palabras esperanzadoras relacionadas con signos de recuperación. Lo que no fue revelado, fue, que esos números estuvieron influenciados por los trabajos temporales, disponibles durante las vacaciones de Navidad. Una vez que las vacaciones terminaron, esos trabajadores temporales regresaron a las cifras de desempleo. Lo que no es revelado tampoco, es que si una persona está desempleada por un año, ya no se toma en cuenta para los reportes estadísticos.

"Estadísticas Gubernamentales Ensombrecidas", se describen por sí mismas como: "...un servicio electrónico de boletín informativo, que expone y analiza defectos en los datos económicos del Gobierno actual y reporta también una certeza en los números del sector privado y provee un cálculo por debajo de la economía y de las condiciones financieras, red del mercado financiero y de bombo político." De acuerdo con las estadísticas en la sombra, la verdadera cifra del desempleo para enero de 2011, fue un sorprendente 22.2%, nos dice que uno de cada cinco trabajadores está sin empleo. El número modificado es confirmado por USAWatchdog, bajo el título de: "9% Unemployment Rate is a Statistical Lie." La discrepancia en la tasa de desempleo, es porque no cuenta a los millones de trabajadores desalentados que han salido del sistema de la fuerza de trabajo.

Aunque los republicanos estén de acuerdo, o no, existen suficientes estadísticas para probar que la condición desastrosa de la economía americana puede ser adjudicada a la administración Bush. Durante los últimos cinco años de la Presidencia de Bush, América perdió cerca del 17% de sus empleos de manufactura. Compañías produciendo ropa, aparatos de comunicación, textiles, y conductores electrónicos, perdieron más del 40% de los trabajadores perdieron el empleo y fueron dados a productores extranjeros. Los grandes contratos se fueron a Japón, China, El Salvador, Honduras y México por nombrar algunos, entonces, ¿los trabajadores americanos perdieron su trabajo? La razón para exportar producción es fácil de entender. El Departamento del Trabajo de los Estados Unidos reporta que la compensación del salario de los trabajadores de producción mexicanos, es de $1.50 por hora, comparado con un promedio de $17.74 de los trabajadores estadounidenses. Para muchos mexicanos, los salarios a inicios de 1998 fue de 15 a 25% menos en términos reales que en los inicios de 1994, antes de la devaluación del peso. En otras palabras, las compañías pueden obtener lo mismo, o una producción más alta de los trabajadores mexicanos que ganan un patético 8% de lo que se les paga a los trabajadores americanos, haciendo el mismo trabajo. Aún así, los medios americanos presentan la imagen estadística que les dan las agencias del gobierno, y confían en ellos como si representaran una absoluta verdad.

Los ciudadanos americanos sufren de una anémica provisión de certeras noticias. Durante la Guerra de Irak, las noticias estuvieron saturadas de los arsenales ocultos de Saddam en los desiertos de Irak. La presencia de aquellas armas que existieron sólo en la imaginación de George W. Bush, fue presentada diariamente como la única razón para la invasión a Irak. Ningún periodismo de investigación fue sobre determinar si otra razón podría ser encontrada y otros motivos existen para la invasión ilegal.

Revisando la historia de las actividades de los Estados Unidos en la región del Golfo Pérsico, otra imagen del abuso de América emerge. La Doctrina Carter de 1980, advirtió a otras naciones, especialmente a Rusia, que cualquier intrusión dentro del área del Golfo, sería considerado un ataque sobre los intereses de Estados Unidos y sería contrarrestado con fuerza militar si es necesario. Lo que la administración de Bush probaría, es que ninguna otra nación podría invadir la región, pero los Estados Unidos tienen el "divino" permiso que existió en el tiempo de la expansión hacia el oeste. Después de todo, Bush fue el presidente declarando tener pláticas con Dios.

Años antes, con Ronald Reagan, las bases militares estadounidenses, fueron creadas a lo largo del área del Golfo, con el acuerdo de Irak, Arabia Saudita e Israel. Continuando con la Guerra del Golfo bajo el mandato de Bush Sr. Los Estados Unidos construyeron bases adicionales, que ahora forman un círculo completo alrededor de los terrenos de petróleo del Golfo Pérsico.

Con el colapso de la economía en Rusia, tres hombres, Dick Cheney, Paul Wolfowitz y Colin Powell, crearon un plan para los Estados Unidos, para el control militar del mundo. La idea fue para crear una fuerza militar tan dominante que no pudiera ser retada por ninguna nación, y para hacerse presente a través del mundo. El hecho de que ellos persiguieron ese sueño, es obvio, hoy los Estados Unidos tienen su presencia militar en 150, de las 195 naciones.

Con la elección de Bill Clinton, los tres conspiradores quedaron fuera de su trabajo en Washington, pero continuaron refinando su plan. Con la elección de George W. Bush, Cheney fue nombrado vicepresidente, Colin Powell se convirtió en Secretario de Estado y Wolfowitz fue segundo en el comando del Pentágono. Ningún alineamiento pudo ser mejor. La filial ejecutiva podría ser controlada por Cheney, y Powel podría dictar la política extranjera; Wolfowitz tendría el poder dentro del Pentágono para iniciar cualquier acción requerida. Fue establecido que los Estados Unidos, de pie, listo para invadir cualquier país considerado una amenaza a nuestros intereses económicos. (32)

Es un mérito darse cuenta de la causa para una invasión, necesita que no sean violaciones a los derechos humanos, violaciones de territorio internacional, incluso, conflictos que sancionen las Naciones Unidas. Sólo se necesita ser una "amenaza para nuestros intereses económicos" Eso significa que si una nación nacionaliza una industria en la cual, el poder corporativo de los Estados Unidos tiene un interés, ellos son sujetos de invasión. Si una nación suspende la importación de productos americanos debido a la calidad o al peligro, puede ser invadida. La falta de pago de una deuda a los Estados Unidos, podría esa nación sujetarse a la ocupación por un ejército extranjero.

A pesar de su demostración y amenazas de fuerza, el último hecho es que los Estados Unidos están cayendo económicamente. Las ineptitudes de la Administración Bush sumergieron a los Estados Unidos en la categoría de nación deudora por primera vez en su historia. Con sus recursos financieros gastados en la guerra sin sentido de Irak, fueron tomados préstamos de China para cubrir un billón diarios en gastos en el conflicto. Al mismo tiempo, el promedio de ingreso doméstico ha caído y el desempleo ha crecido, para crear una condición que no tiene otra palabra para describirse que, "depresión."

Paul Craig Roberts, ex asistente del Secretario del Tesoro en la Administración Reagan, analiza la situación como: "El estado de la nación nunca ha sido peor. La Gran Depresión fue un accidente causado por la incompetencia de la Reserva Federal, la cual fue aún nueva en su trabajo. El nuevo trabajo de la depresión americana es el resultado de la ideología del libre comercio. El nuevo trabajo de la depresión es creando un ejército de reserva de desempleados, para servir como reclutas desesperados, para aventuras militares neoconservadoras. Quizá eso explica el entusiasmo de la Administración Bush por la globalización."(33)

Fue el concepto de globalización lo que trajo el NAFTA (Tratado de Libre Comercio de Norteamérica) a Latinoamérica. Esto le permitió a las compañías estadounidenses crear fábricas e instalaciones en México y usar la mano de obra mexicana con salarios mucho más bajos de lo que les fue pagado a los trabajadores norteamericanos. Sin embargo, esto también incrementó el alcance de las importaciones de los Estados Unidos a México. Una vez que el tratado fue firmado, los Estados Unidos comenzaron a subsidiar ciertos productos agrícolas para exportar a México. En el primer año del NAFTA, los Estados Unidos exportaron $4.59 billones de productos agrícolas a México, de acuerdo a los records del Departamento de Agricultura. Al siguiente año, el número se incrementó a 114% y $9.85 billones de dólares. No se dio ninguna protección a los agricultores mexicanos, y el cultivo más común de la nación, el maíz, perdió su valor esperado a $2.6 billones en importaciones del mismo de los Estados Unidos.

En lugar de proveer nuevos trabajos y esperanza a los trabajadores mexicanos, pasó lo contrario. En cinco años México perdió casi un millón de trabajos en el campo y 700,000 trabajos en la industria. Hasta la fecha, se estima que México ha perdido dos millones de empleos relacionados con el campo. Muchos de estos trabajadores desplazados, entraron a los Estados Unidos ilegalmente en busca de trabajo para mantener a sus familias.

Mientras tanto, nunca sería admitido por las autoridades, que esos trabajadores indocumentados son esenciales para la economía norteamericana. Las compañías han aprendido a evitar las multas de las leyes que prohíben contratar trabajadores indocumentados, contratándolos por la tercera parte, por consiguiente, el intermediario se hace responsable de checar sus derechos para legalizar su trabajo en los Estados Unidos. Justo como las grandes compañías abren fábricas en México para bajar el costo de producción, así, ellos emplean a los indocumentados en los Estados Unidos, para alcanzar la misma meta.

Las grandes corporaciones como Walmart, Tyson Foods, the California Landscape Contractors Association, Marriott, the Association of Builders and Contractors and the American Meat Institute, están respaldando a la Essential Worker Immigrations Coalition (EWIC), para permitir la contratación permanente de trabajadores indocumentados.

Si es aprobada, la coalición reduciría el número de redadas conducidas por el Servicio de Inmigración y Naturalización a través de toda la nación. La detención de muchos de los trabajadores indocumentados, se ha estado haciendo con violaciones a los derechos humanos. Inclusive reportes del Inspector General del Homeland Security Department admite de las pobres condiciones de los centros de detención y de las violaciones de estándares federales en salud y seguridad.

Aquellos que cruzan la frontera para experimentar el "sueño americano", rápido aprenden acerca de la pesadilla. Dos o tres familias amontonadas en un sencillo apartamento, porque la renta es alta y debe ser compartida. El promedio de una renta en Manhattan, Nueva York por un departamento de dos recámaras es de $5,882.00 dólares por mes, o ($82, 084.69 pesos mexicanos), en el momento de este escrito. (34) La vida es más barata en Los Ángeles, pero el desempleo se posiciona al 11% y todavía un departamento de una recámara se renta en un promedio de $1,383.00 dólares ($19,300.00 pesos mexicanos); el promedio de renta de uno de dos recámaras es de $1,863.00 dólares ($26,000.00 pesos mexicanos),la gasolina actualmente tiene un costo de $3.25 dólares por galón, y si conviertes los pesos a dólares, el equivalente del precio del galón de gasolina en México tiene un costo de $2.87 dólares. La leche es más cara que la gasolina, tiene un costo de $5.20 dólares el galón. Hay por supuesto, como ejemplo en California, impuestos para pagar como impuestos federales por ingreso, impuesto sobre la propiedad, impuesto sobre ventas municipales, impuestos sobre ventas del país, impuestos sobre ventas del estado, impuesto sobre licencia de vehículo, etc.

Para demostrar los precios excesivos por comida en Los Ángeles, convertiré los precios en pesos al actual tipo de cambio de $14.16 pesos por dólar. Un par de jeans costarían entre $708.00 y 9,200.00 pesos, dependiendo de la marca; el corte de cabello para un hombre costaría entre $140.00 y $210.00 pesos.

El trabajador indocumentado llega a un lugar extraño, sin entender el lenguaje o cultura, aceptaré un empleo de bajo salario y aún necesita sobrevivir con los precios excesivos de la mayoría de los productos en California. Otros estados pueden ser más baratos para vivir, pero tienen menos oportunidades de empleos, o menos mexicanos con quienes comunicarse y obtener asistencia. Hay un constante temor de ser detenido por la policía y de ser cuestionado por documentos. Si se es capturado existe el temor al abuso y a la tortura, Cuando 12,000 trabajadores indocumentados fueron deportados a México y se les preguntó sobre el tratamiento que recibieron por las autoridades, el 24% dijo que se les había negado comida; el 7% dijo que se les había negado agua. De los 433 que necesitaron asistencia médica, sólo el 14% la recibió. Fueron forzados a estar de pie por largos periodos de tiempo, en posiciones dolorosas sin ninguna razón aparente, simbolizando una forma de tortura.

Prevaleció la actitud de superioridad. La idea de tener el derecho de imponer su voluntad sobre otros aún vive dentro de sus almas. La creencia de que ellos poseen la licencia para atacar a cualquiera que amenace sus intereses, habla más de la ignorancia colectiva que del poder. Pero esto es América, esto es el "Sueño Americano."

En Waco, Texas, en marzo 31 de 2005, el Presidente George W. Bush, Vicente Fox y el Primer Ministro Paul Martin de Canadá formaron un acuerdo llamado el Security and Prosperity Partnership (SPP). El acuerdo proporcionó una fuerza militarizada tri-nacional de seguridad a la patria. El acuerdo fue extraño para los estándares internacionales, porque fue verbal. No se puso nada por escrito, quizá para evitar informar al Congreso sobre esto. El tratado proveyó modernización del equipo y la adopción de nueva tecnología, para las acciones fronterizas, militares y entrenamiento policíaco; todo bajo el auspicio de los programas antiterroristas. Más tarde este tratado permitió a los Estados Unidos presionar a México para militarizar la frontera sur.

Stephen Lendman escribe en este artículo: "La militarización y anexión de Norteamérica," que "Elementos militares estadounidenses ya operan dentro de México y la DEA y el FBI han iniciado programas de entrenamiento para el Ejército Mexicano (ahora envuelto en la guerra contra las drogas), federal y la policía estatal, y unidades de inteligencia."

Él también declaró que un informe por escrito del Pentágono dió a entender de una invasión estadounidense si el país se desestabiliza, o el gobierno enfrenta la amenaza de ser derrocado por un "caos económico y social generalizado" eso arriesgaría las inversiones de Estados Unidos, el acceso al petróleo, el comercio en general y crearía gran número de inmigrantes rumbo al norte.

La rama de acción del acuerdo es el North American Competitiveness Council (NACC), compuesto de representantes de 30 grandes industrias tales como: General Electric, Ford Motor Company, General Motors, Wal-Mart, Lockheed-Martin, Merck, and Chevron.

La Agencia de NACC es alarmantemente obvia y centrada en la prosperidad de los Estados Unidos. Su declaración política incluye: "la prosperidad de los Estados Unidos confía fuertemente en un suministro de energía importada" Bajo la apariencia de "seguridad de energía", la NACC anima a México para que permita la privatización de PEMEX. Quizá los primeros pasos han sido tomados desde enero de 2008; PEMEX aprobó un contrato de $683 millones de dólares con Halliburton (la compañía que tiene al ex vicepresidente Dick Cheney como oficial de alta clasificación)para taladrar 58 nuevos pozos de prueba en Chiapas y Tabasco, para después mantener los oleoductos.

Durante la Administración de Vicente Fox y Felipe Calderón, Halliburton recibió $2,000,000,000 de dólares en contratos de operación, el alcance de la relación Halliburton con México causó que Connie Fogal del Canadian Action Party advirtiera, "La SPP es la hostil adquisición del aparato del gobierno democrático... un Golpe de Estado sobre operaciones del Gobierno de Canadá, Estados Unidos y México" (35)

Para los inmigrantes mexicanos en los Estados Unidos es aún peor. Jacqueline Stevens reporta en su artículo: "Cortes secretas explotan a los inmigrantes" que "Agentes del US Immigration and Customs Enforcement (ICE), están agarrando miles de residentes de Estados Unidos que no están en la lista, sin marcas, oficinas clandestinas y deportando decenas de miles en audiencias secretas de la corte."

Ella citó a James Pendergraph, ex director ejecutivo de Immigration and Customs Enforcement's Office of State and Local Coordination, diciendo: "Si tu no tienes suficiente evidencia para acusar a alguien criminalmente, pero piensas que es ilegal, podemos hacerlo desaparecer." (36)

Los emigrantes son confinados en una intrincada red de trescientos centros de detención dispersos alrededor de los Estados Unidos. U.S. Immigration and Customs Enforcement, opera 186 cárceles secretas que están sobrepobladas con inmigrantes a quienes se les niega la ducha, agua, correo, camas, jabón o cepillos de dientes, o el contacto con un abogado como lo requiere la ley. Si un abogado localiza a su cliente en esta masa de centros de confinamiento, el prisionero puede ser transportado en la noche a otra ubicación y todos sus records se "pierden."Algunas veces los detenidos experimentan múltiples traslados para hacer que su localización sea casi imposible.

Una cita de Stephens de un abogado de inmigración dice: "Los traslados son devastadores, absolutamente devastadores (los detenidos) son cargados dentro de un aeroplano en medio de la noche. Ellos no tienen idea de dónde están, no tienen idea de en que (USA) están. No puedo sobre enfatizar el trauma psicológico de estas personas. ¿Qué se hace con los miembros de su familia ya que tampoco se puede capturar a todos? Yo he tomado llamadas de miembros de familias seriamente histéricas – gente increíblemente traumatizada – sollozando en el teléfono, llorando, ´¡No sé dónde está mi hijo, o mi esposo!´"

Ella detalla las intromisiones y suplantaciones usadas por el Gobierno. "Agentes ICE regularmente suplantan a civiles – inspectores de Occupational Safety and Health Administration (OSHA), agents de seguros, trabajadores religiosos – en orden de arrestar a residentes de Estados Unidos que no tienen historia criminal por largo tiempo. Guatemaltecos en el área de Boston han visto espías infiltrados en las fábricas, camiones con las ventanas ahumadas se llevan a compañeros de trabajo no identificados, y hombres con armas agarrando a sus vecinos. Durante el verano de 2009, una mujer llegó a la oficina de Marina Lowe, un abogado de la American Civil Liberties Union (ACLU), en Salt Lake City diciendo, que ella creía que los agentes del ICE, vestidos como misioneros mormones habían estado en su casa. Un cliente de Lowes notificó que los misioneros carecían de las credenciales con su nombre, tal como ella lo había visto que otros misioneros usaban. Y se habían comportado de otra forma, inconsistente al protocolo misionero, inclusive, entrando a su hogar cuando su marido estaba ausente. Después ella confirmó que él vivía ahí, ellos se fueron. Al día siguiente, los agentes ICE llegaron y arrestaron a su esposo. En respuesta a la pregunta acerca de si esto fue consistente con la política del Gobierno para los agentes ICE para hacerse pasar por trabajadores religiosos, un e-mail anónimo de ICE explicó que la imitación de oficiales religiosos es parte de "operaciones trampa" y justifica esto como una "herramienta que mejora la seguridad del oficial." (37)

Para entender mejor que grado de gobierno de los Estados Unidos se fortalece, como en 2009, se propuso expandir su vigilancia de las comunicaciones electrónicas personales. Esto incluye vigilancia de mensajes de internet y da al presidente el poder para "declarar una emergencia de seguridad cibernética" y cerrar todos los servicios de internet que él elija. El Proyecto comenzó con la Administración Bush cuando la vigilancia tecnológica fue desarrollada y eventualmente aplicada al primer proveedor de servicio de internet. La tecnología permitió que el Gobierno escuchara a escondidas en todos los mensajes domésticos o internacionales moviéndose sobre las líneas de internet. El sistema tuvo la habilidad de automáticamente detectar las palabras claves terroristas como: "bomba", "rebelde" o "granada"

Recuerden la estipulación de la International Criminal Court, ¿los Estados Unidos quisieron que se les diera inmunidad a sus soldados? Este programa contiene el "privilegio de los secretos de estado", que previene a los ciudadanos para que se tomen acciones legales en contra del gobierno, por espiarlos ilegalmente. George W. Bush fue muy lejos al obtener completa inmunidad del gobierno, en casos de espionaje ilegal, aún si la vigilancia viola las leyes federales.

En los Estados Unidos, muchas compañías, están copiando al gobierno, y monitoreando los correos electrónicos de los trabajadores, escuchan las llamadas telefónicas, checan su acceso al internet y usan cámaras ocultas. Millones de trabajadores han estado utilizando teléfonos celulares de la compañía, equipados con un sistema de posicionamiento global, que revelaría la ubicación del empleado en cualquier hora del día o de la noche.

Varias compañías proveen computadoras laptop a sus empleados y les permiten usarlas para negocios y asuntos personales. Sin embargo, a ellos se les requiere regularmente, llevar la laptop a los técnicos de la compañía para su mantenimiento, o reparación. Es durante esta inspección que la compañía puede entrar a los correos electrónicos privados, ver fotografías o records financieros. La mayoría de las laptops también tienen un sistema de cámara web incluida que se puede activar sin conocimiento del empleado y proveer vigilancia dentro del hogar de los trabajadores.

Un distrito escolar cerca de Philadelphia les facilitó laptops a los estudiantes y usó un software especial para espiarlos en sus horas libres. Las computadoras fueron distribuidas gratuitamente a los estudiantes, pero el distrito escolar había instalado un sistema de vigilancia, que tomaba una foto cada quince minutos y la enviaba a los administradores de la escuela. Más tarde, el estudiante

Blake Robbins, fue disciplinado por "conducta inapropiada en su hogar."

El punto de exposición de las intrusiones a la privacidad, es para retratar al creciente poder de un gobierno que ha hecho a sí mismo exento de ley, a cualquier consecuencia. Que el mismo sentido de poder y control está a menudo por debajo de la ley, refuerza a los oficiales, quienes creen que les es dado el derecho de abusar y violar la dignidad humana. Lo que sigue es un recuento de los archivos de la Unión de Libertades Civiles Americanas.

"Raquel es una madre joven de cuatro niños y viene de un país en Centroamérica. La tercera de ocho hijos, Raquel creció en la extrema pobreza y su familia, a menudo no tenía lo suficiente para comer. Sus padres fueron campesinos de autoconsumo y Raquel apenas completó su primer año de escuela y tuvo que comenzar a trabajar en los campos con sus padres. Como resultado de esto, Raquel no sabe leer ni escribir.

Raquel conoció al hombre que se convertiría en su esposo por la ley, él consiguió un trabajo trabajando para seguridad en una compañía que vendía tarjetas telefónicas. El esposo de Raquel, había trabajado en su nuevo empleo solamente por seis semanas cuando fue muerto a tiros mientras iba montado en una motocicleta con un colega en una ruta de ventas. Ya que la policía en su país es corrupta y raramente investiga los homicidios, Raquel no fue capaz de acomodar todo exactamente para saber qué le pasó a él. Unos pocos días después, su esposo murió; hombres extraños llegaron a la casa de Raquel y le dijeron, que no investigara su muerte, o su familia sería asesinada, uno de ellos le mostró su arma y les ordenó a todos que golpearan el piso.

"En el curso de los siguientes meses, Raquel recibió una llamada telefónica donde nuevamente amenazaban a su familia si continuaba investigando la muerte de su marido y notó que otras extrañas situaciones, le sugerían que ella había sido observada y/o seguida... ella decidió dejar su país y encontrar trabajo en cualquier otro lugar, para poder así continuar manteniendo a su familia... Ella decidió a los Estados Unidos – llegó a la frontera y entró a los Estados Unidos, sin inspección, con un grupo de otros migrantes, guiados por un coyote... al otro día, mientras ellos estaban descansando, vieron a oficiales de inmigración aproximándose a ellos. Raquel estaba tan cansada para moverse y fue llevada en custodia.

"Raquel fue transferida dentro de varias y diferentes instalaciones antes de llegar a Hutto.

"En Hutto un oficial de inmigración entrevistó a Raquel para determinar si ella realmente tenía un temor de persecución si regresaba a su país. Después de escuchar la historia de Raquel, el oficial de inmigración, concluyó que Raquel, si tenía realmente ese temor, y por lo tanto, una base para buscar asilo en los Estados Unidos. Se le dijo a Raquel que sería puesta en libertad, que saldría de Hutto...

Raquel describió su experiencia con estas palabras: "El día que salí, me dijeron que me vistiera y recogiera mis pertenencias, porque saldría ese día. Un oficial ICE me encaminó a la camioneta y dijo, métete, esta camioneta te llevará al aeropuerto. Entré a la camioneta y él me encerró en una jaula de metal y le dio las llaves al chofer. Soy católica y me persigné como siempre hago cuando voy a algún lugar. El oficial ICE me dijo que la camioneta no pararía y la puerta no se abriría hasta que yo llegara al aeropuerto. El fue un hombre agradable y que no se falló en la corte porque tengo una oportunidad de estar aquí y me deseó el bien.

"Comenzó el viaje, iba rezando el rosario, que es algo más de lo que siempre hago cuando salgo de viaje. Después de un rato, el chofer se salió del camino y se detuvo. Me dijo que subiera las manos y lo hice, después él comenzó a tocarme por todos lados, me subió el portabusto, me sobó los senos y puso sus manos por debajo de mis pantalones. El estaba hablando en inglés y tocándose a sí mismo. Le pregunté por qué me estaba haciendo eso; después sacó su teléfono y parecía que estaba haciendo una llamada. No estoy segura de si él realmente hablaba o no; después él continuó tocándome.

"Rápidamente me dio un empujón, no había nada en el piso del área frontal de la camioneta y me hizo señas de que me acostara sobre mi espalda. Me rehusé, cuando vio que yo no iba a cooperar, el fue a la parte trasera de la camioneta, tiró mis cosas del asiento y me hizo gestos para que regresara ahí, yo obedecí; me siguió hasta la camioneta. Le dije que lo reportaría si continuaba tocándome y me empujó dentro de la camioneta. Yo estaba llorando y pensé que era el final de mi vida, que él iba a matarme; pensé, debí haber permanecido en mi país, si mi vida iba a terminar así, ya que habría tenido más tiempo con mis hijos. Se metió en la jaula conmigo y comenzó a bajar el zíper de sus pantalones y a quitarme la ropa, él se quedó expuesto enfrente de mí, estaba enojado porque no me quitaba la ropa; seguí gritando, diciendo que si no se detenía le diría a alguien.

"Finalmente se detuvo, regresó al frente de la camioneta y manejó rápido hacia el aeropuerto. Cuando llegamos al aeropuerto, abrió la puerta y la jaula. Salté fuera y comencé a correr. Corrí al interior del aeropuerto y seguí llorando, un hombre que trabajaba ahí me preguntó por qué y le dije que estaba realmente asustada porque el hombre que me había llevado al aeropuerto me había tocado todo el cuerpo. Esta persona le llamó a otro hombre y vinieron a hablar conmigo; todavía estaba llorando, una persona habló en español y tradujo para los demás. Él me dijo que lo que me había pasado estaba incorrecto, preguntó mi información y dijo que alguien me hablaría. Después ellos me dejaron ir a través de seguridad, tomé mi avión y me fui.

"Unas pocas semanas después tuve una llamad de ICE, ellos quisieron clarificar todo y me preguntaron si regresaría a Texas a identificar cara a cara, al hombre que me atacó. Les dije que estaba muy asustada para ver a ese hombre, me preguntaron si sería mejor que ellos vinieran conmigo y les dije que sí. Varios oficiales vinieron al lugar donde yo estaba, me mostraron varias fotos, yo señalé al que me atacó. Ellos me dijeron que lo iban a despedir para que no pudiera herir a nadie más, me preguntaron qué era lo que yo quería, y yo les dije que eso era lo que quería, que no hiriera a nadie más.

Los oficiales me dieron una lista de abogados de inmigración gratis, les llamé a todos, pero ninguno me regresó la llamada. Les dejé mensajes diciendo que estaba desesperada y que no sabía qué hacer.

Los oficiales también me dieron alguna información acerca de asaltos sexuales. No quise hablar con nadie acerca de lo que me había pasado. Dejé un problema en mi país y encontré otro aquí. Quedé miedosa de todos en la calle, hombres y mujeres, especialmente si ellos vienen cerca de mí, o me tocan. Estoy muy asustada de que el hombre que me atacó tenga amigos malos, de que me vayan a encontrar y a herirme; lloro en las noches y es difícil para mí dormir. Cada vez que cierro mis ojos, lo veo; me siento sucia todo el tiempo porque sus manos estuvieron sobre mi cuerpo, me baño dos veces al día." (38)

Los archivos de la American Civil Liberties Union contienen muchos reportes como el de Raquel. Abusos de todo tipo suceden con la detención en centros que pertenecen a las agencias de inmigración de los Estados Unidos. La mayoría de los casos de ofensas no son reportados porque las mujeres están temerosas de represalias. Cuando ellas no reportan sus experiencias traumáticas, el oficial ofensor es despedido, como si eso fuera suficiente castigo para un acto criminal grave.

La 14a enmienda de la Constitución de los Estados Unidos declara: "...No privará ningún estado a cualquier persona, de la vida, la libertad o propiedad, sin el debido proceso de ley; no negará a cualquier persona dentro de su jurisdicción, de protección de las leyes. La enmienda no dice: "... No privará ningún estado a cualquier "ciudadano"; éste dice claramente "persona", eso significa que cualquier persona dentro de la frontera de los Estados Unidos tiene derecho a esta protección, pero el hecho es que el idealismo no se pone en práctica.

La Organización que observa los Derechos Humanos (Human Rights Watch) está interesada en el cumplimiento con la ley, y reporta estándares de: "Trabajadoras agrícolas femeninas en los Estados Unidos son comúnmente acosadas y asaltadas sexualmente, en parte porque su estatus de inmigración las hace temerosas de llamar a la policía.

"Nuestra investigación confirma que los defensores del trabajador del campo, a lo largo del país creen: "La violencia y el acosamiento sexual experimentado por trabajadores del campo es bastante común, que varias mujeres campesinas ven estos abusos como una condición inevitable del trabajo en la agricultura." Dijo el reporte. (39)

De los estimados 3 millones de migrantes trabajadores del campo de los Estados Unidos, cerca de 630,000 son mujeres. De ese número, el Gobierno estima que el 60% son migrantes indocumentados. El Human Rights Watch reporta incidentes descritos de violación, acecho, manoseo y lenguaje vulgar usado contra las mujeres, quienes dicen que ellas no lo reportan frecuentemente, porque están temerosas de ser baleadas, o peor, deportadas.

Algunos estudios han indicado que aunque el 80% de las mujeres trabajando en el campo han experimentado acoso, o han sido sexualmente asaltadas. Ha habido reportes de abuso físico por parte de trabajadores masculinos, también porque ellas no tienen recursos, pero lo aceptan y trabajan más fuerte.

En mayo de 2010, Anastasio Hernández Roja, cruzó la frontera para entrar a los Estados Unidos ilegalmente, fue detectado por agentes de la patrulla fronteriza, capturado y esposado. Lo que pasó después, apareció en el reporte oficial, que dice, que Hernández Roja, se volvió violento cuando las esposas fueron removidas y los agentes tuvieron que usar un bastón eléctrico, un arma de electroshock usada muy a menudo por las autoridades de los Estados Unidos. El reporte dice que esto fue cuando Hernández Roja dejó de respirar.

Fue llevado a un hospital y más tarde su familia pudo entrar a los Estados Unidos a visitarlo. Él estuvo inconsciente, pero su familia notó que él tenía moretones y cortadas de lo que parecía una paliza. Ellos quisieron respuestas, pero el reporte oficial era toda la información disponible... hasta que fue descubierto que el incidente había sido video grabado, no una, sino dos veces. Un video contenía sólo la voz de Hernández Roja suplicando por su vida. Aunque el otro, lo mostraba en el suelo, esposado, rodeado de doce oficiales de la patrulla fronteriza y uno de ellos usaba el bastón eléctrico en ese momento. No fue cuando removieron las esposas, como el reporte estableció, pero este hombre inmigrante fue aturdido con el arma mientras estaba tirado en el suelo, sin poder hacer nada.

La verdad fue revelada a la vergonzosa agencia dos años después, nada pasó. Ninguno de los agentes fue acusado o disciplinado; el evento fue archivado, como si el reporte original fuera verdad y el video fuera falso.

"El Attorney General Holder, no preguntó por el film, no buscó a los testigos; él no hizo nada en este caso, no fue a ninguna parte dijo Roberto Lovato, el Director de Presente.org, no lucrativa que ayudó a coordinar las protestas por todo el país.

Las quejas de derechos civiles en contra de la Agencia de Patrullas fronterizas de la nación, se han incrementado sustancialmente en recientes años. En 2004, los individuos y abogados, quienes tuvieron contacto con estas agencias, archivaron 34 denuncias. En 2010, el más reciente año, del cual, los datos completos están disponibles, fueron hechas 65 denuncias contra la agencia; y entre enero y julio de 2011, sólo se abrieron 81 investigaciones de nuevas denuncias contra la patrulla fronteriza.

Como siempre, la historia fue generalmente ignorada por los medios estadounidenses. Ana Pérez una organizadora para Present.org, expresó su desacuerdo sobre que la historia pareciera sin importancia para los medios. "El mensaje que estamos obteniendo es que en la prensa inglesa, nadie se quiere hacer responsable de la Administración Obama. Tenemos sólo un canal inglés de ahí fuera, y puede ser que tres o cuatro canales españoles," dijo ella.

No Más Muertes, es aún otra organización dedicada a investigar y prevenir las ofensas contra los inmigrantes. Conduce un estudio en donde 12,895 individuos que habían sido custodiados en la patrulla fronteriza, entre 2008 y 2011, fueron cuestionados acerca de las condiciones que padecieron. El resultado estadístico mostró que a 2,981 personas se les había negado comida; otras 11,384, les habían dado insuficiente alimento. Sólo el 205 de aquellos en custodia por más de dos días recibieron un alimento. El agua fue también usada como un abuso de privación, se les negó cualquier cantidad de agua a 863 personas, y 1,402 recibieron insuficiente agua. El abuso físico fue reportado por el 10% de aquellos entrevistados. Más de 1,300 mujeres adolescentes y niños fueron dejados para que cruzaran la frontera, muy temprano en la mañana, hacia ciudades muy peligrosas como Ciudad Juárez, Tijuana, o Reynosa. Ellos no tuvieron dinero, y las agencias, iglesias o sociedades que podrían ayudarlos estaban cerradas.

Hubo reportes adicionales de detenidos siendo amenazados con la muerte por parte de las autoridades de migración, o de ser privados del sueño, o de quedarse en vehículos o celdas, a temperaturas extremadamente frías o calientes. Algunas veces ellos fueron forzados a escuchar cantos traumatizantes acerca de gente agonizante en el desierto.

La aprehensión por las autoridades de los Estados Unidos puede ser una experiencia de amenaza de vida, pero una de las partes más tristes de los testimonios de víctimas, es la constante y repetida opinión de que los chicanos trabajando para inmigración, tratan a los mexicanos peor de lo que lo hacen los negros o los blancos. Ciertamente una multitud de razones puede ser asumida para esto, para ellos todas, sólo serían teorías. Quizá viviendo con los gringos y sus actitudes de superioridad, de alguna manera se volvieron contagiosas para los compañeros de trabajo chicanos. Quizá su lucha para encontrar un lugar en la sociedad anglo-sajona los forzó a querer desasociarse de la gente de su propia sangre. Hay muchos "quizá", pero sólo una consecuencia, y esa es que los inmigrantes mexicanos temen a los patrulleros fronterizos chicanos, más que a los gringos, o a los negros.

El inmigrante viviendo en los Estados Unidos aprende sobre las duras realidades de la discriminación. Un interesante experimento para entender las dimensiones de la discriminación, es entrar a Google en inglés y buscar "I hate Mexicans". Los resultados son sorprendentes y repugnantes. Más de 300 sitios web están dedicados al odio directamente hacia la gente mexicana y están llenos de obscenidades e insultos.

B. Roque Hernández escribió elocuentemente acerca de su vida como un inmigrante en los Estados Unidos y de muchas formas, ellos deberían servir como advertencia para cualquiera con un divertido sueño de cruzar la frontera ilegalmente. "Viviendo en un departamento repleto, durmiendo en el suelo y soñando; me convertí en un prisionero protegido por mi alma flotando. Mis sueños están de regreso, rumbo al hogar. Allá abajo en el sur, alguien los está esperando, para abrazarlos, para hacerlos de ella y quedárselos hasta la media noche, porque tienen que regresar a mí, antes del alba. En su camino de regreso, mis sueños atraparán los tempranos vientos refrescantes de la noche cayendo, y gentilmente me despertarán.

"Esta es mi casa, pero todavía no puedo llamarla mía. Es muy fría y oscura. Huele como alfombra podrida y las paredes se están pelando. Tiene dos recámaras, en cada una hay cuatro hombres dormidos. Mi alma y yo estamos compartiendo una esquina en la sala. Mañana otro hermano llegará y él será mi compañero de sala.

"Entre nosotros, los inmigrantes, esto es como que; nos ayudamos unos a otros. Hacemos espacio para los recién llegados, hasta que ellos tienen otro lugar. Esta es mi casa, y sólo Dios sabe cuánto tiempo voy a estar aquí.

La llave del baño está goteando y nadie aquí, maldita sea, se preocupa acerca de esto, porque nadie parece estar emocionalmente atado a este lugar. Hay cucarachas por todos lados, siendo nuestra compañía. Somos sobrevivientes, pero ellas han estado aquí por mucho más tiempo que nosotros. Esta es su casa. Nosotros los humanos somos los intrusos. ¿Cuánta gente ha vivido aquí antes?, ¿Dónde están ellos ahora?

"Los estantes de la cocina están vacíos. Hay unos pocos platos viejos que alguien compró en el mercado de pulgas. Hay una grande olla para cocinar frijoles, usada para estar brillante. Ahora es aburrido afuera y oscuro adentro. Hay unas cuantas cucharas en uno de los cajones y, por supuesto un destapador. El fregadero en la cocina también está goteando, pero ninguno de los que vivimos aquí cuida una maldita cosa, porque, otra vez, este no es nuestro hogar, es sólo un breve alto en nuestro trayecto.

"Hay una vieja cebolla en el refrigerador. Yo no sé quién dejó dos cucharas adentro; han estado ahí desde que llegué hace dos semanas; nadie las va a sacar, porque a nadie le importa nada sobre éstas. Nadie va a decir, yo lo hice. Nadie está aquí para darse cuenta de esos detalles; pero siempre hay cerveza esperando, sólo esperando.

"Estoy aquí, lo logré, y tan pronto como mis sueños regresen a mí, voy a dar un paso afuera a continuar mi camino de sobrevivencia, porque yo no sé a dónde me llevará. Sólo Dios y la Virgen de Juquila lo saben. Yo no sé." (40)

He pretendido aquí demostrar las variadas formas en las que los medios en los Estados Unidos son controlados, pero hay otra forma que no he mencionado. Hemos encontrado esto en personalidades como Lou Dobbs, Bill O'Reilly and Rush Limbaugh, quienes no sólo distorsionan las noticias, pero ofrecen al público mentiras intencionales.

Lou Dobbs tuvo un programa de opinión en CNN y en abril 7 de 2008, expresó su furia sobre un mensaje publicitario producido por Vodka Absolut. Él estuvo enojado porque dicho mensaje, retrató el territorio que perteneció a México, antes del infame robo de los Estados Unidos en 1847, que contenía sobre el mapa, las palabras: "En un mundo absoluto". Él reclamó que la publicidad supuestamente promovía el movimiento de "reconquista" que supuso estaba creciendo en América. El programa presentó al Profesor George Grayson, del William and Mary College, quien, sin ninguna referencia documentada de su declaración, anunció que el 58% de todos los mexicanos creen que tienen todos los derechos para regresar al sudoeste de los Estados Unidos y que ellos no necesitan documentos.

El insulto contenido dentro de esta fraudulenta queja, es que el mismo sugiere que los mexicanos son tan ignorantes y están tan mal informados, que ellos realmente no saben que necesitan visas para entrar a los Estados Unidos, y que ellos son tan agresivos que quieren reclamar los territorios perdidos en la Invasión de 1847. Un co-anfitrión del programa expresó, que la "idea de que el sudoeste americano fue robado a México, es parte de los libros de texto en las escuelas mexicanas", pero no ofrecen evidencia física de dicho contenido, o de su fuente, al presentar este reclamo. Aún yo tengo que encontrar un libro de texto en México que sugiera el concepto de reconquista.

El frágil contacto de Dobbs con la realidad, también lo guió a reclamar en 2005 y nuevamente en 2007, que los inmigrantes ilegales entrando a los Estados Unidos, fueron la causa de un brote de lepra, con 7,000 casos reportados en tres años. La historia fue totalmente falsa. Habían sido 7,000 casos de lepra en los Estados Unidos, pero en los últimos 30 años. En su programa de mayo de 2007, él manifestó: "... Ha habido 7.000 casos de lepra en este país, sobre los tres años previos, muchos más que en el pasado." Dobbs manifestó la causa de esta epidemia inventada como: "inmigrantes ilegales no monitoreados" (41)

Cuando fue retado por un columnist del New York Times, y cuando la Southern Poverty Law Center, le pidió a CNN que publicara una corrección, Dobbs respondió: "Si lo reportamos, entonces, es un hecho".

La organización compró un espacio publicitario en algunos peródicos que le dijeron al público lector: "La fuente para la queja de Dobbs sobre la lepra, es Madeleine Cosman, una fanática anti inmigrante, que en una ocasión, públicamente declaró que la ´mayoría´ de los hombres latinos inmigrantes, molestan a las niñas menores de 12 años, aunque algunos se especializan en niños, y algunos en monjas... dado lo anterior, el Sr. Dobbs rehusa retractarse de su queja sobre la lepra, creemos que es la responsabilidad de CNN hacerlo así. Sugerimos como lugar apropiado para la corrección, el mismo lugar donde la falsedad fue dicha. En el programa del Sr. Dobbs."

Lou Dobbs y Glen Beck, (otro conductor de noticiero con poco respeto por la verdad) hicieron incorrectas descripciones de las condiciones en El Paso, Texas.

"Por sabiduría convencional, El Paso,Texas debería ser una de las ciudades más peligrosas en América. En 2007, la tasa de pobreza de la ciudad fue sobre el 27%, más del doble del promedio nacional. La media del ingreso familiar fue de $35,600, muy por debajo del promedio nacional de $48,000. El Paso es tres cuartas partes hispánico y más de un cuarto de sus residentes son de nacionalidad extranjera.

"En El Paso también hay una política de control de armas más permisiva que en otras ciudades no texanas en el país, prácticamente la ley del estado se debe al amor por las armas. Es conocido por muchos que El Paso está situada justo sobre El Río Grande, colinda con una de las más violentas ciudades en el Hemisferio Oeste, Ciudad Juárez, México, hogar de impactantes 2,500 homicidios, en los últimos 18 meses. Una ciudad de inmigrantes ilegales, con fácil acceso a las armas, con sólo cruzar el Río, desde una metrópoli desquebrajada por una brutal violencia de la guerra contra las drogas." (42)

Las más básicas investigaciones revelarían una imagen dramática diferente. Al mismo tiempo, estas acusaciones falsas fueron transmitidas. El Paso, una ciudad de 736,000 personas, tiene solamente 18 asesinatos, comparada con Baltimore, con 637,000 personas y 234 asesinatos. La revista Men´s Health ha listado a El Paso como la segunda "Ciudad más feliz" en América, y en primer lugar estuvo Laredo, otra ciudad fronteriza, con un 95% de población latina. Ninguna de las estadísticas oficiales parece apoyar las mentiras de Dobbs y Beck, de que una ciudad estuvo en peligro por los inmigrantes.

Finalmente en 2009, la carrera de Lou Dobbs en red televisiva terminó. Mientras sus anunciantes decían que él dejaba el programa voluntariamente. El hecho de su salida fue "inmediata" claramente se advierte que fue despedido. CNN ha estado bajo constante presión de grupos latinos, tales como: Media Matters for America, NDN, y Presente.org para despedir a Dobbs y citicar a la estación por permitirle "difundir mentiras y desinformación sobre nosotros cada noche."

Roberto Lovato, cofundador de Presente.org, le llamó a la salida de Dobbs, una victoria. "Todo el tiempo, nuestra contienda fue que Lou Dobbs – quien tiene un largo record difundiendo mentiras y conspirando teorías acerca de los inmigrantes y latinos – no pertenece al grupo de los más confiables nombres en noticias... Nosotros estamos emocionados de que Dobbs no tenga más esta plataforma legítima, desde la cual insite al miedo y al odio." (43)

Durante el final de su carrera con CNN, Dobbs reclamó que su hogar había sido baleado y que alguien había disparado a su casa, mientras su esposa estaba de pie junto a su auto. Considerando que Dobbs y la verdad son unos totales extraños, esto se convierte por necesidad en el análisis de sus comentarios al aire. "Y como dije a la patrulla del estado, y por cierto, la Patrulla del Estado de New Jersey es absolutamente genial – ellos responden instantáneamente, pero este tiro fue disparado estando mi esposa..., No sé, a 15 pies de distancia, y hemos tenido llamadas telefónicas amenazantes... yo ahora – se convierte en una forma de vida – la indignación, el odio, el veneno, pero está tomando un diferente tono, desde que ellos han amenazado a mi esposa. Ahora ellos han disparado un tiro a mi casa, mientras mi esposa estaba de pie junto al auto. Se ha convertido en algo más." (44)

Dobbs reclamó que el tiroteo estaba conectado con su oposición a los inmigrantes ilegales y las organizaciones que los apoyaban.

Stephen Jones es un sargento de la policía estatal de Nueva Jersey, él dijo que el reporte de Dobbs "no fue inusual". Él dijo que el área tiene muchos cazadores, y durante la estación de caza, hay muchas quejas acerca de que los tiros disparados son más numerosos.

Julián Castellanos, vocero de la policía, dio más interesante información: "... Es una ancha área abierta y hay cazadores en la misma," dijo él. El reporte indicó que una bala había pegado en la casa en área del ático y que, "pegó en el revestimiento de vinyl y cayó al suelo."

Jones menospreció el reclamo acerca de que el tiro se hizo cerca de la esposa de Dobbs. El área del ático estuvo "... en la cúspide de la casa, cerca del techo" y no podía haber estado cerca de ella, como Dobbs había reclamado. Cuando el sargento Jones fue cuestionado acerca de su opinión sobre la reclamación de Lou Dobbs, él respondió:

"Realmente voy a dejar la valoración de Lou Dobbs a él mismo" (45)

Cuando se le preguntó la opinión de las autoridades, de que la bala pudo haber venido del rifle de un cazador, Dobbs declaró: "no estaba la estación de caza en marcha, fue hace tres semanas." Como siempre, fue una mentira. La New Jersey Division of Fish and Wildlife Bureau of Law Enforcement confirm que la estación de caza del estado se estaba desarrollando en el tiempo del alegato sobre el tiroteo.

Incluso, más misterioso es el hecho de que la bala haya perdido mucha de su fuerza, que no pudo atravesar el revestimiento de vinyl de la casa, lo cual indica que fue disparada desde una gran distancia. Si ese fue el caso, ¿podría haber sido oído el disparo por la pareja Dobbs?

Una reportera de FAIR (Fairness & Accuracy in Reporting), Julie Hollar, manifesto: "Sería apenas sorprendente encontrar más desinformación que manche a los inmigrantes y a las organizaciones que los apoyan, proveniente de un tipo, quien ha estado difundiendo esta desinformación por años." Ella agregó que "Lo trágico es que mucha gente, en la actualidad sufre de violencia a manos de aquellos de quien el odio xenófobo es agravado por Dobbs y su clase." (47)

En febrero 9 de 2009, mucha gente estuvo impactada, cuando Dobbs fue entrevistado en el programa de "60 minutes"de CBS y su anfitriona Lesley Sthal comentó: "... Dado el tono de su show, hay algo incluso más sorprendente, algo que él nunca saca a colación. El hecho de que su esposa Debi es mexicana-americana. Sus hijas gemals Hilary y Heather, son mitad mexicanas. La familia vive en Nueva Jersey en un rancho de caballos de 121 hectáreas. Viviendo con ellos está su familia política mexicana. Uno sólo puede imaginarse la vergüenza que esta gente debe sentir, con los constantes ataques de Dobbs hechos contra latinos, durante sus años en CNN.

Fue natural que habiendo dejado, Dobbs iría a Fox News. Fox es el rey en turno de la desinformación de las noticias internacionales por televisión. Su lista de distorsiones y completas mentiras llenan los sitios web a través de internet. Las características de conocidos fanáticos como Bill O'Reilly, quien fabrica detalles con la facilidad de un mentiroso profesional. Él es verdaderamente representativo de su patrón. Fox News y su irresponsable apoyo de las filosofías conservadoras republicanas, siempre en el nombre de la honestidad, hechos y verdad. Fox News realmente suscribe a la declaración del propagandista nazi Joseph Goebbels, quien afirmó que: "si dices una gran mentira suficientes veces y permaneces repitiéndola, la gente, eventualmente la creerá"

En Marzo 1 de 2011, noticias de Canadá anunciaron: "Fox News, ¡no se moverá a Canadá después de todo! La razón: Las regulaciones canadienses anunciaron la semana pasada, que ellos rechazarían los intentos del Primer Ministro del ala derecha de Canadá, Stephen Harper, para derogar una ley que prohíbe las mentiras en programas de noticias." La decisión no fue solamente un rechazo del deseo de Fox de entrar en el mercado de noticias de Canadá, fue una acusación contra su tendencia a desafiar todos los principios de la industria de la comunicación y de ofrecer mentiras en lugar de hechos." (48)

En un caso archivado de la corte de dos ex reporteros de Fox, quienes reclamaron que fueron atacados a tiros, por amenazar con informar sobre la agencia gubernamental a cargo de las licencias y derechos de los medios. Los reporteros descubrieron que un químico que estaba siendo utilizado en vacas, para producir más leche, fue potencialmente peligroso para el consumo humano. Fox rehusó trasmitir el documental, porque podría ofender a sus anunciantes. Los reporteros ganaron su caso en la corte, pero Fox apeló y mencionó a los jueces su posición legal, que realmente representa el reporte de Fox: "...No es técnicamente ilegal para un programa, que deliberadamente distorsione las noticias en la televisión." (49)

En 2004, Media Matters for America, una organización dedicada a promover reportajes verdaderos y precisos mencionó que en otra estación llamada Fox News y a su anfitrión Bill O´Reilly, se le nombró como el "Desinforme del año". La lista de las distorsiones de hechos incluyeron datos falsos por la organización, O´Reilly falsas, Bush, no se opuso a la comisión 9-11. O´Reilly defendió al

Presidente George W. Bush de la destacada propaganda Kerry-Edwards '04 TV, sobre la oposición de Bush a la creación de la Comisión del 9-11, negando que Bush se hubiera opuesto a tal Comisión, de hecho, Bush, sí se opuso a la misma.

"O´Reilly falsamente reclamó que Irak tenía ricina(veneno); respondió a un llamado a su programa de radio defendiendo la Guerra de Irak: "Ellos tenían ricina allá, entonces ¿por qué estás subestimando eso tanto? En realidad, el reporte Duelfer (el reporte final del grupo de encuestas iraquí, dirigido por Charles A. Duelfer, quien condujo la búsqueda de armas en Irak, siguiendo la vanguardia de la invasión en Irak), indica que Irak, no tiene ricina.

O´Reilly, repitió desacreditadas quejas sobre la liga Irak - Al Qaeda. Interrumpió a un ex oficial de la Administración Clinton, quien trató de corregir el record sobre las quejas de O´Reilly, acerca del que el terrorista Abu Musab al-Zarqawi, constituye una línea directa entre el Irak de Al Qaeda y Saddam Hussein. Él también le permitió a un invitado conservador, repetir, sin suponer un reto, otro reclamo desacreditado acerca de la supuesta participación iraquí en el terrorismo – quejas que el propio O´Reilly, ha citado en el pasado.

°´Reilly inventó que "Paris Business Review", como fuente de éxito en el boicot francés. O´Reilly falsamente reclamó "ellos pierden millones en Francia, según a la "Paris Business Review" debido a un boicot americano, él argumentó sobre las importaciones francesas. En materia de los medios para América, no encontró evidencia de una publicación llamada "The Paris Busines Review"

O´Reilly citó falsamente estadísticas para argumentar que los impuestos en los ricos eran excesivos. O´Reilly trató de "ningunear" el argumento de que americanos ricos, deben de pagar más impuestos, citando falsas estadísticas acerca de la carga de impuestos, que los ricos actualmente soportan. O´Reilly está confundido en economía elemental; le dijo a una persona que llamó a su programa de radio, "Nosotros (los Estados Unidos) tenemos un déficit comercial con todos, porque todos quieren nuestras cosas, y no somos salvajes acerca de los caracoles" – Señalando que él no sabe la definición de "déficit comercial" e implicando que los Estados Unidos opera un comercio excedente con Francia. En realidad, en los primeros cuatro meses de 2004, los Estados Unidos tuvieron un déficit comercial de 3 billones con Francia.

O´Reilly se doctoró en cotizaciones para sugerir a Soros que deseara la muerte de su propio padre. Durante su manchada campaña contra del financiero progresista, filántropo y activista político, George Soros, O´Reilly se doctoró en cotizaciones por Soros para hacerlo parecer como si Soros deseara a su propio padre muerto.

O'Reilly cuestionó si Kennedy aparecería en la Convención Democrática... como Kennedy lo mencionó a espaldas de él. O´Reilly se burló en un segmento entrante del Factor O'Reilly, una transmission en vivo de la Convención Nacional Democrática, diciendo al portavoz de la Convención, Senador Edward Kennedy: "Cuando regresemos, los dejaremos escuchar a Ted Kennedy por un momento, si él aparece." De hecho Kennedy había aparecido ya y había estado hablando por algunos minutos, como O'Reilly sólo necesitó dares la vuelta para ver.

O'Reilly menospreció a los Demócratas con triflecta de votantes deshonestos. En una discusión acerca de lo mal que les fue a los Demócratas en las elecciones del 2 de noviembre, O'Reilly declare que los Demócratas "perdieron votos hace cuatro años"; que "personas entre 18 a los 24 años no acudieron a las urnas"; y que "Republicanos comprometidos no triunfaron ese día por la presidencia, como lo hicieron los independientes" Esas tres declaraciones son falsas.

En el radio, O'Reilly, una transmission, tres mentiras: Mentira No. 1: El corte de impuestos de Bush no creó el deficit del presupuesto. Mentira No. 2: Los Gobiernos "Socialistas" francéses, alemanes y canadienses, cobran impuestos del 80%. Mentira No. 3: Los medios canadienses, británicos y franceses "están controlados por el gobierno", pero los medios italianos son independientes.

Entre sus distinciones se encuentra el hecho de que él fue nombrado por Democraticunderground.com, como uno de los diez primeros "conservadores idiotas" en la nación.

Quien mal informa a la gente con el mismo fervor es Rush Limbaugh, quien por décadas ha envenenado la mente del public con distorciones y mentiras. Sus comentarios racistas son famosos y sus ataques contra latinos son frecuentes. El ha dicho al public radioescucha algunas cosas como: "dejen los trabajos no calificados que no requieren de conocimiento en absoluto para hacerlos, dejen que los estúpidos e inexpertos mexicanos hagan ese trabajo" (50)

Le ha dicho a los inmigrantes, "Eres un extranjero, cierra la boca o te largas", y cuando ha hablado acerca de Hugo Chávez, atacó a todos los latinos con: "Un Chávez es un Chávez, y siempre hemos tenido problemas con ellos", sugiriendo que el apellido de los latinos simboliza a todos los hispánicos y que son problemáticos.

La Conferencia de Liderazgo, es una coalición de organizaciones de Derechos Humanos, con una agenda que se opone a la violencia y a la discriminación contra los grupos minoritarios. La organización lanzó un artículo noticioso que involucraba al racista Lou Dobbs, mismo que sugería su implicación en un asesinato. "En mayo 2 de 2007, Dobbs tuvo un especial 'Broken Borders', edición del encuentro en el salon de la ciudad de 'Lou Dobbs Tonight' en Hazeltown, Pennsylvania, para exhibir su texto de la ciudad: 'Acto de Alivio a la Inmigración Ilegal.' Este deseado decreto de la ciudad de suspender los permisos a los negocios y liciencias a empleadores que contrataran 'trabajadores ilegales', o propietarios que rentaran a extranjeros ilegales. Durante el show, Dobbs, elogió a la ciudad: 'Hazelton, la comunidad está liderando la batalla contra la inmigración illegal, un paso adelante donde el Gobierno Federal simplemente ha fallado al desempeñar su deber.' El sitio web del show 'Lou Dobbs Tonight' solicitó contribuciones para un 'fondo de defense legal' de la ciudad después de una querella archivada por MALDEF Y EL Sindicato de Libertades Civiles Americanas (ACLU), impidiendo que la ley tuviera efecto.

"Catorce meses después, a 20 millas de Hazleton, en Shenandoah, Pennsylvania, Luis Ramírez, un mexicano de 25 años de edad y padre de dos niños, fue asesinado por su origen étnico, fue victim de una brutal golpiza, según se dice por un grupo de ex jugadores preparatorianos de futbol americano. Según consta, los adolescentes le gritaron: 'Este es Shenandoah, ésta es América, regresa a México', además de insultos étnicos. Después, ellos golpearon repetidamaente a Ramírez, tirándolo al suelo, posteriormente lo patearon repetidas veces en la cabeza; como Ramírez permaneció tirado inconciente, convulcionando y echando espuma por la boca, se reporta que uno de los asaltantes le gritó: 'Dile a tus jodidos amigos mexicanos que se larguen de Shenandoah, o tú estarás tirade y chingado junto a ellos.'

En mayo 1 de 2009, un jurado condenó a dos adolescentes, de asalto simple, delito menor, exonerándolos de los cargos más serios de que habían sido culpados, incluyendo asesinato, asalto agravado e intimidación étnica. A un tercer adolescente se le acusó formalmente de asalto agravado, e intimidación étnica en una corte juvenile, mientras a un cuarto individuo se le declare culpable en una corte federal, por violar los derechos civiles de Ramírez, a cambio de acusarlo de asesinato en tercer grado, as alto agravado y cargos relacionados contra él que fueron minimizados.

"Shenandoah había estado considerando un mandato similar al de Hazelton, pero fue retenido después del litigio de ACLU y MALDEF fueron bloqueados, antes de tener efecto. Aún así, el decreto de Hazelton causó considerable tension entre las comunidades hispánicas y blancas de la ciudad, mismas que habían disfrutado relaciones pacíficas formalmente. 'Ellos (la comunidad hispánica) no se sintieron cómodos entonces.' Dijo Flor Gómez, cuya familia opera un restaurant mexicano en Shenandoah. Como el New York Times report: 'Mucha gente cree que el debate avivado por las acciones de Hazelton, ayudó a crear un ambiente que permitió la muerte del Sr. Ramírez.'

"'Claramente hubo muchos factores aquí.' Dijo Gladys Limón, una abogada de MALDEF, 'Pero creo que la retórica inflamatoria en el debate de inmigración tiene una correlación con el imcremento de violencia conta los latinos.'" (52)

Engaño y mentiras combinadas con un público incauto que se hace vulnerable por su malinformada lealtar hacia el racismo y discriminación, coloca a las minorías en riesgo en los Estados Unidos. Aún así, aquellos como Fox News mantienen que no es illegal decir mentiras al public, incluso en el radio y television nacional.

Ataques infundados e indocumentados con una agenda política, llenan los reports de Fox News cada noche. Aparentemente poco importa, lo poco que saben de las trágicas consecuencias personales. Tracy Knauss dijo a los lectores de Facebook, "Fox News mató a mi preciosa madre, Hallie. Ella miraba Fox religiosamente, y cuando se cayó, diez días antes de morir, ella rehusó ir al medico porque: 'No quiero que el Obamacare obtenga toda mi información', ella declare, recordando las advertencias 'anclas' de Fox News. Ella fue enfática; ella no iba a asociarse con el enemigo musulmán. Cuando ella hizo su testament, le dijo a su abogado, 'No quiero que mi dinero vaya a la congregación musulmana' y su última protesta trató sobre el 'Obama death panels' Mi madre murió pocos días después. Sostengo que Fox News es responsible por la muerte de mi madre." (52)

El ingreso de forasteros a una nación, que no entienden el idiona, o qué costumbres son aceptables, o no, es la forma de iniciar la vida de los inmigrantes; son inocentes y no saben si algún movimiento en el pasado ha sido infectado por la propaganda vil que los retrata como suciedad, maldición, portador de enfermedades, distribuidor de drogas o criminal común. Ellos viven con miedo y cada noche deben estar temerosos.

En febrero 8 de 2007, tres inmigrantes ilegales fueron balaceados en el desierto, cerca de Tucson, Arizona; no se hicieron arrestos y el motive aún permanece en el misterio. En abril 9 de 2012, dos inmigrantes más fueron atacados y muertos cerca de la misma localidad. En Holtville, California hay un cementerio para gente pobre que es el destino final de los inmigrantes que fallecen después de entrar en los Estados Unidos. No hay dinero para las lápidas, así que cada tumba es maracada por un ladrillo con el nombre del difunto gravado en él. Hace unos cuantos años hubo unos 20 ladrillos en dicho cementerio, ahora hay 656. A diferencia de un cementerio gringo, no hay árboles o pasto, solo la tierra seca y la hilera de ladrillos bajo el castigador sol del desierto.

Antes de quie los Estados Unidos comenzaran a construír el muro fronterizo en 1994, una o dos personas moririían cada mes intentando entrar al vecino país del norte. La presencia del muro forz162 a los inmigrantes a cruzar la frontera en áreas más peligrosas y difíciles y las muertes aumentaron a veinte veces más víctimas.

Como un acto humanitario, contenedores de agua fueron colocados en puntos estratégicos a través del ejército. Por meses, las estaciones de agua salvaron a muchos de morir en el desierto. En junio de 2011, un activista de Derechos Humanos que checaba las estaciones de agua, envió un e-mail que decía: "Tristemente, cada una de las más de cuarenta estaciones de agua que visitamos fueron boicoteadas, el agua fue vaciada, mientras que los contenedores fueron rajados con un cuchillo" Organizaciones anti inmigrantes como The Minutemen, también patrullan el desierto y capturan inmigrantes, llmándole a la Patrulla Fronteriza para que los arreste y abran y corten los contenedores de agua en las estaciones antes mencionadas.

El promedio de personas cruzando la frontera en el area desértica necesitaría tres días para cruzar montañas y desierto, antes de llegar a una ciudad. Antes de llegar a la frontera, podrían haber viajado p[or semanas o meses. Como si las desgaste físico de la jornada no fuera suficiente, ellos deben tener precaución de las organizaciones como la de Minutemen, de quienes se sospecha, han estado cazando inmigrantes como animales, solo por deporte.

En junio 11 de 2008, tres ciudadanos mexicanos fueron baleados cerca de Campo, California, mientras ellos estaban al lado mexicano de la frontera. Dos días después, un miembro de The Minutemen envoi un e-mail declarando: "Pesqué a tres más!, al menos tres tiros tratando de cruzar la frontera entre Estados Unidos y México. Nuestra gente está activa disparando a extranjeros ilegales y continuaremos haciéndolo... cuando planeamos esta acrtividad, se dicidió que la caza tuviera lugar del lado mexicano de la frontera, ya que la aplicación de las leyes en esa nación es tan corrupta, que la probabilidad de ser pillado es cero... continuaremos disparando a extranjeros ilegales, tanto como ellos traten de pasar la frontera, hasta que el hedor de la sangre y de los cuerpos pudriéndose desaliente más adelante los intentos ilegales de entrar en este país."(52)

Mientras manifestantes y los medios radicales reclaman que 12 millones de mexicanos entraron a los Estados Unidos ilegalmente, eso no es verdad. La mitad de ese número entró legalmente, con visas, pero eligieron permanecer y para muchos, la visa expiró años atrás. Aunque el punto, es que la entrada legal, que no viola la ley, siempre es reclamada.

Aquellos como Rush Limbaugh y Lou Dobbs, acusan que la tasa de crímenes se incrementa por los inmigrantes, mientras que la verdad es que una persona indocumentada temiendo la detención y arresto es diez veces menor de la de un crimen cometido por un ciudadano de los Estados Unidos. También hay el cargo a los inmigrantes que no pagan impuestos. En realidad ellos pagan $7,000,000,000 más de lo que reciben en beneficios del Social Security.

La placa de la Estatua de la Libertad dice: "Dame tus cansadas, pobres y agachadas masas ansiosas de ser libres" Eso ya no es más una verdad. Debería haber una corrección tallada que diga: "Exceptuando mexicanos, guatemaltecos, hondureños y otras personas de Latinoamérica."

Vivir como inmigrante en los Estados Unidos enseña temor, ansiedad, enojo, resentimiento, humillación y explotación. Cualquier vida material obtenida puede ser alcanzada, el precio será la entrega del orgullo, dignidad e igualdad. Los niños son "americanizados" casi igual como sucedió con las generaciones de indios americanos en el siglo pasado. Muchos mexicanos caen completamente en la trampa de la adaptación, que desean negar sus raíces latinas. Mujeres hispánicas trabajando en tiendas de Texas, desdeñosas y mientiendo dicen: "No hablo español", otras sonríen falsamente y piden: "Por favor hable en inglés, no entiendo". En casa, en México estas personas son llamadas "Pochos" y sirven como recordatorios de lo que significan los efectos cancerosos de vivir en los Estados Unidos y de como se carcome lentamente el patriotismo, las raíces y la sangre.

El General Phillip Sheridan dijo en una occasion: "Si fuera propietario de Texas y del Infierno, rentaría Texas y viviría en el Infierno" La cita se convierte en más verdadera cada día en los inmigrantes que viven el infierno creado por al Sueño Americano.

EL VECINO GUERRERO

Todos los hemos visto, al bravucón de la escuela, o al padre que golpea a su hijo "por su propio bien", El furioso esposo manteniendo a su esposa en su lugar, o al policía abusando de los ciudadanos en nombre de la seguridad pública; los hemos visto a todos. Pero la misma conducta demente, algunas veces la misma conducta es característica de las naciones y esto es la causa de que el mundo se encoja antes que ellos. Alejandró marchó a través de tres continentes y conquistó cerca de cinco millones de kilómetros cuadrados. El Imperio Romano devoró tres continentes, incluido el Mar Mediterráneo. Napoleón gobernó toda la Europa Occidental y expandió sus dominios hasta Egipto, donde sus soldados usaron la esfinge para practicar con sus cañones.

La mayoría de los historiadores mantienen que con el final de la era napoleónica, la época de los imperios cesó de existir. Hitler trató de crear una nueva, pero falló después de sólo 13 años. La conquista y expansión a lo largo de los continentes no fue más parte de la escena internacional, o sí?

La meta de crear una nación que abarque desde al Atlántico hasta el Pacífico fue compartida por varios de los primeros presidentes. Así como la pasión por la expansión creció, así lo hizo el significado por el cual, esto se pudo alcanzar. Los indios americanos debieron ser socializados o exterminados, México vendió el territorio por un ridículo bajo precio, o se las hubieran quitado. La ética y moral de gobernar fue puesta de lado y los presidentes se revirtieron, fueron simplemente hombres con ambiciones y deseos como cualquier otro hombre.

Los libros de texto populares retratan a los antiguos presidentes como héroes y ejemplos del más alto carácter. Investigaciones de carta privada y asuntos personales, pintan un retrato diferente.

G.G. Stoctay PhD (historiador), Elmer Miller (estadístico) y Roy Cohan (editor político) compilaron una interesante lista de presidentes inmorales. El grado de inmoralidad estuvo basado en un sistema de puntos, con valores asignados a cada categoría de ofensas que oscilan desde el "deseo de matar"a "inmoralidades sexuales". Como parte final del estudio, una lista de los más inmorales de los últimos diez presidentes fue presentada y contiene unas cuantas sorpresesas. Cinco presidentes modernos estuvieron es la lista: Lyndon B. Johnson, George W. Bush, Dwight D. Eisenhower, Ronald Reagan y George H. Bush, en otras palabras, sesenta por ciento de los peores presidents sirvieron a la nación en los pasados 60 años. (1) Invasiones, atrocidades, decepciones y conspiraciones fueron el perfil común de estas administraciones y efectivamente, terminaron con la reputación global de América como una nación de paz y justicia.

A pesar de que en la escuela primaria, los libros de texto de historia dicen que, el carácter de los presidents de los Estados Unidos siempre provó que ellos fueron mucho menos que honorable, hombres nobles. Ellos tuvieron sus propios escándalos y debilidades, y participaron en parte de la verguenza que oscureció la Historia de los Estados Unidos.

George Washington fue un propietario de esclavos y envoi cartas románticas a Sally Fairfax, la esposa de su vecino. Thomas Jefferson fue padre de nueve niños con Sally Hennings, una de sus muchas esclavas. Tomas Jefferson y James Madison fueron propietarios de más de cien esclavos cada uno. Mientras los defensores lo niegan, Benjamin Franklin ha sido descrito como un notorio mujeriego en muchos escritos. El Presidente Andrew Jackson mató a un hombre en un duelo. James Polk fue un conspirador responsible por la pérdida de miles de vidas. Algunos historiadores sugieren que los presidentes James Buchanan, James Monroe y Abraham Lincoln fueron homosexuales. (2)

Una vez elegidos y viviendo en la Casa Blanca, muchos presidentes y los miembros de sus familias quisieron un trato real, o suficiente privacía para tener encuentros sexuales en las oficinas privadas, sin el conocimiento de sus esposas. Algunos de ellos tuvieron una amante secreta, o aventuras de una sóla vez. Aunque Lindon B. Johnson tuvo muchas mujeres visitando la oficina presidencial, sus amigos comenzaron a llamar a esto "su harem". Algunos rumores reclaman que Johnson estuvo celoso de las escapadas de John F. Kennedy que incluyó a Marilyn Monroe y quiso ser más promíscuo que su predecessor. Johnson trató de seducir secretarias, aquellas que aceptaron, fueron rápidamente promovidas a secretarias privadas. Se dijo que al final de su cargo tuvo encuentros sexuales con todas sus secretarias y dos amantes. (3)

Hillary Clinton quiso que los agentes del Servicio Secreto no fueran tan obvios durante los eventos sociales, estaría muy enojada si alguno de ellos estuviera lo suficientemente cerca que quisieran saludarla de mano.

Los agentes del servicio Secreto menospreciaron a las hijas gemelas de George W. Bush por su vida indisciplinada que incluía beber en exceso y conducer a exceso de velocidad, tratando de evadir al carro de seguridad que las acompañaba.

Nancy Reagan está clasificada como una de las residentes más difíciles de la Casa Blanca. Si uno de sus amigos en California recibió la copia de una revista popular antes que ella en la Casa Blanca, ella se enojaría con todo el personal presidencial.

Nelson Pierce, un ujier asistente en la Casa Blanca, tenía pavor al llevarle el correo cuando ella preguntaba por qué no había conseguido su revista todavía? Una tarde Pierce llevó el correo a Nancy a la sala del segundo piso, y su amado perro Rex, un spaniel Rey Carlos, estaba a sus pies cuando Pierce dio la vuelta para salir, Rex mordió su tobillo y lo retuvo; Pierce señaló al perro con su dedo, con un gesto, que indicaba al perro que lo dejara ir. "Nunca señales a mi perro, dijo Nancy, quien manejaba el escenario de la vida política de su marido." (4)

Aparte de las publicaciones personales que identificaron a los presidentes y a sus familias, la conclusion final es mucho más importante. Hubo hombres que representaron a los Estados Unidos y a sus políticas a través del mundo. Hay hombres que crearon lo que Noam Chomsky ha llamado "peor granuja" de los granujas de las naciones del mundo. Samuel Huntington escribió: "Mientras los Estados Unidos regularmente denuncian a varios países como 'estados granujas', a los ojos de muchos países, esto se está convirtiendo en el superpoder granuja." (5)

En 2001, Harold Pinter describió a los Estados Unidos como: 'El más peligroso poder que jamás haya conocido el mundo – el auténtico estado granuja, pero el estado granuja de colossal poderío military y economic.' (6)

Pero es Estados Unidos realmente el incontrolable superpoder que desafía al resto del mundo? Es realmente un estado granuja que obliga a cumplir sus deciciones a otros gobiernos, y que pone en juego la vida de personas inocentes a través del munco?

William Blum, ex oficial del Departamento de Estado y autor de "Rogue State": una guía al único superpoder del mundo, estima que los Estados Unidos ha tratado de derrocar al menos a 40 gobiernos extranjeros desde 1945. (7)

Una nación demasiado ponderosa para que el resto del mundo se oponga a ella, tendría que haber un arsenal enorme que apoyara el potencial para agredirla. Los Estados Unidos tienen 30,000 toneladas de armas químicas, el más grande suministro en el mundo de virus de viruela y anthrax, y el más grande acopio de armas nucleares en el planeta. (8)

Como un estado granuja, los Estados Unidos creen que no tienen obligación de cumplir con tratados o convenciones que son aprobadas y puestas por escrito. Se ha opuesto al Tratado Kyoto, a la Corte Criminal Internacional, al Tratado Anti Balístico de Misiles; a las decisiones de las Naciones Unidas y de otras organizaciones más.

Esta realidad, forzada sobre el mundo, por políticas extranjeras designadas por el concepto de principio de auto interés, a lo largo, ha definido a los Estados Unidos como una amenaza global. El caracter de América es la creación de 180 años de consecutivos presidentes y de una vasta red de agencias federales, continuamente trabajando con poder e intriga autónoma.

Estos fueron los hombres que formaron el gobierno que conspiró para robar a México sus territorios del norte y que ningún libro de texto de historia puede legitimar en el presente, incluyendo estos detalles verdaderos. México no ha sido la única victima de las intrusiones de los Estados Unidos. La verdadera historia incluye la cuenta de ochenta y cinco intervenciones que Estados Unidos ha hecho en naciones de América Latina en los últimos 150 años. Nicaragua, Panamá, Cuba, República Dominicana, Honduras, Guatemala, El Salvador, Costa Rica, Ecuador, Brasil, Bolivia, Uruguay y la pequeña isla de Granada; todos estos países han sido victimizados por invasions militares, en sus asuntos internos y problemas politicos. Cuando los Estados Unidos intervinieron en Chile, ellos colocaron a Augusto Pinochet en el poder y éste se convirtió en uno de los dictadores más sanguinarios en la historia; responsable por la muerte y desaparición de más de 3,200 personas y miles más que fueron encarcelados y torturados.

Todas estas violaciones fueron desetimadas por más mentiras provenientes de la Casa Blanca. En 1928, las agencias noticiosas de los Estados Unidos reportaron que: "...la intervención no es ahora, no fue antes y nunca sera un juego politico de los Estados Unidos" y declararon que esta fue la posición oficial del Presidente Herbert Hoover. (9) Pero sólo un año después, bajo el mando del Secretario de Estado Robert Olds, apareció hablando sobre el Destino Manifiesto, en el cual supuestamente Dios, les dio a los Estados Unidos sus bendiciones para que cometieran agresiones sangrientas y genocidios, cuando él dijo: "No hay espacio para ninguna influencia exterior, sólo para la nuestra en esta region. No podríamos tolerar una cosa así, sin incurrir en graves riesgos...Hasta ahora América Central siempre ha entendido que los gobiernos que nosotros reconocemos y apoyamos, permanecen con poder, mientras que otros que no reconocemos, ni apoyamos, caen. Nicaragua se convirtió en una prueba de esto. Es dificil ver cómo nosotros podemos estar fuera de alcance para ser derrotados. (10)

Mientras tanto, el sitema educativo en los Estados Unidos estaba ocupado, lavando cerebros de las mentes jóvenes, para que vieran a los Latinoamercanos como ignorantes y socialmente retardados. Un libro de texto de 1964 decía: "Es dificil desarrollar y establecer gobiernos democráticos [en Guatemala], porque muchas de las naciones indias son analfabetas y supersticiosas." (11)

Siempre ha sido la política en el Gobierno de los Estados Unidos cubrir eventos con explicaciones fabricadas que intentaron hacer que la gente simpatizara con sus causas. Cuando Pancho Villa atacó Columbus, Nuevo México, en 1917, fue el tiempo en que los Estados Unidos participaron en la Primera Guerra Mundial contra Alemania. James Gerard, el Embajador de Estados Unidos en Berlín, le dijo a la prensa: "Estoy seguro de que el ataque de Villa fue perpretado en Alemania" (12) La sugestión fue clara; que un simple mexicano podría haber conseguido el primer ataque en suelo Americano, era inconcebible. Villa debió haber tenido ayuda de Alemania para estar luchando contra Estados Unidos en las campañas de la Primera Guerra Mundial.

Aún hoy, si uno visita el Museo de Columbus, Nuevo México; lo que encontrará, es una colección de artículos que traerían sospechas a las mentes de legítimos historiadores. Cuando estuve de visita ahí, un hombre entró con un sarape, con un hoyo en el mismo; él aseguraba que el sarape fue usado por uno de sus familiars durante el ataque de Villa y que el hoyo fue producto de un disparo. El artículo fue aceptado con gratitude y asumo que haora se exhibe en la colección histórica. Un examen más responsible del sarape, podría haber revelado que dicho hoyo fue hecho por polillas, pero eso nunca se comprobó. Al mismo tiempo, los trabajadores del museo informaban a la gente que Villa entró a Columbus a "robar el banco" La historia, dicha por los gringos, tiene poco respeto por la verdad, o poca academia para decirlo responsablemente.

La creencia de la aprobación divina que guió la expansión hacia el oeste de los Estados Unidos, parece que hoy ha ganado nuevas proporciones con las tropas americanas que han peleado en Irak y Afganistán, situaciones difíciles de explicar en el future por los historiadores. Republicanos incondicionales insisten que la Guerra de Irak no fue illegal porque el Congreso la aprobó por mayoría de votos. Ellos eligieron ignorer el hecho historic de que el Presidente George W. Bush, desinformó acerca de armas de destrucción masiva, aparentemente escondidas en Irak. Basada en una creencia tradicional de que el Presidente de los Estados Unidos es confinable; miembros de la Casa de Representantes y el Senado aprobaron la invasion. Más tarde ellos establecieron que si ellos hubieran dicho la verdad, no se habría votado a favor del ataque.

Hecho el fiasco de Irak aún más bizarre con el hecho de que el Presidente de Irak Saddam Hussein fue más tarde capturado y acusado en relación con el uso de armas químicas contra los kurdos, cerca de la frontera turca, 18 años antes. Aunque lo que no fue revelado fue que muchos de los elementos químicos usados para hacer esas armas, fueron importados de los Estados Unidos.

Estas decepciones son características de la historia de los Estados Unidos. Después de la Segunda Guerra Mundial, simpatizantes internacionales, pedían que los judíos que habían sobrevivido a los campos de concentración, querían regresar a su patria Israel. Se formaron organizaciones par ir a la caza de los criminales Nazis, y los gobiernos europeos hacían investigaciones especiales para aver si alguno de los archicriminales estaba enmedio. Sin embargo, mientras todo eso estaba sucediendo, los Estados Unidos estaban conduciendo lo que ellos llamaron "Operation Paperclip." (13) Este programa secretamente consiguió criminales Nazis y los trajo a Estados Unidos, para usarlos como fuentes de información en la Guerra Fría contra Rusia. Reinhard Gehlen fue el espía favorite de Hitler que creó el programa de inteligencia en Moscú; una vez en América fue urgido a crear la "Gehlen Organization" para renovar el espionaje en Rusia, pero esta vez para el Gobierno de los Estados Unidos. Varios de los Nazis traídos secretamente a Estados Unidos fueron ex miembros de las temidas SS que participaron en el holocaust. SS Colonel Otto Skorzeny, Alfred Six y Klaus Barbie, quien fue conocido como el "Carnicero de Lyon" fueron bien recibidos en los Estados Unidos. Emil Augsburg y Otto von Bolschwing, ambos jugaron roles en la exterminación de seis millones de judíos fueron invitados a suelo americano para asistir a la Organización Gehlen a alcanzar sus metas.

Las páginas de la historia de Estados Unidos están contaminadas con mentiras, conspiraciones y decepciones contra la gente que juraron server y proteger. En muchas circunstancias, los ciudadanos estadounidenses fueron tan victimizados como lo fueron los residentes de las naciones Latinoamericanas que fueron sujetas de intervenciones. Las razones ambiguas de la acción military en Corea del Sur en 1949, el largo compromise en Vietnam, la Tormenta del Desierto y la última incursion en Irak, así como la operación en Afganistan demuestran cómo facilmente los politicos norteamericanos sacrificarán jóvenes vidas, por motives que no envuelven la seguridad, o defensa de su nación.

Es que hay una tradición cultural que causa que México honre a los Estados Unidos a través de falsas calumnias para no ofenderlo? Es que hay un continuo temor a los Estados Unidos, causado por los tantos abusos contra México, que los libros de texto de México apuntan muy a menudo el impacto de las transgresiones de nuestro vecino país del norte? Por alguna desconocida razón, está ahí el temor de enseñar la verdad que crearía generaciones de jóvenes acérrimos enemigos de los Estados Unidos? Es inconsebible que los libros de texto presentan distorciones de la historia, porque sus autores creen que es verdad.

Lo mismo es verdad en los libros de historia de los Estados Unidos, donde los niños son enseñados que los Estados Unidos vencieron a Gran Bretaña por los bravos patriotas que lucharon y murieron en nombre de la libertad. Washington es presentado como un gran estratega y valiente general que finalmente manejó a los británicos hacia una agotada rendición. La verdad es que Washington perdió cada gran batalla que dirigió y falló como lider military.

Una verdad adicional es que Gran Bretaña perdió la Guerra en sus colonias porque también estaba en guera con Francia, España y Holanda en las campañas de las Indias Occidentales, El Mar del Norte, EL Canal Inglés, Gibraltar, El Mar Mediterráneo, El Cabo de Buena Esperanza, India y Las Indias del Este. Al mismo tiempo estaba ocupada con una guerra menor con los piratas a través del Atlántico. Habría podido Inglaterra concentrarse en una única guerra en América?, es probable que los Estados Unidos no existieran hoy en la forma que ahora están. Considerando que el 20% de la población de las colonias permaneció leal al Rey, la Independencia habría sido mucho más difícil de conseguirse.

Hubo una lucha por la libertad por supuesto. Washingtón estuvo al frente de un ejército que siempre tuvo en la mente la idea de poner en libertad esta nueva tierra del colonialism de Gran Bretaña. No obstante, al mismo tiempo, Inglaterra tuvo la obligación de defender su derecho a las colonias y ese derecho estuvo justificado. Después de todo, los colonizadores tuvieron la oportunidad de arribar en el Nuevo Mundo, sin una patente que les diera el título de que formalmente formaban una colonia. Si hicieron esto sin una patente, su presencia en esta tierra sería completamente illegal; fue por esta razón que ellos arreglaron un acuerdo y formaron un tipo de gobierno en el cual, la mayoría gobernaría. El Mayflower mencionado anteriormente en este escrito, forzó a los conquistadores a enviar pieles y cualquier cosa de valor que descubrieran hacia Inglaterra.

En el gran conflicto contra Inglaterra para ganar la Independencia, los nuevos americanos de alguna manera, ingnoraron la promesa original de los colonizadores de mantenerse leales y obedientes a su rey. Desde su origen, parece que la gente, quienes pronto serían llamados ciudadanos liberados del control británico, iniciaron su existencia sobre la base de la decepción y traición, y que esas características se convertirían en gran parte en la personalidad nacional.

No hubo intención en los medios del sistema educativo de los Estados Unidos para manipular los hechos históricos por el temor de offender a sus vecinos. La distorción de la historia es practicada en los salones de clase del pueblo estadounidense, para reducir conspiraciones y decepciones que fueron políticas oficiales del gobierno. El Distrito de Escuelas de Tucson inició un programa de estudios mexicano-americano donde destacó un libro de texto que presentaba la historia desde un punto de vista objetivo. El resultado fue, que el programa fue eliminado y los periódicos reportaron que: "Una ley en Arizona aprobada el año pasado- que directamente tenía como objetivo un programa de Tucson- se prohibieron clases diseñadas para un grupo étnico en particular, o que promoviera resentimiento hacia una raza, o clase de personas." (14) Aunque el Distrito Escolar tiene un programa complete para la historia de los negros, su cultura, literature, historia, etc.

Pero hubo un esfuerzo para enseñar a los niños en los Estados Unidos la verdad acerca de su propia historia. Hubo un programa para enseñar historia como hecho, sin excusas por cualquiera de sus eventos. Algunas escuelas valientes adoptaron el programa, pero fue contrapuesto en todos lados. El Congresista de Colorado, Tom Tancredo permaneció en el piso de la Casa de Representantes y dijo: "...Creerían ustedes que en los libros de texto de un distrito de Nuevo Mexico, una introducción a dicho libro es por cierto llamada "500 Años de Historia Chicana en Pinturas" declara eso, y recuerden, se trata de un libro de texto en una escuela pública, en los Estados Unidos de América, específicamaente en Nuevo México. Esta no es una cuestión aparente, lo que voy a leer aquí no es lo que alguien justamente sugiere.

Esto es lo que el libro de texto afirma es verdad, dice que este libro de texto fue escrito, 'en respuesta a la celebración del Bicentenario de de la Revolución Americana de 1776'. Ustedes piensan buena,excelente idea,"*y es su mentira*" . El propósito de su declaración es para "celebrar nuestra fuerza". A quién le están hablando aquí?. Celebrar nuestra fuerza de ser colonizados y absorbidos por constructores de un imperio racista?

"El libro describe a los defensores del Alamo como propietarios de esclavos, especuladores de tierras y asesinos de inidios, llama a Davey Crockett carnibal, y menciona que la Guerra de 1846-1848 sobre México, no guerra con México, guerra sobre México, fue una invasion de los Estados Unidos, no provocada.

"Los capítulos incluyeron títulos como: 'Muerte al invasor. Este es el capítulo así titulado': 'La conquista y tracición de Estados Unidos, Este es el título de otro capítulo:' 'Nosotros somos ahora una colonia de Estados Unidos en la ocupada América' y 'Ellos Robaron la Tierra.'

"Ahora este es un libro de texto. Esto es lo que ha sido impreso. Esto es lo que ha sido adoptado. Esto es lo que ha sido usado en las escuelas de Nuevo Mexico. No conozco cómo y cuánto se ha difundido esto. No conozco cuántas escuelas lo han adoptado. No se si está incluido en la lista de lecturas recomendadas para niños, pero se que, tan bizarro como todo lo que suena en relación con esto, no es único. Esto no es una aberración, esta clase de historia revisionista, esta clase de descripciones venenosas de los Estados Unidos, no son únicas.

"Esto debería preocuparnos a todos nosotros. Pienso es de lo que queremos hablar, que tenga alcance para algunos en esta tarde: Lo que está pasando a la enseñanza de nuestra historia, de nuestra cultura y de la herencia de lo que llamamos La Civilización Occidental..." (15)

Déjennos comparar los puntos de vista distorcionados de nuestros congresistas con hechos históricos. En 1813, Davey Crockett participó en un ataque de una aldea india; la aladea fue rodeada y ninguno podría escaper. Algunos de los indios salieron de sus casas para rendirse y pedir clemencia. Una de las mujeres que estaba sentada en el suelo, usó su pie para inclinarse y lanzar una flecha que mató a un teniente del grupo de Crockett; inmediatamente los soldados dispararon sus armas y Crockett report más tarde que la mujer tenía cuando menos veinte orificios de bala en su cuerpo, Crockett dijo que "les dispararon como a perros"

En el curso de la batalla, 46 indios fueron atrapados en una casa y los soldados le prendieron fuego, con todos los hombres adentro. Más tarde, cuando Crockett y sus compañeros estaban hambrientos, regresaron a la casa quemada y encontraron papas cocinadas con el calor del fuego. Crockett confesó que la grasa corporal den los hombres quemados estaba en las papas, pero que no import, él se las comió de cualquier forma; muchos historiadores relatan que esto fue un acto de canibalismo. (16)

El congresista preguntó "A quiénes les están hablando aquí?, celebramos nuestra Resistencia a ser colonizados y absorbidos por los constructors de un imperio racista? Una simple respuesta es sí. Los gringos invasores fueron constructores de un imperio; lo ha probado en muchas ocasiones, fueron racistas también, muchos de ellos propietarios de esclavos; y el congresista debería aprender un poco más acerca de la historia, antes de quejarse de cómo es ésta enseñada. El se refería a la Guerra de 1857 en México que fue realmente llevada a cabo entre 1846-1848; que tendría que haber sido llamada "La Guerra sobre México" en lugar de "La Guerra con México" México nunca declare la guerra a los Estados Unidos, entonces debe haber sido "La Guerra **sobre** México". Cuando una nación conspira para invadir a otra nación vecina, por razones de expansion territorial, no puede ser llamada una guerra "con" una nación.

El libro de texto describió a los defensores de El Alamo como propietarios de esclavos. El hecho historic es que, mucho de lo que es conocido de lo acontecido dentro del Alamo, vienen de un negro llamado Joe, un esclavo que pertenecía a Willian Barrett Travis, comandante de los defensores, Joe fue uno de los pocos sobreviviente que más tarde contó la historia. El fue el único sobreviviente que había visto a Santa Anna cara a cara y permaneció de pie junto a él, como parte de las tropas mexicanas; 1800 de ellos marcharon juntos. Santa Anna alardeó de que podría marchar todo el camino hasta Washington si así lo eligiera. Más tarde, Joe fue enviado de regreso a la plantación Travis como esclavo, donde él vivió, hasta 1857, cuando él escape. En una occasion, él y un hombre mexicano dos caballos completamente equipados y desaparecieron. Fue publicado un anuncio de "buscado", ofreciendo cuarenta dólares de recompense por su captura, pero nunca fue encontrado. (17)

El punto aquí es que, aún el comandante de las fuerzas texanas fue un esclavo negro. El Coronel James Bowie, quien también murió en El Alamo etuvo ahí, junto a un hombre, esclavo negro, y varios records indicant que otro de sus esclavos, Sam, se encontró entre los sobrevivientes. Micajah Autry, Mial Scurlock, William R. Carey, Juan N. Seguin, todos defensores de El Alamo, fueron también propietarios de esclavos.Entonces, junto a la tremenda ignorancia del congresista, con qué desafío afirma que los libros de texto dicen la verad? El Congresista Tancredo se paró enfrente al Congreso y habló de la historia revisionista, mientras que la verdad fue que, lo que se deseaba que aprendieran los niños realmente era la historia revisada. El no quiso que ellos supieran que el Presidente Polk, abiertamente conspire para invadir México y robar sus tierras. El no quiso que ellos supieran que los defensores de El Alamo tenían entre ellos a esclavos y a propietarios de esclavos. Crockett admitió que ellos habían disparado a los indios "como a perros"pero el congresista y otros gringos de ese tiempo no quisieron que sea conocido como "asesino de indios"

Una vez más, cuando se habló de Latinoamérica, el Presidente de Estados Unidos, Richard Nixon dijo: "América Latina no importa, nadie da una mierda por ese lugar."(18) Uno de los supervisors escolares de México, Adolfo Aguilar Zínser, fue embajador de su nación ante las Naciones Unidas y el 11 de noviembre dio un discurso en la Universidad Iberoamericana, en la Ciudad de México, en 2003, les dijo a los jóvenes estudiantes que los politicos e intelectuales de los Estados Unidos ven a México "un país cuya posición es la de patio trasero" y que el Gobierno de los Estados Unidos está interesado en tener solamente "una relación de conveniencia y subordinación" Cuando fue reprendido y estuvo despojado de su posición, Aguilar Zínser, defendió sus comentarios diciendo que ellos se refirieron a las actitudes de Estados Unidos que fueron "obvias e históricas" En la Cuiudad de México estuvieron diciendo que él fue un "obstáculo" para las relaciones entre Estados Unidos y México. (19)

La nación que muchos presidentes de México llamaron el "buen vecino" usó a América Latina para fortificar su posición como un imperio, siente que tiene un completo control sobre las naciones del sur, ya que éstas no necesitan reflexión o consideración alguna. Desde mediados del Siglo XIX, hasta principios del Siglo XX, los Estados Unidos desarrollaron su máquinaria de Guerra con constants intervenciones en Latinoamérica. Para 1930, Estados Unidos había enviado lanchas cañoneras hacia los puertos de América Latina por más de 6000 ocasiones, había invadido Cuba y México por segunda vez; había enviado tropas a la República Dominicana, Nicaragua y Haití y había robado Puerto Rico a España, y tomado una parte de Colombia para crear Panamá y su Canal. Muy aparte de las intrusions físicas en otras naciones, los Estados Unidos operaron lo que ellos llamaron: "soft power"o la hablididad de controlar la economía de un país a través de infilyraciones en las corporaciones americanas. Este movimiento se convirtió en una red mundial, al que ingresaron otras potencias, como Inglaterra, Francia y Alemania. El lento cancer de estas corporaciones creció extensamente y rápido tuvo sus efectos hasta dos terceras partes de la población mundial, quienes tienen solamente el 33% de la riqueza del mundo. Más y más riqueza fue canalizada en muy pocas manos. Diez por ciento de la riqueza de México es propiedad de una persona. De los siete billones de personas en el munco, tres billones viven con menos de 28 pesos al día. La pobreza nunca fue más extrema que en la actualidad, cuando la tecnología debería de estar resolviendo los problemas de alimentar a las masas. En lugar de esto, una persona muere de hambre cada 3.6 segundos, y tres, o cuatro de ellos son niños de menos de 5 años. Así como las grandes corporaciones crecen, los pequeños negocios familiares quiebran. Los negocios pequeños no pueden competir con el poder de compra de las corporaciones, y en naciones, donde sólo la esperanza que algunos tienen para alimentar a sus familias es un asunto privado. Las esperanzas de éxito continúan decreciendo.

Alguna gente se sorprende porque elegy hablar con la verdad acerca de los Estados Unidos. Muchos tienen la idea de que uno debería ser leal al país donde nació, pero ese concepto nos niega el derecho de investigar la verdad y de ver cosas como realmente son. En una ocasion, en una lectura a un gran grupo de gente joven, les dije que la fuente del 95% de los problemas de México pueden encontrarse al norte de la frontera. Si los narcotrficanates son un problema, los adictos consumistas están arriba de la frontera. Si la obecidad es una amenaza creciente para la juventud mexicana, chequen las calorías en Big Macs y Whoppers. Si la gente joven usa malas palabras, escuchen las letras de la música rap que llega de los Estados Unidos. Si la Iglesia Católica tiene menos influencia que las décadas pasadas, examinen el número de sectas protestantes que llegan desde el norte; si las deudas de las tarjetas de crédito son muy desorbitantes, recuerden que casi todos los bancos de México son actualmente de propietarios extranjeros, o afiliados a extranjeros. Debería recordarse que el colapso de Rusia, no llegó de las balas o bombas americanas, llegó de Levis, rock and roll, Coca Cola y push-up bras. . La ocupación Americana de Japón que siguió a la Segunda Guerra Mundial, erradicó una de las más antiguas culturas en la historia de la humanidad, hoy, caminar en el centro de Tokyo es poco diferente a caminar en las calles de la Ciudad de Nueva York y muchas anuncios de los negocios están en ingles, que es un lenguaje de uso común en Japón.

Parte de la conquista cultural de una nación está hecha por desacreditar su propia historia. Un libro de texto de historia, usado en varias universidades de los Estados Unidos opine que; "El Museo Nacional de Historia en el Palacio de Chapultepec no tiene registros escritos de la pérdida del territorio (*territorio perdido con la invasion de 1847*) a través de las narraciones de la invasion de los Estados Unidos y del "mito" de los Niños Héroes celebrado el 13 de septiembre. A pesar de que la historia no lo registra oficialmente. En el área del Siglo XIX, en el Palacio de Chapultepec, el sitio por completo recuerda al público de la Invasión Estadounidense, en el lugar exacto donde el ultimo de los Niños Héroes "supuestamente" saltó, para morir envuelto en la bandera Mexicana. Una adecuada "metáfora" de inocencia nacional. La conciencia histórica de México ha usado el "mito" de los Niños Héroes como su propio registro narrativo de El Alamo." (20)

Si esto no es suficiente insulto pra sugerir que los Niños Héroes no son nada más que una mitología dentro de la Historia de México, esto debería ser notorio, acerca de que otros pseudo historiadores han sugerido que los jóvenes soldados estuvieron bajo la influencia de drogas, al momento de sus heróicas muertes. A los gringos les gustaría borrar el legado de los jóvenes heroes, justo como ellos tartan de asegurar que Pancho Villa atacó Columbus para robar el banco. En las lecciones de historia ofrecidas a los maestros estadounidesnses por la Fundación de Derechos Constitucionales, se asegura que los mexicanos no ganaron una sóla batalla en las guerras que se llevaron a cabo con los Estados Unidos. Ellos ignoran el hecho de la estrategia militar de México, especialmente las fuerzas de la guerrilla civil, que fueron de ataque y huída, causando daño y desapareciendo. En las crónicas de los veteranos de los Estados Unidos, que sirvieron cerca de Moterrey, estos ataques fueron seguidos y severos y esto es otra distorción, por el hecho de asegurar que no se ganó ninguna batalla. Además de esto, la primera interacción en el conflicto entre México y Estados Unidos, el 26 de abril de 1846 fue ganada por México.

La América de hoy no es diferente a las antiguas Grecia y Roma. Su lugar en el mundo se define en gran medida, tanto por su fuerza military, como por su poderío economic. Su historia está representada más por derramamientos de sangre que por diplomacia, o compromiso internacional. Se ha encerrado a sí misma dentro de la arena de Guerra y su economía está tan permanentemente ligada a la compleja industria military, que sin ella no podría sobrevivir.

El inicio de este cambio de caracter en América vino después de la Segunda Guerra Mundial. Una compañía que hacía botones antes de la Guerra, fue contratada para hacer balas. Toda su maquinaria, entrenamiento y financiamiento vinieron de programas federales. Aunque al final de la Guerra fue muy difícil regresar a la producción de botones; las viejas máquinas ya no servían y trabajadores calificados pasaron a desarrollar otros trabajos. Se requirió de dos años completos en Detroit para regresar a la producción de autos domésticos y cambiar de la producción de jeeps, tanques y camiones. Los negocios pequeños no tuvieron suerte y la economía sintió el impacto de la paz. La paz no fue tan rentable como la Guerra. La producción de la Segunda Guerra Mundial había llevado a la nación fuera de la Gran Depresión y hubo un profundo temor de que pudiera regresar si las industrias de América no se mantenían ocupadas.

La producción de guerra se convirtió en una producción de defense; tenías que estarte defendiendo port í mismo de algo. La Guerra Fría fue la respuesta. El Comunismo fue una amenaza internacional. La máquina de propaganda de Washington estuvo trabajando tiempo extra para crear la imagen del comunismo pagano, esclavizante y ansioso de expansion en el mundo. La amenaza imaginada se convirtió en pánico nacional, acogida con sensacionalismo por los medios. Investigaciones estuvieron encontrando comunistas por doquier. Hollywood fue presuntamente una zona caliente comunista y muchos inocentes actors, actríces, guinistas, directores y productores, fueron puestos en la lista negra, que continuamente se terminaban sis lucrativas y prometedoras carreras. El jefe espía entre la elite de Hollywood, que apuntaba a los comunistas sospechosos entre ellos fue Ronald Reagan, un actor contratado para la Warner Brothers y más tarde Pesidente de los Estados Unidos.

Cinco años después de que terminara la Segunda Guerra Mundial, Corea del Norte invadió Corea del Sur. La nación había estado dividida en norte y sur después de la rendición de Japón en 1945, y Corea del Sur fue una nación capitalista, mientras el norte fue comunista; por lo tanto fue el momento perfecto para detener la extension del comunismo en el mundo.

La propaganda americana siempre habló del comunismo consumiendo al mundo, no Corea del Sur, ni Vietnam del Sur, pero sí al mundo entero. La gente en Estados Unidos tuvo que sentirse amenazada para justificar el Nuevo carater de la nación, una nación que construiría su economía basada en la guerra.

Ell conflict en Corea terminó en 1953 con un tratado de paz; aunque con el comienzo de la Guerra en Corea en 1950, Estados Unidos ya estuvo enviando asesores a Corea del Sur y desde ahí, la guerra sería una condición permanente nacional por otros 22 años. Estuvo la intervención en Líbano en 1958 y la intervención en la República Dominicana en 1965. Le siguió Vietnam, también Estados Unidos tuvo una acción militar en Granada en

1983; la invasion a Panamá en 1989, El Golfo Pérsico en 1990; intervención en Somalia en 1993; la ocupación de Haití en 1994; intervención en Bosnia y Herzegovina en 1995; la invasion de Afganistan en 2001 y la invasion de Irak en 2003, y mientras se desarrolla este escrito, los dos últimos conflictos no han sido resueltos y representan 11 años de continuo combate.

La continua presencia de la guerra se instaló en la cultura nacional. Los medios americanos pintaron a los niños soldados de Africa como una ofensa contra la inocencia de las jóvenes mentes para la guerra, y de hecho lo es. Pero a los niños americanos se les dan armas de juguete como regales de navidad. El mercado de juguetes tiene uniformes y cascos, rifles de juguete, granadas, pistolas, tanques, aviones de combate, transportadores de aviones de guerra y todos los armamentos imaginable para entrenar a las mentes jóvenes para la guerra. La television se llenó con violencia de guerra y crimen, y G.I. Joe es una figura de juguete popular. Rambo se convierte en un héroe nacional y 13 películas de guerra ganaron el Oscar como la major película de acción del año. La Guerra y el combate penetraron las conciencias de la nación sin importer si se dan cuenta, o no.

Al final llegó el momento cuando las consecuencias de la Guerra mentalmente arribaron a casa en forma de tragedia nacional. El 20 de abril de 1999, Eric Harris y Dylan Klebold, alumnus mayors de la Columbine High School en Columbine, Colorado, armadas con una arsenal de muerte, ya no más con juguetes de plastic y pretendiendo morir con balas imaginaries. Harris estaba armado con una 12-gauge pump-action shotgun recortado para disimularlo fácilmente, además de eso, cargaba una carabina de 9mm con un cargador de 13 magazines, cada uno con una serie de tres disparos.

Klebold también tenía una 9mm semi automatic, pistola de mano con tres magazines, cargando entre 28 y 52 disparos. También cargaba una sawed-off 12 gauge double-barreled shotgun.

Ellos habían investigado en internet y aprendieron a construir un total de 99 aparatos explosives parecidos a las granadas. En minutes, 12 estudiantes y un maestro fueron asesinados y 21 fueron heridos. Juntos habían disparado más de 150 tiros, antes de detonar uno de sus aparatos para suicidarse.

En 2007, un tirador en Virginia Technical University mató 33 personas antes de quitarse la vida.

n los cinco años entre 2006 y 2011, los Estados Unidos tuvieron 23 balaceras en campus de escuelas que reclamaron las vidas de 75 persona y al menos otros 73 heridos. En abril8 de 2011, un estudiante de kindergarden en Houston llevó una pistola a la escuela y resultaron heridos tres cuando la pistola se le cayó de la bolsa y se disparó. (21) En Seattle, un niño de 9 años de edad disparó a su compañero de 8 años después de llevar un arma a la escuela.(22) Un niño de 10 años de Ohio, llevó un arma a la escuela para protegerse a sí mismo de las balas. (23)

Esta y otras escenas de violencia reclaman la vida de estudiantes a través de la nación, dan el mensaje final en casa. La influencia de la saturación de violencia tuvo un costo y la nación lo está pagando. Es tiempo de reaccionar.

En la Ciudad de Oklahoma, un niño de 7 años fue suspendido de la escuela por apuntar con su dedo como una pistola, pretendiendo disparar hacia una pared, en otros lugares, niños han sido suspendidos por lo mismo. Algunos fueron suspendidos por dibujar gente armada. Un niño fue enviado a casa por usar un sombrero con la figura de un soldado en él. Hawaii propuso una ley haciendo ilegal la venta de armas de juguete a menores de 18 años.

Si la sociedad estuvo envuelta en un nivel de conciencia de la no-violencia, el gobierno no lo estuvo. Elpresupuesto militar de la nación cuenta con cerca del 40% de todo el dinero gastado en armas en el mundo. La asignación de la Defensa de los Estados Unidos es de 6.5 veces más de lo que es gastado en China y es más de lo que militarmente combinado de las siguientes 20 naciones de la lista de países con los presupuestos más altos de defensa. El desembolso no es porque América está comprometida en una gran guerra de pesrspectiva global, es porque tiene una presencia militar en 150 de las 195 naciones. Muchas de las instalaciones en otras naciones son llamadaas WRS, las cuales representan al War Reserve Stock, o instalaciones de almacenamiento, donde los implementos y bienes para los pagos de la guerra son guardados. El mantenimiento de las 12 bases militares de Estados Unidos, sólo en el minusculo Japón. Con el costo de las guerras en aumento en cada minuto, los Estados Unidos ha gastado hasta este momento $1,700,000 000,000.00 en los pasados 11 años.

Desde la Segunda Guerra Mundial, el porcentaje de gastos destinado a la milicia, en la actualidad y en el pasado – ha variado de 45 a 90 por ciento. Los impuestos son usados para la actual Guerra en Afganistán y en las fuerzas de ocupación en Irak y por el personal en el 87% de las naciones del mundo. Contratos de equipos de Guerra (aviones, armas, tanques, jeeps, chalecos antibalas, uniformes, etc.) también están incluidos. El costo de los Complejos militares incluye beneficios a los veteranos, hospitals militares, centros de reclutamiento, pensiones para viudas y más.

Como Roma y la Francia Napoleónica, una nación diseñando su lugar en el mundo a través del aspecto militar, podría pronto encontrar a su propia gente sufriendo porque no sobra suficiente de los impuestos para mantener a las familias. Esto se convierte en una sociedad manipulada por una economía que forza a las peores decisiones sobre ellos. Los economístan predicen que el costo de la atención de los colegios de los estados se disparará a $120,000 para 2015; y si se prefiere una universidad privada, como Princeton University en Nueva Jersey, los padres de un niño recien nacido tendrían que ahorrar $14,000 pesos al mes por 18 años, sólo para pagar la matrícula básica.

Las alternativas son aplicar para que los estudiantes obtengan facilmente préstamos para estudiar y graduarse a la edad de 22 años, con una deuda de $210,000 dólares, más los intereses, o unirse a la milicia y usar más tarde los beneficios de los veteranos para estudiar. Incluso las universidades estatales han seguido la tasa de inflación de la nación; la colegiatura en 1986 era de $10,000.00 dólares, misma que podría ser en la actualida de $21,500 dólares. Los costos de la educación en los Estados Unidos han estallado y el costo de la matrícula en una universidad estatal patrocinada, es ahora dos veces y media más alta que la tasa de inflación, con un costo de $59,800 dólares. El alto costo de la educación produce una variedad de resultados. Familias de clase media y baja no tienen más a su alcance la educación de sus hijos. La gente joven que quiere una educación, tiene pocas oportunidades mejores que entrar a la milicia y más tarde utilizar los beneficios universitarios. La condición asegura que en la milicia haya una constante fuente de enlistados y un mantenimiento de la Economía de Guerra.

Pasa todo esto con una natural fluidez de eventos? Se convierte América en una fuerza mundial más allá de la comparación entre diseño y necesidad? De alguna manera, los americanos leales mantienen confianza en el gobierno , vista con desprecio hacia un grupo llamado "conspiracy buffs,"o aquellos que creen que el gobierno ha sido envuelto en conspiraciones a escala monumental. Para la mayor parte, los medios han sido instrumento para desacreditarlos en escritos acerca de ellos, con un sentido de ridículo y apatía general a su causa.

En la publicación de El Atlantic del 4 de Julio de 2012, se menciono en un artículo lo siguiente: "Una investigación en la Universidad de Kente en el Reino Unido muestra una fuerte desconfianza de que las autoridades puedan dirigir al pueblo para aceptar nada" (24) La implicación estuvo clara; la conspiración brilla, o aquellos que creen que una conspiración pasada es inocente, vulnerable y generalmente menos que analítica. No hubo mención de los contados studios de las universidades que apoyan la idea de que Lee Harvey Oswald no actuó solo, de que las torres del World Trade Center no colapsaron por el calor, o que la Administración Bush conspiró desde los primeros días en busca del poder para invader Irak. Los medios y los académicos conservadores encontraron más fácil ajustarse para empacar noticias que investigar y dar respeto a las opinions de décimas de miles quienes tuvieron sinceras sospechas.

Con el colapso de Rusia en 1991, basicamente terminó la Guerra Fría, la alegada amenaza del Comunismo, devorando al mundo no podia ser más la justificación para la maquinaria militar de América. China fue emergiendo como un poder mundial y un valorado socio comercial para muchas industrias y no podría ser ignorado, aún siendo una nación comunista. La propaganda de los Estados Unidos tenía que encontrar un nuevo elemento que conservaría a su población temerosa y dependiente. El control del pueblo había sido fácil durante la Guerra Fría. Los niños en las escuelas aprendieron qué hacer en caso de un ataque atómico. Las familias construyeron refugios anti bombas bajo la tierra en sus patios traseros y almacenaron comida y suministros para asegurar su sobrevivencia.

Tom Walker escribió en la revista Designer Daily en 2009, que los estados democráticos del oeste prácticamente desmantelaron sus puestos de maquinaria de propaganda de 1945. (25) Nada poprdría estar más lejos de la verdad; carteles que son ahora artículos de colección, representan escenas de atrocidades comunistas como, violaciones en masa con el slogan de: "esto podría pasar aquí" En 1961, una revista de Time Magazine, tenía a Nikita Sergeyevich Khrushchev en su portada, parado al frente de una gran explosion, un obvio intento de retratarlo como un provocador de la guerra. Lorraine Day y Robert Ryan protagonizaron en 1949, la película "Me casé con un comunista" La maquinaria de propaganda estuvo trabajando durante la Guerra Fría y convenciendo al pueblo americano de que ellos vivían un periodo de gran riesgo.

Con el final de la Guerra Fría, el gobierno se quedó sin "un monstruo en el closet"para mantener al pueblo temeroso y controlado. Una nueva amenaza tenía que ser encontrada para justificar el gigante programa militar que había sido establecido alrededor del mundo.

La respuesta llegó en septiembre 11 de 2001y ninguna persona pensante podría negar que la conspiración terrorista tuvo una buena razón para la desconfianza. Por primera vez, en la historia conocida, un edificio con estructura de acero había colapsado por el calor. En aquel día no uno, sino tres colapsaron, y uno estaba a una cuadra entera de distancia del ataque. Defensores, desesperadamente trataron de proveer evidencias de que otro edificio con estructura de acero había colapsado, pero sólo pudieron proveer ejemplos de exhibiciones en salones y teatros, mucho mós pequeñs que las Torres del World Trade Center. Ignoraron que los diseñadores de los edificios, repetidamente demostraron que la estructura fue construida para resistir multiples choques de aviones, si es necesario. Ellos argumentaron que en el frecuentemente mensionado caso de la Torre Windsor incendiada en Madrid, donde de hecho hubo más calor que en las Torres Gemelas, pero no colapsó, hubo una sección de la estructura que cayó. Ignorando el hecho de que las Torres del World Trade Center, no sólo colapsaron, se desintegraron. Una famosa foto tomada en Hiroshima, después del ataque de la Bomba Atómica en agosto de 1945, a un edificio con estructura de acero que fue totalmente destruido, pero que la estructura de acero permaneció de pie.

Nadie puede negar que poco antes del ataque del 11 de septiembre una "extraordinaria" cantidad de operaciones de abastecimiento fue centrada alrededor de United Airlines y American Airlines sobre Wall Street. Fueron las mismas aerolíneas usadas en los ataques de las Torres del World Trade Center. Muchos creyeron que muchos inversionistas fueron informados acerca del ataque antes de que sucediera e hicieron enormes ganancias más tarde. El alegato estuvo apoyado por suficiente evidencia por la Securities and Exchange Commission, para conducir una investigación. Esto no había pasado anteriormente en la historia del cambio de acciones, cuando esas dos líneas aéreas tuvieron transacciones tan pesadas de stock. (26)

Nadie podría negar que el North American Aerospace Defense Command (NORAD) no respondió a los aviones secuestrados que estuvieron en el aire por una hora y media. Habían sido desarrollados planes mucho antes, de que en el caso de un secuestro, esto podría arriesgar a los habitants, aviones de Guerra podrían interceptarlos, y si era necesario, dispararles y derribarlos. La lógica fue que la pérdida de vida de los pasajeros sería opor mucho menos impactante que la posibilidad de que un enorme avión se estrellase en un area densamente poblada. Un general de NORAD testificó que ellos se enteraron del secuestro a tiempo para ordenar a los aviones caza que iniciaran el vuelo, pero aún así, nada se hizo. Compiracionistas creen que los generales recibieron órdenes de no responder a los secuestros, simplemente porque es la única respuesta razonable a la falla para responder a la emergencia. (27)

Nadie puede negar que más de 1500 ingenieros civiles estuvieron de acuerdo en que las Torres del World Trade Center no habrían colapsado por las razones declaradas por el gobierno. Tampoco cualquiera puede negar que el colapso tuvo la apariencia de una demolición controlada. Testigos reportaron haber escuchado explociones dentro del edificio cuando ellos intentaban escapar. Científicos han declarado acerca de los hallazgos del gobierno, porque el combustible de los aviones no produciría suficiente calor para derretir la estructura de acero de los tres edificios que colapsaron.

Nadie puede negar que el hueco de impacto lateral del Pentágono fue mucho más pequeño que un aeroplano comercial de American Airlanes. Considerando la seguridad que rodea al Pentágono, por qué el avión de American Airlines no fue derribado? Por qué el avión supuestamente impactó en el area del Pentágono que estaba vacante por un programa de remodelación que se llevaba a cabo en ese tiempo? El mismo cuestionamiento puede ser aplicado a las Torres del World Trade Center?. Los terroristas querrían matar tantos como fuera possible como se demostró por pilotos suicidas, quienes fueron a posiciones abarrotadas para detonar sus aparatos. Pero las Torres Gemelas fueron atacadas una hora antes de que la gente entrara a trabajar. (28)

Nadie puede negar que el vuelo 93 que se estrelló en un campo cerca de Shanksville, Pennsylvania fue quizá la parte más sospechosa de los eventos del 11 de septiembre de 2001. Un reporte del Washington Post establece: "Los 33 pasajeros, 7 del equipo de tripulación y 4 secuestradores juntos pesaban aproximadamente 7,000 libras... cientos de buscadores que treparon las coníferas espinosas y peinados los bosques por semanas [después de septiembre 11], fue posible encontrar cerca de 1,500 ejemplos chamuscados de tejido humano, que en total es menos de 600 libras, cerca del 8% del total. (29)

El 19 de diciembre de 2001, la Post-Gazzete de Pittsburg anunció "...los restos de 40 pasajeros y tripulación, y por procesos de eliminación, los cuatro secuestradores, han sido todos identificados. (30) Nosotros estamos preguntando, para entender cómo, en la ausencia del 92% de ejemplos de tejido humano, todas las 44 personas a bordo del vuelo 93 han sido identificados?.

El forense del Condado Somerset, Wallace Miller, fue llamado al lugar del accidente y más tarde declaro: "Si ustedes no sabían, tendrían que pensar que nadie estuvo en el avión; tendrían que pensar que ellos los dejaron caer en algún lugar." (31)

El gobierno aseguró que fragmentos de carne humana les han permitido identificar víctimas en las Torres del World Trade Center, el Pentágono y en el campo, donde el vuelo 93 se había estrellado. Aunque lo más confuso es porque en todos esos scenarios, las víctimas, simplemente se han desintegrado. Esto podría ser entendido en el caso de los vuelos 11 y 77, que se estrellaron en un costado de los altos edificios, pero los impactos en tierra en el Pentágono y en el campo en Pennsylvania, permanecen como misterios, en donde no se recuperaron cuerpos intactos. Esto es inusual, incluso para los desastres aéreos más severos.

En la colision del vuelo 191en el aeropueryo O'Hare de Chicago en 1979, el impacto fue tan grande que el Chicago Tribune del 25 de mayo decía: "El aeroplano, 'explotó en una pila de fuego y humo que podría ser visto a ocho millas de distancia', el Tribune report. Un residente cercano, Ami Marbel, que estaba trabajando en su jardín, oyó la exploción: 'Para el tiempo en que mire hacia arriba, había una lluvia de fuego cayendo sobre mí'...Un cura de una Iglesia Católica en Elk Grove Village llegó a la escena en minutes 'estaba tan caliente que realmente no se podia hacer nada, solo administrarlos últimos ritos,' le dijo al Tribune. 'Sólo caminé a la redonda trtando de tocar un cuerpo aquí, o allá, pero no pude. Estaba tan caliente como para tocar a cualquiera, y yo realmente no podría decir si era hombre o mujer. Los cuerpos estaban desperdigados por todos lados.'" (32)

Uno de los peores desastres aéreos mostrados sucedió en 1988 en la Base Aérea Ramstein en Alemania Occidental, cuando un error del piloto causó que tres aviones cayeran en una inmensa bola de fuego. El accidente reclamó la vida de 67 espectadores y tres pilotos, pero los cuerpos fueron recuperados para el entierro. (33)

A pesar de la devastación del colapso de las Torres Gemelas, reduciendo cement, escritorios, teléfonos y computadoras a polvo, diez por ciento de los cuerpos de las víctimas fueron encontrados intactos.

Nadie puede negar que fue increiblemente extraño que el pasaporte de uno de los terroristas sobreviviera el impacto en una de las torres. Reportes del gobierno establecen que el pasaporte que perteneció a Satam Al Suqam fue encontrado "a unas cuantas cuadras de las Torres Gemelas." El reporte de investigación del gobierno declara, que un extranjero desconocido le dio el pasaporte al detective Yuk H. Chin de la policía de Nueva York, y él, que estaba en turono, se lo dio al FBI. Muchas críticos han reclamado que habría sido imposible encontrar el pasaporte en los escombros de la torre colapsada, pero el reporte claramente establece que fue recuperado antes de que la torre cayera. Aún así, encontrar el pasaporte fue muy oportuno, para ser credible.

Pero hubo otras muchas cosas que el public estuvo preguntando para creer, y asombrosamente, muchos lo aceptaron y defienden los reports del gobierno aún en la actualidad. Aparte del pasaporte, nosotros estuvimos preguntando para comprobar, si dos de los terroristas habían comprado un auto Toyota Corolla 1988 en San Diego, California. De acuerdo con la investigación del FBI, el carro fue finalmente abandonado en el estacionamiento del Aeropuerto Dulles en Washington, D.C. Terroristas que habían supuestamente planeado por años el ataque del 11 de septiembre, ahora dejan un auto, para que sea usado como evidencia, a sólo unos kilómetros de la oficina del FBI. Y si encontrar el carro de los terroristas, no fue suficiente suerte, lo que fue encontrado adentro va más allá de la imaginación. Parece que los terroristas estuvieron asistiendo al FBI en las subsecuentes investigaciones del ataque. Los documentos recuperados fueron esenciales diciendo, "Fuimos nosotros y aquí están las pruebas que necesitan."

Los agentes del FBI supuestamente encontraron diagramas de cuatro colores de un instrument, panel para un avión B757, que une al dueño del carro con el Boeing 757, que estaría volando a un lado de la Torre del World Trade Center.

También encontraron una tarjeta de identificación con el nombre de Hani Hanjour, uno de los presuntos terroristas, para el Pan Am International Flight Academy, Jet Tech International, en Phoenix, Arizona, donde él había tomado lecciones de vuelo. Con esto había un recibo de caja para la Flight Academy, con la cantidad de $5, 745.00.

Para hacer toda la información complete, también se recuperó un itinerario de viaje para asientos 13A y 13B para Khalid Al-Mihdhar y Majed Moqed de American Airlines, vuelo 77, el Segundo avión que chocó en las Torres.

Parece que los culpable habían hecho un especial esfuerzo para inciminarse a ellos mismos, pero la pregunta final habría sido, quién fue la mente maestra de los ataques? Convenientemente los agents sólo encontraron un pedaso de papel con el nombre "Osama 5895316."

Encontrar el pasaporte y localizar el carro y teniendo esto como evidencia, habría sido suficiente fortuna, pero aún no había terminado. Cuatro y medio año después del 11 de septiembre; el FBI inform al public que otra pizca de suerte los había ayudado en su investigación. Un Nuevo reporte lo explicó como: "Ex investigadores federales del terrorismo dicen que una pieza de equipaje apuradamente registrada por la mañana del 11 de septiembre de 200, en el aeropuerto de Portland, Maine por un secuestrador de los aviones que se estrellaron en las Torres Gemelas; esta maleta proveyó de la más importante clave, permitiendo a los agents del FBI, que rápidamente resolvieran el misterio de quién encargó el ataque suicida y por qué razón.

Una confusión en Boston impidió que el equipaje conectara con el avión que los secuestradores impactaron en la torre norte del trade center. Tomada por los agents del FBI en el aeropuerto Logan de Boston, dijeron los investigadores, contenía papeles en árabe, revelando las identidades de todos los 19 secuestradores, envueltos en los cuatro secuestros, al igual como la información de sus planes, antecedents y motives." (34)

La larga serie de coincidencias fue suficiente para crear una nueva ola de sospechas y una nueva generación de teóricos de la conspiración. Demasiados eventos simplemente no tenían sentido. La evidencia fue encontrada con demasiada conveniencia. Se probó fácilmente que varias de las afirmaciones eran falsas.

Se declaró que varios de los pasajeros en los vuelos hicieron llamadas a los miembros de sus familias, usando sus teléfonos celulares. Desde que expertos han debatido, si se puede, o no, hacer llamadas de celulares desde lo alto en los vuelos y con la velocidad de los mismos. El concenso general es que las llamadas fueron posibles, pero por cortos periodos de tiempo y que la habilidad para hacer una conección, también dependería de la calidad y marca del teléfono cellular. Varios expertos declararon que las llamadas de teléfonos celulares serían imposibles a una altitud mayor de 2,460 metros. Sólo en el vuelo 93 fueron hechas exitosamaente trece llamadas, a pesar de que el avión estaba a 9,230 metros en el aire y moviéndose a una velocidad de 960 kilómetros por hora.

También es raro que tuvo sólo unos cuantos pasajeros. Reportes del aeropuerto indican que el vuelo 91 fue programado para salir esa mañana, pero se descubrió que tenía una grieta en su parabrisas. Todos los pasajeros del vuelo 91se transfirieron al vuelo 93, Considerando que el vuelo tenía sólo 44 pasajeros, muy abajo del promedio, y obviamente, muchos de estos venían del vuelo 91 cancelado, cuántos pasajeros en realidad compraron boletos para el vuelo 93. Parece haber sido un vuelo exclusivamente para los terroristas.

Nadie puede negar que fue en extreme extraño que poco despué del 11 de septiembre, Osama bin Laden negó alguna responsabilidad o estar envuelto en los ataques. Poco después varios videos fueron lanzados, mostrando a bin Laden aceptando una complete responsabilidad por los ataques. Hubo cuestionamientos, aún al tiempo de la presentación de los videos, acerca de si realmente era bin Laden, o era un impostor pagado por el gobierno. De acuerdo a un artículo en el Washington Post, la CIA fabricó videos usando a un impostor y tratando de retratarlo como un homosexual. "La Agencia actualmente fabrica un video pretendiendo mostrar a Osama bin Laden y a sus amigotes sentados alrededor de una fogata, bebiendo botellas de licor y saboreando sus conquistas con chicos, uno de los antiguos oficiales de la CIA recordó haciendo memoria; los actores fueron maquillados como 'algunos de nuestros empleados de piel oscura.'" (35)

Más incriminatorio, sin embargo, fue una investigación de los presuntos terroristas. Una de las primeras evidencias de daño que surgio, fue que: "Dos de los 19 sospechosos nombrados por el FBI, Saeed Alghamdi y Ahmed Alghamdi tienen los mismos nombres de hombres enlistados en las instalaciones de vivienda para militares extranjeros entrenados en Pensacola. Otros dos, Hamza Alghamdi y Ahmed Alnami, tienen nombres similares a individuos enlistados en records públicos que usan el mismo domicilio dentro de la Base. Además, un hombre llamado Saeed Alghamdi, graduado del Instituto de Lenguaje de la Defensa en Lackland Air Force Base en San Antonio, mientras hombres con los mismos nombres de otros dos secuestradores Mohamed Atta y Abdulaziz Alomari, aparecen como graduados de la U.S. International Officers School en Maxwell Air Force Base, Ala., y de Aerospace Medical School en la Brooks Air Force Base en San Antonio, respectivamente." (36)

Mientras es verdad que muchos hombres tienen nombres idénticos o similares en el Medio Oriente, o en naciones cercanas al mismo; esto se convierte en una afortunada conveniencia, de que cuatro de estos nombres séan los mismos de los terroristas, además de que estuvieron viviendo en el mismo domicilio, en las instalaciones militares de los Estados Unidos.

Sin aparecer en los noticieros de los Estados Unidos o de México; se lanzó un reportaje por la British Broadcasting Company que expresaba, "Otro de los hombres nombrado por el FBI como secuestrador en los ataques suicidas en Washington y Nueva York, apareció vivo y bien. El piloto Saudiárabe Waleed Al Shehri, fue uno de los cinco hombres que el FBI dijo habían estrellado deliberadamente el vuelo 11 de American Airlines el 11 de septiembre en el World Trade Center. Ahora, él está alegando su inocencia en Casablanca, Marruecos." Al Shehri confirm que mucha de la información que proveyó el FBI acerca de que él era terrorista actualmente: "El reconoce que se entrenó en vuelo en la escuela de Daytona Beach, en los Estados Unidos, y que de hecho es el mismo Waleed Al Shehri, de quien el FBI ha hecho referencia; pero dice que dejó los Estados Unidos en septiembre del año pasado; se convirtió en piloto de las aerolíneas de Saudi Arabia y actualmente está en un curso de entrenamiento avanzaado en Marruecos." (37)

Contra todo esto estuvieron las agencias de noticias británicas, que reportaron cinco días después del ataque del 11 de septiembre que: "Un hombre mencionado por el Departamento de Justicia de los Estados Unidos como secuestrador suicida del vuelo 11 de American Airlines, del primer avión que se estrelló en el WTC, está bien vivo y viviendo en Jeddah. Abdulrahman al-Omari, un piloto de las Aerolíneas Saudi estuvo estupefacto de encontrarse acusado de secuestro, al igual de habérsele declarado muerto y ha visitado el consulado de los Estados Unidos en Jeddah para exigir una explicación." (38) El artículo terminó con la ominosa nota: "Y hay sugerencias de que otro sospechoso Khalid Al Midhar, también puede estar vivo."

Obviamente los británicos estuvieron más interesados en encontrar la verdad que los medios americanos, desde que se reportó el 23 de septiembre de 200, "El Sr. Al-Nami de 33 años, de Riyadh, un supervisor administrative de Aerolíneas Saudi Arabes, dijo que él estuvo en Riyadh cuando los terroristas atacaron. El dijo: "Estoy todavía vivo como ustedes pueden ver, me impactó ver mi nombre involucrado por el Departamento de Justicia Americano; yo nunca había escuchado sobre Pennsylvania, lugar donde se suponía que el avión se secuestraría." (39)

Otra coincidencia fue que esos tres hombres, todos acusados de ser terroristas, quienes murieron en los ataques, trabajaran para aerolíneas? Dos fueron pilotos y Al-Nami, supervisor. Fueron estos nombres seleccionados aleatoriamente, o hubo un intento de ligar a los terroristas con el conocimiento de aeroplanos y de la habilidad de volar? El Washington Post reportó que, sólo un piloto habilidoso podría haber maniobrado un Boing 737 como fue el 11 de septiembre de 2001."... el desconocido piloto ejecutó un giro tan cerrado, que hizo recordar a los observadores una maniobra de combate aéreo. El aeroplano circuló a 270 grados a la derecha para aproximarse al Pentágono desde el oeste, con lo cual, el vuelo 77 bajó el nivel del radar, escondiéndose de las pantallas de los controladores de vuelos, las Fuentes dijeron... las fuentes de aviación dijeron que el avión estuvo flotando con extraordinara habilidad, haciéndolo muy bien, como si un piloto entrenado estuviera al timón... incluso alguien supo como apagar las comunicaciones, una acción que es considerablemente menos que obvia." (40)

Podría un piloto neófito, quien ha tomado unas pocas lecciones de vuelo, ejecutar movimientos intricados con un avión repleto de pasajeros? Podrían también muchos teléfonos celulares haber estado funcionando en un avión a alta velocidad y altitud? Podrían hombres nombrados como terroristas, realmente ser empleados por líneas aéreas del Medio Oriente? Podría la maleta perdida tan convenientemente, ser extraviada por la aerolíneas, y después ser localizada para ser llenada con evidencia? Podrían los videos de bin Laden, descaradamente implicarlo en los ataques del 11 de septiembre, después de la primera negación de cualquier conocimiento del mismo? Podría el pasaporte ser encontrado tan afortunadamente y ser dado al FBI? Podría un aeroplano tan grande, con una embergadura de 34 metros, impactar enel Pentágono y dejar solamente un hueco que mide seis metros de largo según los reports?. Podrían el Pentágono y el vuelo 93 haber colisionado y no dejar ningún cuerpo intacto? La lista es larga y sirve como crítica de que existieron demasiadas coincidencias y demasiadas conveniencias funcionaron.

Aunque las teorías de la conspiración sean correctas, o no, los Estados Unidos, convenientemente tienen una nueva amenaza, para presentar al public... El Terrorismo.

De repente, al Qaeda se convierte en una sofisticada red de terroristas entrenados, planeando atacar a los Estados Unidos en cualquier oportunidad. Como los Comunistas antes de ellos, los terroristos estuvieron ocultos en cada oponente, y la nación estuvo dando un sistema de alarmas, rojo para alerta de pánico severo, naranja para alto, Amarillo para elevado, azul para moderado y verde para día seguro, par air a caminar en el parquet, con un pequeño riesgo de volar por una bomba suicida humana.

El sistema por complete fue uina farsa. The Homeland Security fue armada y se llevó lejos más libertades civiles de los ciudadanos americanos que lo que combatió a su Nuevo monstruo, el terrorismo. El Acto Patriótico tuvo un amable y atractivo nombre que a los americanos les gustaría, se pasó al congreso con la típica violación del proceso de la Administración Bush. El Congresista Republicano Ron Paul, reveló: "Es de mi conocimiento que el proyecto de ley no fue impreso antes del voto - al menos yo no pude conseguirlo. Ellos jugaron toda clase de juegos, dejar la Cámara en sesión toda la noche y es un proyecto de ley muy complicado. Tal vez un puñado de personal del gobierno realmente lo lee, pero el proyecto de ley definitivamente no estuvo disponible para los miembros del Congreso antes del voto." (41)

Más tarde fue probado que sólo dos copias del Proyecto estuvieron disponibles unas horas antes de su aprobación, y la mayoría de los miembros de la Cámara admitieron que, de hecho votaron por el acta sin haberla leído antes. Dos días después, el Senado pasó la version final de la Patriot Act.

Lo que la Patriot Act hizo no fue colocar protecciones contra el terrorismo, sino infiltrarse en el pormedio de los hogares y darle poderes extraordinarios a la ley para reforzar agencias de todos los niveles y amplió privilegios a Gerge W. Bush. Sobre el acta, los inmigrantes podrían ser puestos en cárceles indefinidamente; aún si es probado que no tienen ninguna relación con el terrorismo. Ellos pueden permanecer encarcelados por el resto de sus vidas si el Fiscal General de los Estados Unidos decide que, ellos podrían ser un peligro para la seguridad nacional. Ellos no tienen derecho a un juicio, o incluso a ser informados del porqué han sido confinados.

El FBI puede obtener acceso a todas los sitios web y correos electrónicos que una persona haya usado, sólo con decir que esa información es relevante para una investigación; ellos no necesitan decir qué están investigando, o por qué.

El acto permite reuniones de inteligencia domésticas a un nivel ilimitado. Cualquier ciudadano, sin saberlo, puede estar bajo investigación y tener todos los records de sus reportes de crédito y escolares, de su historia familiar personal, qué libros solicitó la persona en la biblioteca local, etc. Esta información puede después ser dada a la CIA, a pesar de el mandato federal que prohibe a la CIA espiar dentro de los Estados Unidos.

Los bancos son animados a informar al gobierno de cualquier "actividad sospechosa" de un cliente. No hay una definición determinada de lo que puede ser llamado sospechoso, por lo tanto, el cliente es una victima potencial de cualquier opinion o percepción de un empleado bancario.

En los primeros meses de 2002, George W. Bush aprobó una orden ejecutiva secreta, autorizando a la Agencia de Seguridad Nacional intervenir conversaciones de un teléfono privado y leer correos electrónicos de ciudadanos de los Estados Unidos.

Como una indiganción pública comenzó a aumentar contra la Patriot Act y los politicos temieron una repercución de los votantes; se hicieron demandas por información dentro del Congreso, pero por supuesto que la banda Bush tuvo un plan en desarrollo y en secreto. Esta fue llamada la Domestic Security Enhancement Act de 2003, que más tarde, la mayoría de la gente llamó la Patriot Act II. La proposición fue preparada en completo secreto, sólo con el portavoz de la Cámara Dennis Hastert y con copias para el Vicepresidente Richard Cheney. Había habido varias sospechas de que un Proyecto de Ley estaba siendo preparado por el Fiscal General Ashcroft, quien lo negó, diciendo que el Departamento de Justicia no estaba definitivamente trabajando en un Proyecto de ese tipo. El, otra vez... estaba mintiendo. Una copia de la propuesta apareció y fue un diseño para crear una policía de estado en América.

La propuesta prescribió que: Al Fiscal General se le otorga el poder de deportar a cualquier extranjero nacional, incluso a personas que son residentes legales permanents. No se requiere que sea afirmado un crimen, ni que se ofresca una prueba, y la deportación puede ocurrir en completo secreto.

Son autorizados arrestos secretos en investigaciones sobre terrorismo, las cuales anularían una orden de la corte demandando la publicación de los nombres de los detenidos. Ni siquiera se le informa a un abogado o familiar, hasta que la persona es formalmente acusada, si eso sucediera.

La ciudadanía de cualquier ciudadano Americano puede ser revocada si ellos son miembros de, o han apoyado a cualquier grupo que el Fiscal General haya designado como terrorista. Una pearsona que da dinero a una caridad que sólo más tarde termina como, o tiene una conección terrorista, podría entonces perder su ciudadanía.

Secciones completas fueron leales a remover la vigilancia oficial. Agentes oficiales investigando al terrorismo, podrían tener acceso a reportes de crédito, sin el permiso judicial. Se creó una base de datos de DNA de todos los que el Departamento de Justicia determina que son sospechosos, sin una orden de la corte. Sería un crimen para alguien citado en conección con una investigación, ser llevado, bajo la Patriot Act a alerter al Congreso de cualquier posible abuso cometido por agents federales. En otras palabras, los agentes federales podrían torturar, abusar, violar y sería ilegal informar a las autoridades de lo que pasó.

A empresarios y personal de los mismos que provee de información para investigadores anti-terrorismo, se les otroga inmunidad, aún si la información es fraudulenta.

El gobierno podría permitir realizar búsquedas electrónicas de virtualmente toda la información disponible acerca de un individuo, sin tener que mostrar una causa probable y sin informar al individuo, que la investigación fue llevada a cabo. Los críticos mencionan esta provisión:

"Cambiaría fundamentalmente la sociedad Americana" porque todos estarían bajo siospecha todo el tiempo. Los agentes federales serían immunes a la persecución cuando ellos se encuentren en actos de vigilancia ilegal. Las prohibiciones de la Corte, previniendo a los departamentos de la policía local, que estén espiando a grupos de derechos civiles y otras organizaciones, están cancelados.

Inicialmente, la historia generó poca covertura por la prensa, pero hay un pequeño torrente de historias sobre las siguientes semanas, todas expresando críticas. De todos los principales periódicos, sólo el Washington Post puso la historia en la primera página y la red de television no tuvo la historia en horario central. Los medios controlados están siendo obedientes a su amo. Estuvieron ignorando el hecho de que George W. Bush y sus co-conspiradores estuvieron planeando la creación de un estado policiaco en América y quizá terminar con el proceso electoral, para ser un lider perpetuo. La acusación puede sonar radical, pero fue compartida por la valiente minoría, como Harvey Wasserman yBob Fitrakis, quienes reportaron. "Lo que también es transparente, es que esta administración tiene un profundo y autoritario menosprecio por la democracia, por el decreto de ley y por la Constitución de Estados Unidos. Cuando George W. Bush, estuvo en los registros (dos veces) diciendo que no tenía nada en contra de la dictadura, en tanto que el puede ser dictador, esa fue una transparente y presente política de Estado." (42)

Washington tuvo su Nuevo monstruo, el terrorismo. La idea de que el 11 de septiembre podría repetirse en cualquier momento fue impresa en la menta de todos los americanos. Aquellos que cuestionaron los eventos de septiembre 11 fueron ridiculizados y reducidos a fanáticos ignorantes de los hechos, especialmente los hechos creados por el gobierno. Si los mecanismos dentro de los procesos gubernamentales proveyeron alguna protección, la fábrica de mentiras de Bush encontró métodos para eludirla. La Patriot II nunca fue presentada al Congreso, pero porciones de la misma fueron ocultadas dentro de otros proyectos y convertidas en ley. El pueblo de los Estados Unidos dejaron de ser ciudadanos y se convirtieron en sujetos.

Por evidencia estadística, los mexicanos fueron más inteligentes que los gringos. Para mayo de 2012, la inmigración hacia los Estados Unidos ha caído a cero. El Instituto Pew, que se especializa en estadísticas estableció que no sólo la inmigración hacia los Estados Unidos se ha detenido, también se ha revertido; más mexicanos estuvieron dejando los Estados Unidos de los que han entrado. La razón de esto es que el Mercado de trabajo se ha debilitado, han bajado los niveles en la construcción de hogares, se ha fortalecido la frontera, ha incrementado la deportación; el hecho de cruzar la frontera es ahora mucho más peligroso, además, México ha declinado rapidamaente en su tasa de nacimientos, lo cual ha mejorado las oportunidades de trabajo en este país.

Por supuesto el factor no mencionado, es la calidad de vida. Los Estados Unidos se caracteriza por familias fracturadas, con hijos e hijas que dejan el hogar, para vivir solos a la edad de 18 años. Es la tierra de la familia nuclear, donde una pareja tiene a sus hijos de una o dos relaciones previas, los hijos del matrimonio anterior, o del "asunto" anterior y los hijos del actual matrimonio, o relación. La Encuesta Nacional de Crecimiento Familiar, reveló en 1995 que el 43% de los matrimonios finalizaron en los primeros quince años. Se estimó que la mitad de los matrimonios terminaron en divorcio. El concepto de unidad familiar, vital para la cultura Mexicana, no existe en los Estados Unidos.

En México, una persona trabaja para proveer a su familia y para tener la habilidad de disfrutar momentos importantes de su vida. Ellos quieren que sus hijos tengan una buena educación; honran a sus padres y a sus abuelos, incluso, si ellos no van a misa, sus madres les enseñan que deben ir. Un sistema social enseña la misma moral y estructura ética dentro del hogar y a través de la familia extendida. El clima social de los Estados Unidos prescribe que una vez que un hijo, o hija deja el hogar, ellos se hacen responsables de sus propias vidas y los padres tienen poca o nula influencia en su conducta. A veces sí, a veces no, cuando un padre es Viejo y ya no puede cuidarse por sí solo, los hijos e hijas lo ponen en un asilo y usan sus pensiones del Social Security para pagarlo. Una queja común después de esto, es que el anciano es abandonado y raramente lo visitan.

Lo que es en gran parte ignorado, es que mientras lo mexicanos viven en los Estados Unidos, su corazón siempre está en casa, en México. El patriotism mexicano es mostrado en los Estados Unidos y enfurece a los gringos cuando esto pasa. Para la mayoría, los Estados Unidos sólo fue un lugar para ganar dinero, con el sueño de usarlo en México para proveer una mejor vida a su familia.

Radicales como Lou Dobbs han reclamado que la gente de México, por mucho tiempo han planeado la reconquista de los Estados Unidos. El estuvo equivocado por supuesto, pero si él hubiera estado correcto, los mexicanos, habrían hecho un buen trabajo. De los doce millones de inmigrantes en los Estados Unidos, 30% nacieron en México. El siguiente más grande grupo es de China, Taiwan y Hong Kong y comprende el 5% de la población inmigrante. De los inmigrantes mexicanos, el 51% son indocumentados y de toda la gente nacida en México, 10% vive en los Estados Unidos. En suma, los Estados Unidos tiene 33 millones de mexicano-americanos. La tasa de nacimientos se vuelve un factor que demuestra que son menos los hombres que apoyan a sus familias y que tienen menor posibilidad de cruzar la frontera hacia los Estados Unidos. El promedio de mujeres mexicanas hoy, tiene 2.4 hijos, comparado con sus madres en 1960 que tenían 7.3 hijos.

Estados Unidos está en un constante proceso de justificarse a sí mismo con el resto del mundo. Tuvo que encontrar razones más allá de las mentiras de George W. Bush por la invasión a Irak. Están ahora tratando de convencer al mundo de que los Talibanes y al Qaeda, son enemigos globales dedicados al terrorismo y a la conquista. En 1945 se tuvo que justificar el uso de la Bomba Atómica en una nación que estaba lista para rendirse. Se tuvo que justificar la injustificada invasion a la pequeña Granada. Se tiene que justificar su programa de tortura en Guantánamo. La lista continua, porque una nación usando su poder military para controlar otras naciones, tiene la opción de utilizar la fuerza, o tartar de explicar su uso. Lo

Segundo es más acceptable a los ojos de la comunidad de naciones del mundo. Como Dobbs intenta, y otros trantan de justificar a través de una revision de la historia. La alteración de los hechos da una imagen muy diferente de lo que es representado por la verdad.

Lou Dobbs dijo que los mexicanos quisieron la conquista aunque los Estados Unidos tuvieron que "pagar por" los territorios del norte, robados a México. Fue un intent para justificar y explicar la triste realidad del carácter bravucón de América, que le ha brindado casi todos sus actuales territorios.

La revisada historia de los Estados Unidos dice que cuando Texas se convirtió en un estado, México expulsó al embajador de los Estados Unidos y dio por terminadas las relaciones internacionales. Eso es verdad, pero como las siguientes acciones son descritas, es un insulto a la historia. "El Presidente Polk les dijo a sus comandantes que se prepararan para la posibilidad de una querra," los libros afirman. La aseveración es una tontería; Polk instigó para la guerra y estuvo encantado cuando su conspiración fue un éxito. "En marzo 9 de 1847, los mexicanos permitieron a Scott y a us ejército de 10,000 hombres desembarcar, sin oposición en Veracruz, Golfo de México," el libro continua. La frase sugiere que los mexicanos no opusieron Resistencia, ni defendieron la ciudad. Aunque los records oficiales declaran que las fuerzas americanas tuvieron 13 muertos y 54 heridos. Si no hubo oposición, tenemos que preguntar, cómo los invasores tuvieron víctimas.

Los mismos libros de historia de los Estados Unidos aseguran que México le declaró la Guerra a los Estados Unidos; esto es una mentira; México declaró que se defendería, no ejerció ninguna agresión a los Estados Unidos. En el actual documento se lee, "Artículo 1. El gobierno, en su natural defensa de la nación rechazará la agresión iniciada y sostenida por los Estados Unidos de América contra la República de México, habiendo invadido y cometido hostilidades en un número de ministerios del territorio mexicano.

"Artículo 3. El gobierno comunicará a las naciones amigas y a la República entera, las causas justificables, mismas que lo obligaron a defender sus derechos, que no le dejaron otra opción que la de rechazar a la fuerza con fuerza, en respuesta a la violenta agresión cometida por los Estados Unidos." (43)

El periodico de la Ciudad de México, El Republicano, condenó a los Estados Unidos por iniciar una guerra que fue "injusta y bárbara y esos responsables deberá ser considerados enemigos de la humanidad" Un mes después se imprimió en elegantes terminus. "Un gobierno... que comienza una guerra sin un motivo legítimo, es responsible porb todos sus horreres y maldades" el derramamiento de sangre, el dolor de las familias, el pillaje, la destrucción, la violencia, los incendios, y sus trabajos y crímenes... Tal is el caso del Gobierno de Estados Unidos por haber iniciado la guerra injusta, está haciendo la Guerra contra nosotros hoy." (44)

Lo que los historiadores modernos hacen, es no hablar acerca de la brutalidad de las fuerzas de ocupación mientras éstas estuvieron en México. Los reporteros de periódicos escribieron que vieron El Chaparral "esparcido con esqueletos de mexicanos sacrificados" por soldados americanos. En una frenetica venganza por la muerte de uno de sus camaradas, un grupo de caballería de voluntarios de Arkansas, encontró 24 inocentes campesinos y comenzó "una indiscriminada y sangrienta matanza de las pobres criaturas." (45) Un oficial de las fuerzas de Estados Unidos habló de los voluntarios en Matamoros, robando a los ciudadanos, hurtando ganado y asesinando "por no otro propósito que su diversion." Durante el asedio de Veracruz, un oficial mexicano se aproximó a las fuerzas enemigas llevando una bandera blanca de tregua; le pidió al General Scott permiso para la evacuación de mujeres y niños de la ciudad. Scott rehusó la petición y continuó bombardeando la ciudad y causando muerte y destrucción para todos. Dos días después la petición fue hecha nuevamente, y de Nuevo Scott rehusó y continuo la lluvia de bombas sobre gente inocente.

Uno puede casi detectar la tristeza en la declaración pública emitida por el Presidente Antonio López de Santa Anna del 31 dde marzo de 1847. "MEXICANOS: Veracruz está ya en poder del enemigo, ha sucumbido, - no bajo la influencia del valor Americano, no puede decirse que han caído bajo los impulsos de su propia buena fortuna. Para nuestra verguenza, se ha dicho que nosotros mismos hemos producido este deplorable infortunio, por nuestra propia interminable discordia." (46)

Las naciones de Europa del Oeste enviaron mensajes de condena por la matanza de mujeres y niños, pero nada cambió la política de Estados Unidos, y las protestas fueron ignoradas. El Dr. S. Compton Smith, testigo de varias de las atrocidades de los gringos, escribió sobre un grupo militar. "Este equipo, a sangre fría asesonó a casi toda la población masculina del Rancho de Guadalupe, donde no se pudo encontrar ninguna arma ofensiva o defensive!, con el único objetivo de robar!" (47)

Cuando se les mencionó a muchos americanos que muchos connacionales literalmente robaron en México; ellos respondieron con comentarios acerca de que el evento es parte de la historia antigua y no representa su responsabilidad hoy. Aún el atraco no les interesa a gente importante del mundo. El Primer Ministro Israelí Benjamin Netanyahu ha pedido abiertamente a los Estados Unidos que reinstale sus fronteras a los lugares en donde estaban en 1845. El Servicio de Noticias Reuters reveló que, "Hablándo con los reporteros que acompañaban al Primer Ministro Israelí Netanyahu, en su largo vuelo a los Estados Unidos esta noche, Netanyahu habló de la injusticia y desgracia que los mexicanos habían sufrido desde que las fuerzas americanas anexaron Texas en 1845. "Decenas de miles de mexicanos ordinarios fueron despojados de sus hogares – los únicos hogares que ellos habían conocido por siglos – y forzados a vivir en la pobreza y en la sordidez al sur de la frontera, obligado por la agresión americana." dijo Netanyahu. Los pueblos mexicano e israelí están de acuerdo en esto: Esta herida supurante nunca se curare, hasta que América de pasos atrevidos para regresar a las internacionalmente aceptadas líneas de 1845. Claramente la actividad conquistadora que tomó lugar en la ocupación de México desde entonces es illegal. Cuando me encuentre con el Presidente mañana, le dire que detenga toda la actividad de construcción en Texas inmediatamente. Dos territorios para dos pueblos, si, pero no de tierra tomada por la fuerza de México, el Primer Ministro dijo. Pregunté si su posición de línea dura podría herir la relación entre Israel y Estados Unidos; Netanyahu reiteró el compromise de Israel con la seguridad en América, y su Amistad inquebrantable compartida por lso dos países, después agregó: "Pero quién fue el que dijo, parte de la amistad hace possible decirle a tu amigo la verdad. El balón está ahora en la corte de Obama."(48)

Muchos creen que con la firma del Tratado de Guadalupe-Hidalgo, la historia de la invasion gringa a México terminó, que los territorios del norte se perdieron y ambas naciones continuaron con sus propios asuntos. Este, no fue el caso. El Tratado originalmente expresaba que cualquiera que tuviera un otorgamiento de tierra, tendría derecho a que esa tierra fuera respetada. Aún así, cuando el tratado se envió a los Estados Unidos para su aprobación, esa sección fue removida. No fue suficiente que Estados Unidos haya robado la propiedad nacional de México, después ellos quisieron las propiedades que pertenecían a individuos mexicanos.

A los mexicanos viviendo en el área robada se les prometió que serían autorizados a ser ciudadanos de los Estados Unidos "cuando el tiempo fuera apropiado" meses después les fue robada su tierra, mientras ellos esperaban "el tiempo apropiado" y se enfrentaron con la dificultad de tener que probar que la tierra era de ellos. En muchos casos, las cesiones originales se habían perdido años antes y por lo tanto, no había nada que mostrar como evidencia de la propiedad. Por la interpretación común de la ley de los Estados Unidos, "Las posesiones tienen nueve características" de las diez de la ley. Los mexicanos en este caso "poseyeron" la tierra en cuestión, pero para ellos, el estandard de la ley estaba alterado y sus posesiones no tendrían sentido en la corte.

Muy pronto, después de que el Tratado fue firmado, se descubrió oro en California. Miles de hombres esperando convertirse en ricos emigraron rápidamente a California. En la cacería del oro, uno tenía que poseer tierra y pronto estos hombres construyeron casa en las propiedades de los mexicanos. El argumento fue que los mexicanos no eran ciudadanos, entonces, ellos no tenían ningún derecho a la tierra, esto fue en realidad una abierta y libre dominación. Los propietarios mexicanos se quejaron de que los colonizadores estaban robando propiedades y ocupándolas por la fuerza. Para encontrar una solución al problema, el gobierno estableció el Comité de Comisionados de la Tierra; su trabajo consistió en examniar cada caso y evaluar los documentos de propiedad y tomar una decision.

El Plan fue un fraude desde el inicio, los mexicanos tenían que probar que eran propietarios de la tierra y los gringos que ilegalmente construían casas en estas propiedades no tenían que probar nada. Aún así, una revisió del consejo sugirió que trataron de ser tan justos como fuera possible. Cerca del setenta y cinco por ciento de los casos adjudicaron la tierra a los mexicanos, otorgóndoles la propiedad. El problema fue que los procesos fueron muy lentos y los mexicanos tuvieron que contratar abogados que los representaran; todo en el proceso fue muy caro y muchos tuvieron que hipotecar sus tierras para pagar el costo tratando de probar que ellos eran los dueños. Aquellos que prestaban el dinero, lo hacían con altos intereses y finalmente los mexicanos de cualquier forma perdieron sus propiedades. Hubo muchos casos de gringos que se cambiaban a tierras de mexicanos, construyeron casas, les pusieron cercas alrededor del espacio que ellos querían, robaron el ganado y varias veces forzaron a los mexicanos a salir de sus propios hogares. Para 1860, casi todas los mexicanos poseedores de tierras, habían perdido sus propiedades en California. Diez años después, el gobierno decidió que ellos podrían ser ciudadanos; ciudadanos sin tierra u hogar, pero ciudadanos. Isabel Allende, en su libro del héroe enmascarado, "Zorro" retrata la vida de privaciones de esa época y la necesidad de un héroe singular que, en realidad nunca apareció.

Pocos mexicanos en la actualidad se dan cuenta de que tan cerca estuvieron de perder su nación. Muchos hombres importentes en los Estados Unidos demandaron que fuera tomado toco México como premio por la victoria. Otros se opudsieron a la idea, pero no por razones morales, sino porque les tendrían que dar la ciudadanía a los mexicanos. Ellos argumentaron que la nación se debilitaría teniendo a gente inferior como ciudadana. Otros en el poder quisieron tomar el area que ahora es Coahuila, Chihuahua, Sonora, Baja California Norte y Sur y Sinaloa. Aún con el Tratado de Guadalupe Hidalgo, donde los Estados Unidos ganaron todo, algunos se opusieron a su ratificación. El General Tecumseh Sherman dijo que el Tratado, "Es justo como México se podría haber impuesto sobre nosotros, habría sido el conquistador." (49)

Mirando hacia atrás, no es dificil imaginar porque los gringos creyeropn que Dios estaba de su lado. Nada pareció ir en la dirección correcta para los mexicanos. Aquellos viviendo en California tuvieron que probar que la tierra que los gringos querían robar, era realmente de ellos. En el peor momento posible, el oro fue descubierto y creó condiciones haciendo cada uno de sus esfuerzos más dificultoso.

En los últimos diez días anteriores a la firma del Tratado Guadalupe Hidalgo, que un carpintero, James W. Marshall, encontró unas pocas pepitas de mineral de color brillante en un arroyo, cerca del lugar donde él estaba trabajando. Pirita de acero, se miraba como oro, pero si le pegaban con un martillo se rompía en muchos pedazos. El oro en realidad es malleable y entonces Marshall comenzó a pegarle con un martillo y descubrió que podia darle formas. "Chicos, por Dios, creo que he encontrado una mina de oro" dijo él.

Unos pocos días después, un periódico en San Francisco, "El Californiano" habló sobre el descubrimiento de oro y el frenecí comenzó. Dos semanas más tarde el periódico en cuestión tuvo que cerrar porque sus trabajadores lo habían abandonado para ir a la casa del preciado metal. En su última edición public, "El país entero desde San Francisco a Los Angeles...resuena con el sórdido grito de: Oro!, Oro!, Oro!, mientras el campo es abandonado, medio plantado, la casa medio construida, y todo abandonado por la actividad de palear y recoger." (50)

Dentro de unos meses, 80,000 habrán llegado a California, vinieron de Inglaterra, Australia, Alemania, Francia, de casi todas las naciones de América Latina, Japón y China. Desertaron soldados del ejército, marineros fueron hacia la orilla y nunca regresaron a sus barcos, esposos dejaron a sus esposas, aprendices dejaron a sus empleadores, granjeros dejaron sus campos y profesionistas dejaron sus oficinas. Para Julio de 1850 había 500 barcos sin tripulació en la Bahía de San Francisco. La población de California creció un 700%. California se convirtió en un estado de hombres buscando riquezas, pero con solo el 5% de población femenina. Mucho del dinero real era hecho por prostitutas.

Con el gran número de inmigrantes ilegales que llegaron; Por qué los gobiernos anteriores en ciudades y el estado, no estuvieron preparados para proveer la aplicación de la ley para la protección de todos. La mayoría de los hombres de la ley no estuvieron en los campos de oro. De mil asesinatos en San Francisco, a inicios de 1850, solo hubo un convicto. Los hombres yendo a las montañas y valles asesinando a los indios, sólo por deporte. Los mexicanos que tenían minas fueron forzados a dejarlas, si no se iban, la pena era la muerte.

El descubrimiento de oro fue devastador para los mexicanos con propiedades, con el arribo de miles de inmigrantes, los comerciantes aumentaron el precio de todo. Una pinta y media de vinagre costaba un dolar; la libra de carne de cerdo costaba $5.00 dólares; la docena de huevos a $4.00 dólares. EL precio de la tierra había aumentado más de mil por ciento. En 1847, uno podia comprar un lote en San Francisco por $16.50 dlls.; en 1848, el mismo lote costaba $6,000 dlls., y tarde en ese año el costo fue de $48,000 dólares. Un simple palillo costaba 50 cents. El pobre mexicano, tratando de probar que su tierra era legitimamente suya, por un poder, ahora tenía abogados que le demandaban multas excesivas y el costo del diario vivir fue prohibitivo. Para 1860, la carrera del oro fue muy elevada y pocos habían encontrado algo. Los precios bajaron a su nivel normal, pero era demasiado tarde para los mexicanos; para entonces, lo habían perdido todo.

La historia encuentra una forma de colocar a la ironía en estos eventos. James W. Marshal, quien fuel el primero en descubrir el oro, murió más tarde en la pobreza, trabajando como herrero en Kelsey, California. El dueño de la tierra donde fue encontrado el primer oro, eventualmente estuvo en bancarota; todos los hombres trabajando en su rancho desertaron par air en busca del oro. Sus cocechas murieron en el campo y los hombres a la caza del oro robaron todo su Ganado como alimento.

No hay solo un mensaje en la conducta de Estados Unidos y en la historia de sus relaciones con México; hay muchos. La avaricia no tienen límite o frontera y es ciertamente uno de los mensajes. Las atrocidades cometidas por los Estados Unidos y atribuidas al deseo de Dios, es una blasfemia para Dios mismo. Estuve una vez tan indignado con este pensamiento que mencioné en una conferencia a un grupo: "Si Dios puede perdonar a los gringos, él le debe a Sodoma y Gomorra una disculpa." La indignación del gringo demandando pago por sus fracasos durante la Guerra de Independencia de México fue olvidada y no hubo oferta de pagarle a los mexicanos por su derrota, por los desalojos de sus ranchos, negocios y minas en California y otros lugares. En su lugar, los gringos intentaron perpetuar la mentira de que ellos habían pagado por la tierra que obtuvieron de México. Ellos pordrían afirmar haber comprado 256,711,100 hectáreas por 15 millones de dólares y esperar que la gente crea que México vendió su tierra por la petética cantidad de $1 dolar por hectárea.

Sería diferente si la invasion en realidad hubiera terminado, pero no fue así. La intrusion de la cultura noreteamericana en México ha causado un daño irrevocable. La violencia centrada en la television, se origina desde el norte de la frontera y es llevada por cada sistema de cable a la nación. La música llena de obsenidades y temas de muerte es trasmitida por radio e imitada por la juventud que no entiende la letra de lo que han memorizado. La conveniencia de comprar carros de manufactureras de los Estados Unidos ha frustrado la iniciativa para México de tener su propia industria como en Australia y en Brazil. La dieta familiar ha cambiado de muchas formas y en promedio, los mexicanos consumen más Coca Cola que los gringos. Hot dogs, hamburguesas, pizzas, hot cakes, todo importado de gringolandia. La demanda académica de que todos los estudiantes deben aprender ingles, solo testifica del dominio de Estados

Unidos continua teniendo en México y en otras naciones. Ese dominio se esconde detrás del concepto de globalización, pero permanece un mensaje de: "si quieres hacer negocios conmigo, lo harás en mi idioma" Al mismo tiempo, las compañías americanas entran a México y construyen fábricas, donde los manuales para las máquinas están en inglés y muchas veces el director no habla español. No hay idea de conformidad para la cultura de la nación anfitriona; es la "globalización" que mantiene al gringo y a su idioma superior a todos los demás.

El gringo actual dice que todo eso sucedió en el pasado y que hoy no tiene consecuencias. Ellos, engreídos lo llaman "historia antigua", por la cual ellos no son responsables. Todavía ellos encuentran tiempo para recordar su Pearl Harbor, que podría ser llamada "historia antigua"Su día de los Veteranos es honrado, aunque sus guerreros alabados pelearon algún tiempo en la "historia antigua". Reconocen su Thanksgiving, que supuestamente fue para agradecer a los indios generosos – antes de que ellos los mataran a todos – pero ninguno de esos eventos es "historia antigua" porque su glorioso y sangriento pasado debe ser honrado.

Como otros latinoamericanos que sufrieron bajo las dictaduras formadas por las intrigas de los Estados Unidos, los mexicanos también han tenido que compartir sus desgracias. Si los gringos se quejan de la afluencia de inmigrantes provenientes de México, entonces ellos se deberían imaginar lo que México sería hoy, si los gringos no hubieran decidido ser ladrones communes. México perdió sus tierras fertiles de Texas y California, que ahora son ricas en agricultura. Perdieron el altiplano de Edwards y Colorado, que ha sido la fuente de minerales, aceite, algodón, reses, azucar, trigo y alfalfa. Los gringos tomaron el ricos Valles de California, el Valle Gila River de Arizona, el Valle de La Mesilla en Nuevo México, y el Valle de Río Grande de Texas; cada uno fertile y capaz de alimentar a una gran población. Oro, plata, cobre y muchos otros minerals fueron robados a lo largo de la Sierra Nevada y las Rocky Mountains. Largos, fluentes y poderosos ríos se perdieron, como también las profundas e interminables tierras boscosas. Se perdieron los puertos de mar de California y Texas, puertos que hoy son una parte importante en la economía del comercio maritime; San Francisco, San Pedro, San Diego, Puerto Isabel, Corpus Cristy y Galveston. Los nombres españles recuerdan a los testigos silenciosos del gran hurto de los politicos ladrones profesionales.

El 10 de noviembre de 1847, uno de los partidos politicos de los Estados Unidos imprimió su propisición acerca de México: "Es, por lo tanto, declarado, por la paz y la tranquilidad de esta tierra, [México]por la felicidad de esta gente y para terminar el derramamiento de sangre, *que los Estados Unidos, desde este día hacia adelante, termina la Guerra – se assume la entera conquista de México - se anexa a los Estados Unidos,* y el pueblo es requerido para reparar sus respectivos hogares y después esperar el llamado de las autoridades de sus diferentes estados para organizer sus diversas Constituciones, las cuales, si son republicanas, se aceptarán en la Unión... Todos los que estén en incumplimiento, actuando en contra de este manifiesto, serán traidores, cuyas vidas y propiedades serán confiscados." (51)

La meta no sólo fue asegurar México, sino también esclavizar a su gente. Poca gente en México reconoce en la actualidad qué tan cerca estuvieron de ser los sirvientes de los victoriosos gringos. El Brigadier General William J. Worth, quien guió a las fuerzas americanas contra México dijo: "Que nuestra raza es finalmente destinada a invadir el continente entero es demasiado obvio para requerir de pruebas... Después de mucha reflexión, he llegado a la conclusion de que es nuestra marcada política tomar a México por entero – los detalles de la ocupación son comparativamente insignificantes – Me refiero a la ocupación, *conquista permanente* y future anexión..." (52)

Hoy, cerca de 160 años después, la idea no ha muerto completamente. Una encuesta de internet en 2011, reveló que el 51% respondió a favor de la anexión de México como el estado # 51 de los Estados Unidos. (53) En internet hay cerca de 100 sitios web sugiriendo que Estados Unidos anexe a México, sin importer si México desearía ser anexado, o no. Es simple asumir que los Estados Unidos pueden tomar lo que ellos quieren, justo, lo que siempre han hecho.

El lenguaje usado para presenter este tópico fue especialmente interesante desde que se incorporaron términos como: "Hagámolos entender que nuestras leyes como ciudadanos americanos", como si el proceso de americanización fuera conducido por la fuerza. "Los Estados Unidos se beneficiarían por la pequeña frontera que controlarían en el Nuevo estado del sur", claramente expresa la idea de que el movimiento sería para el beneficio único de los Estados Unidos, y, por supuesto "tendríamos el control", díganns qué rol tendrían los mexicanos en la post anexión propuesta.

Los indiviuos que publican en internet, muy a menudo representan el punto de vista de sus pares y presentan ideas como ésta: "Los mexicanos no están preparados y miran a su nación transformarse pedominantemente en una nación Mexicana, con politicos mexicanos y corrupción mexicana, carajo, no! La única solución, es la invasion military de México, dobleguémolos a través de la fuerza, reconstruyamos y anexemos más tarde, el pueblo asimilaría una vez que su nación haya sido conquistada... Estoy de acuerdo, la gente que viniera a esta nación viviría mejores vidas, pero si ellos permanecen en sus propias naciones de infierno, rompiendo las leyes para entrar en la nación es un error; esta es una nación de leyes, no importa lo que te gustaría creer, una nación sin leyes (como México), no es una nación, es un caos, es una guerra por las drogas, es pobreza, no es un lugar en el que me gustaría vivir y tampoco lo sería para alguien más; con esto dicho, México está listo para una invasion military, tal vez no ahora, pero si en un future cercano." (54)

Un pequeño acercamiento alrededor de las opinions de los sitios web, y no es dificil descubrir que la arrogancia del gringo y su sentido de superioridad no se ha perdido durante los pasados 160 años. Un poster dice: "...tendríamos que encontrar una manera de tartar con los indios/salvajes/ancestors de los Aztecas; la forma en que ellos tratan con los indios en los Estados Unidos... Ellos hablan español, pero la mayoría de los mexicanos, son solamente indios mexicanos. Usaría armas biológicas para la aniquilación del 90% de la población, después circularíamos para entrar y comenzar a mover americanos para aformar el principal y real Estado." (55) Mientras el porster no habla por todos los americanos, su opinión no obstante es compartida por más de todos los que les gustaría creer.

Eric Rush escribió un libro titulado "Anexando México"ofreciendo una multitude de razones, de porqué los Estados Unidos deberían absorber México, sin considerar si los mexicanos quieren, o no; o aceptarían dicha propuesta. La Historia de los Estados Unidos y de una porción de su pueblo, dan evidencia de su gusto por centrarse sólo en qué tanto pueden beneficiarlos, con poca, o nula consideración para los otros. La invasion de la pequeña Isla de Granada en 1980 fue un ejemplo vergonzoso. Los cientos de miles que murieron en Irak y Afganistan, caerán pesadamente sobre la conciencia de una persona normal que aún recuerda sólo insignificantes numeros en la mentalidad política Americana.

Bajo condiciones actuales, hablar acerca de América, no tiene nada que ver con los americanos. Desafortunadamente, el Gobierno de los Estados Unidos, típicamente no representa más, la ideología u opinion de su pueblo. En agosto 9 de 2006, Cnn report que el 60% se opusieron a la Guerra de Irak y todavía el bombardeo continuo. En 2000, los votantes americanos eligieron a Al Gore como Presidente, pero un sistema burocrático que garantizaba los resultados de la elección, son manipulados por el gobierno, permitieron a George W. Bush entrar a la Casa Blanca. En este sistema es posible que ningun persona en 39 de los 50 estdos americanos vote por un candidato y aún así, él se puede convertir en presidente. A diferencia de México, el voto popular en los Estados Unidos, no tiene significado o valor y los resultados son controlados por poca gente, seleccionada para determiner quién sera el presidente para todos. Los deseos de la población no pueden competir con la influencia de las más grandes corporaciones, o de las agendas personales de aquellos que ostentan el poder. De muchas formas, el pueblo de América puede ser contado entre los millones de víctimas de los

Estados Unidos y sus políticas de agresión, corrupción y enfermos de deseo. Con la más grande inversion destinada al complejo military, los programas domésticos se marchitan. Los trabajos fueron exportados a naciones con mano de obra más barata. El desempleo se ha incrementado a niveles de crisis. La calidad de la educació ha fallado dentro de los estándares internacionales. Y si los ciudadanos quieren respuestas acerca de los problemas, las estadísticas del gobierno, nunca revelan la verdad. La idea de la superioridad internacional tenida por muchos americanos, encuentra su orígen en la compra y ganacia de poder dentro de la economía nacional. Muchos ciudadanos estuvieron acostumbrados a tener ganancias y compras a través de tarjetas de crédito; como resultado de esto, el 43% de todas las familias americanas gastan más de lo que ganan cada año.

Para entender mejor el impacto del desempleo en los Estados Unidos, hay que considerer que si se pone a toda la gente desempleada junta en un lugar, la cantidad de habitantes constituirían la nación número 68 más grande en el mundo. Gracias a los tratados internacionales como NAFTA (North America Free Trade Agreement) que transfirió compañías de producción a naciones que ofrecieron bajos costos en la mano de obra, la manufactura en América, que una vez representó el 20% de todos los empleos; ahora sólo representa el 5% de todos los trabajos. Estadísticas pasadas revelaron que América estuvo perdiendo 50,000 empleos de manufactura para China y 56,000 compañías de producción en los Estados Unidos han cerrado desde 2001. El resultado económico es que el 20% de todos los trabajadores adultos americanos están viviendo en un nivel nacional de pobreza. (56)

En contraste México tiene una tasa más baja de desempleo que los Estados Unidos, el Reino Unido, Francia, España y toda la Unión Euripea. La "nación de salvajes" una vez descrita por los gringos, ahora tiene la 11a economía más grande del mundo. Las elecciones en México se realizan por voto popular, donde cada persona es tomada en cuenta para los resultados. Las madres mexicanas pueden enviar a sus hijos a la escuela, sin pensar en que cualquier lunatic entrará y los matará a todos; los jóvenes pueden crecer, estudiar y controlar sus vidas, sin el temor de ser reclutados por el servicio militar y ser enviados a otro lugar del mundo a morir por una causa que ninguno entiende. Si existe una occasion en que México no conoce la paz, es porque intervino en asuntos de otros.

Los Budistas creen en el concepto del Karma; es la creencia en que la gente sufre, o ha sido premiada por lo que ellos hicieron en su existencia pasada. Si uno revisa actualmente la historia, se notará que los Estados Unidos no han conocido victoria en los anteriores cinco conflictos militares. América perdió sus AAA créditos en las clasificaciones internacionales por primera vez en 71 años. La brutalidad mostrada a los enemigos cautivos causó que los Estados Unidos fueron removidos de la Comisión Internacional de los Derechos Humanos, una posoción que se tenía desde la implantación de la Comisión en 1947. En una variedad de encuestas, América tiene un nivel entre los cinco naciones más odiadas en el mundo. Los Estados Unidos debe más que cualquier nación en el mundo, y si la deuda nacional fuera pagada por sus ciudadanos, cada persona necesitaría pagar $47,664.00 dólares. Eso es si CADA PERSONA, cada hombre, mujer, niño, bebé, anciano, necesitaría para pagar el equivalente de lo que hasta el momento de este escrito, cerca de $668,000.00 pesos. Podría haber algún cuestionamiento acerca de porqué un número record de americanos están dejando los Estados Unidos, para vivir en otros países?

El autor Gore Vidal escribió llanamente sobre la declinación del Imperio Americano. Muchos economístas están de acuerdo de que esto es inevitable. La sociedad materialista, fantocha, hablando más que de lo que su humanidad ha estado consumiendo, por su propia avaricia. El costo de esta obsesión con poder, está haciendo de América una nación económicamente menos ponderosa.

Quizá esto es el karma después de todo.

EL VECINO DEL SUR

La sangre que fluye en la sangre de los mestizos, lleva genes silenciosamente evocando el latido de los tambores ceremoniales y del camino al lado de un canal en Tenochtitlán. El espíritu de la gente perdida, de la pestilencia de los invasores, aún vive en los ecos tranquilos y secretos através del alma de México. La sabiduría para aceptar lo que la vida brinda, se oculta detrás de cada acto de conformidad de su victimada sociedad. Páginas se desprenden de los calendarios y las caras del poder cambian, pero los infantes todavía succionan en los pechos de sus madres, mientras el Huichol brinda flores de gratitud al generoso océano.

La vida actual en México es inmutable; se mueve al ritmo de los círculos del sol y al murmullo de los pinos. Es la mesura del trueno en la corriente y la forma de la luna. La gente da la bienvenida a la bendición del nuevo día con sonrisas y siempre encuentra tiempo para tomar a sus niños de la mano. Su mundo es un regalo envuelto en amor y ellos se rodean con vibrantes colores y con el latido de la música. El más pequeño evento es una escusa para celebrar y para divorciarse de los problemas del día.

Los mexicanos viven en la base de una familia extendida y los aman a todos, viviendo con la perdurable seguridad de que él también es amado por todos, el primo más distante es querido por él y ningún recuerdo es más vendecido que la caricia de su madre, que le enseñó acerca del amor y de la vida.

El vecino del norte puede alardear de su tecnología, pero en sienlcio el humilde mexicano sabe que algún día necesitará escaper del mundo que él destruyó. Cuando las mansiones estén vacantes, con sus paredes grafiteadas, y el cemento de grandes ciudades rehuse cultivar una semilla; estarán las trompetas de los mariachis y muchachas jóvenes haciendo retroceder una cortina. Cuando el progreso sea sinónimo de destrucción, los mexicanos aún amarán la escencia de la tierra y se maravillarán de las nuves que coronan las montañas.

Habrá ocasiones cuando en lo sucesivo llore para oponerse a la corrupción, abuso y negligencia, el amor que su tierra le demanda. El estará perdido algunas veces en los corredores oscuros de la desesperanza y tristeza, cuando piense en la

300

violencia de la juventud y amenaza a todos. Estará frustrado y desalentado, sorprendido de si el gobierno servirá para todo except para él mismo, o de si la belleza del ayer volverá a ser vista. Estará temeroso en ocasiones, preguntándose si el mundo que lo envuelve, realmente representa la naturaleza del hombre.

Los grandes poderes del mundo canivalizarán al más débil, hasta que el costo de su ambición sea mayor que su meta. No habrá gobierno, sólo autoridad. El vecino del norte, algún día sera sólo recuerdo de un tiempo, cuando el hombre olvidó ser humano y la tierra fue más importante que la vida sobre ésta.

El humano heredará la tierra y estarán preparados para sobrevivir, porque las adversidades forzaron a la humanidad a través de los siglos. Será entonces cuando la vida retorne a su más básico mensaje, que es el vivir mejor cuando se le mire como parte de la naturaleza que la soporta. El estúpido sueño de dominar la tierra, ofenderá toda la vida sobre la misma. La locura de sacrificar la naturaleza por los placeres de la riqueza, traerá pobreza al alma y hambruna al espíritu. Y es cuando esta verdad encontrará su verdad en la historia de la humanidad. La rotación de la noche y el día continuará y grandes olas se moverán sobre sí mismas hacia tierras distantes. Los vientos llevarán pájaros y los animales se mudarán debajo de una luna creciente. Las aguas correrán por las altas montañas y los árboles cambiarán su ropaje con cada estación.

Los amantes caminarán, uno con el otro de la mano. Las ancianas se sentarán enfrente de sus casas y harán un inventario de todo lo que les han enseñdo. Los hombres hablarán de los contenedores plásticos, con botellas de cerveza danzando sobre el agua y el hielo. Y cada esperanza y sueño será calificado con "Si Dios quiere."

Este es el México que no puede ser conquistador; la mano del ladrón puede tomar la tierra, pero nunca el coran de aquellos viviendo sobre la misma. Y la belleza de todo esto es que no es un sueño distante. Este es el México que siempre fue y aún es; es nuestra obligación protegerlo y mantenerlo a salvo de aquellos que atesoran cosas más que paz, amor o seguridad. Es nuestra responsabilidad preservar el legado de todos aquellos que vivieron antes de nosotros. Es nuestro propósito restaurar nuestro conocimiento de lo que realmente es ser mexicano. Es un honor ser la envidia de todos y una bendición que nosotros necesitamos para aprender a merecerlo.

ACERCA LOS AUTORES

David Ellsworth ha vivido en México desde hace dos décadas y estudiado la historia de las relaciones entre ésta y los Estados Unidos durante los últimos 170 años. Él mantiene un estrecho contacto en la historia de México y compró y restauró una casa construida en 1598. Es autor de 17 libros y ha estado en la lista de best-seller internacional.

Margarita Millán Collado ha dedicado su vida a la educación y es profesor jubilado de la universidad más prestigiosa de México, Universidad Nacional Alutonoma de México. Incluso en la jubilación que siguió contribuyendo a la esfera de la educación mediante la enseñanza, asesorando y aconsejando siempre que sea necesario. Un historiador consumado, que contribuyó en gran medida a esta labor.

REFERENCIAS

EL VECINO INVASOR

1. *Mayflower,* Nathaniel Philbrick, Penguin Group, 2006
2. *Chronicles of the Pilgrim Fathers of the Colony of Plymouth: From 1602-1625,* Alexander Young, Freeman & Bolles, 1841, pg. 29
3. *History of Plymouth Plantation 1620-1647,* Volumen 2, Worthington Chauncey Ford, Massachusetts Historical Society
4. *Of Plymouth Plantation, 1620-1647,* William Bradford, Rutgers University Press, 1952, pg. 14
5. *Hypocrisie Unmasked,* Edward Winslow, Applewood Books, 2009, pg. 89
6. *History of New England,* John Palfrey, Applewood Books, 2010, pg. 147
7. *Ibid*
8. Congressional Record, V. 148, Pt. 17, November 15, 2002 Página 23313
9. *Journal of a Visit to the Georgia Islands of St. Catharines,* Jonathan Bryan & Virginia S. Woods, Mercer University Press, 1996,pg. 89
10. *The Political Thought of Benjamin Franklin,* Raph Louis Ketcham, Hackett Publishing, 2003,pg. 369
11. *Bury My Heart at Wounded Knee,* Dee Brown, Sterling Publishing Co., 2009, pg. 222
12. *Senate documents, otherwise publ. as Public documents and Executive documents*:
    14th Congress, 1st session-48th congress, 2nd session and special session, pg. 42
13. *Indians : the Six Nations of New York: Cayugas, Mohawks (Saint Regis), Oneidas, Onondagas, Senecas, Tuscaroras,* United States. Census Office, Thomas Corwin Donaldson, Henry Beebee Carrington, United States. Census Office. 11th Census, 1890, pg. 68
14. *Black Elk Speaks: Being the Life Story of a Holy Man of the Oglala Sioux,* John G. Neihardt, SUNY Press, 2008, pg. 33
15. *The Diary of James K. Polk During His Presidency 1845 to 1849*, Collections of the Chicago Historical Society, Volume 1, entry of May 9, 1847, "*I stated ... that up to this time, as we knew, we had heard of no open act of aggression by the Mexican army, but that the danger was imminent that such acts would be committed. I said that in my opinion we had ample cause of war, and that it was impossible . . . that I could remain silent much longer .. . that the country was excited and impatient on the subject.. . . "*
16. *James K. Polk; A Political Biography,* Eugene Irving McCormac, University of California Press, 1922,pg. 359
17. *The Constitutional and Political History of the United States: 1846-1850. Annexation of Texas-Compromise of 1850. 1881,* Hermann Von Holst, John Joseph Lalor, Ira Hutchinson Brainerd, Callaghan, 1881 pg. 270
18. *Agent of Empire: William Walker and the Imperial Self in American Literature,* Brady Harrison, University of Georgia Press, 2004, pg. 44
19. *The Color of Empire: Race And American Foreign Relations,* Michael L. Krenn, Potomac Books, Inc., 2006, pg. 34
20. "*Whites Account for Under Half of Births in U.S.*," New York Times, May 12, 2012

21. *The Praetorian Guard: The U.S. Role in the New World Order,* John Stockwell, South End Press, 1991, pg. 87

22. *Chronological History of U.S. Foreign Relations: 1607-1932,* Lester H. Brune, Routledge, 2003. pg 148

23. *The Constitution In Congress: Descent Into The Maelstrom, 1829-1861,* Volumen 4, David P. Currie, University of Chicago Press, 2005, pg. 103

24. *Lincoln on War,* Harold Holzer, Algonquin Books, 2011, pg. 36

25. *The President responsible for the Mexican War and its consequences,* speech of Mr. James Dixon, of Connecticut, on the reference of the President's message, J. & G.S. Gideon, printers, 1848

26. *The Mexican-American War,* Don Nardo, Lucent Press, 1991, pg. 54

27. *Personal Memoirs of U.S. Grant,* Ulysses S. Grant, New York, 1885, page 22

28. *Speeches in Congress,* Joshua Reed Giddings, Negro Universities Press, 1968, pg. 197

29. *Reading, Learning, Teaching Howard Zinn* Ed Welchel, Peter Lang Publishing, 2009, pg. 101

30. *Chronicles of the gringos: the U.S. Army in the Mexican War, 1846-1848; accounts of eyewitnesses & combatants,* George Winston Smith, University of New Mexico Press, 1968, pg. 271

31. *Chronicles of the gringos: the U.S. Army in the Mexican War, 1846-1848; accounts of eyewitnesses & combatants,* George Winston Smith, University of New Mexico Press, 1968, pg. 271

32. *Autobiography of an English Soldier,* George Ballentine, Applewood Books, 2009,,pg. 199

33. *Soldiers & Soldados,* Descendants of the Mexican War Veterans, http://www.dmwv.org/mexwar/history/sas.htm

34. *Encyclopedia of US foreign relations,* Bruce W. Jentleson, Thomas G. Paterson, Oxford University Press, 1997, pg. 141

35. **Documentos de la relación de México con los Estados Unidos**, Volúmenes 3-4, Carlos Bosch García, Butler, J. R. Poinsett, Universidad Nacional Autónoma de México, 1984, pg. 351

36. *Congressional Edition,* Volumen 476, United States. Congress, U.S. Government Printing Office, 1846, pg. 59

37. *Thirty years' view,* Thomas Hart Benton, D. Appleton and Co., 1864, pg. 60 *or, a history of the working of the American government for thirty years, from 1820 to 1850 ; chiefly taken from the Congress debates, the private papers of General Jackson, and the speeches of ex-Senator Benton, with his actual view of the men and affairs : with historical notes and illustrations, and some notices of eminent deceased contemporaries, Volumen 1*

38. *La Cuestión del Die,* El Tiempo, Mexico City, April 5, 1856, pg. 1

39. *Centuries of Silence: The Story of Latin American Journalism,* Leonardo Ferreira, Greenwood Publishing Co., 2006, pg. 99

40. *Manifest Destiny,* Steven Robert Travers - Feb.27.2012, http://redroom.com/member/steven-robert-travers/blog/manifest-destiny-1

41. *Ruthless Democracy: A Multicultural Interpretation of the American Renaissance,* Timothy B. Powell, Princeton University Press, 2000, pg. 152

42. *America and its peoples: a mosaic in the making*, Volumen 1, <u>James Kirby Martin</u>, <u>Randy Roberts</u>, <u>Steven Mintz</u>, <u>Linda O. McMurry</u>, <u>James H. Jones</u>, Pearson Longman, 2004, pg. 351

43. Virginia Randolph Trist to Tockerman, July 8, 1864, **Nicholas P. Trist Papers**, University of North Carolina at Chapel Hill Library

44. National Archives, Alexander, Mary and Marilyn Childress. **The Zimmerman Telegram**. Social Education 45, 4 (April 1981): 266

45. *Perversions of Justice: Indigenous Peoples and Angloamerican Law,* Ward Churchill, City Lights Books, 2003, pg. 409

46. *Perry's suggestion to send U.S. troops south riles Mexican officials*, CNN, Oct. 4, 2011

47. *Like it or Not: Mexico is America's Next Afghanistan,* RS Redstate, http://www.redstate.com/laborunionreport/2010/12/12/like-it-or-not-mexico-is-americas-next-afghanistan/

48. *It'sTime to Invade Mexico,* Larry Klayman, WND Commentary, http://www.wnd.com/2011/09/343441/

49. *"The Future U.S. Invasion of Mexico,"* Professor Lorenzo Cano, University of Houston, <u>http://www.aztlan.net/future_us_invasion_of_mexico.htm</u>

50. *The Resistance Manifesto,* Mark Dice, The Resistance, 2005, pg. 77

EL VECINO EXTERMINADOR

1. *Native Americans of San Diego County,* Donna Bradley, Arcadia Publishing, 2009, pg. 67
2. *American Holocaust: Columbus and the Conquest of the New World,,* David E. Stannard, Oxford University Press, 1992, pg. 106
3. Ibid
4. *Wounded Knee Massacre,* Marty Gitlin, ABC-CLIO, 2011, pg. 73
5. *Annual messages, veto messages, proclamation, & c, of Andrew Jackson,* Edward J. Coale & co., 1835, pg. 181
6. *The Sacred Pipe: Black Elk's Account of the Seven Rites of the Oglala Sioux,* Joseph Epes Brown, University of Oklahoma Press, 1953, pg. 115
7. *The Wisdom of the Native Americans,* Kent Nerburn, New World Library, 1999, pg. 34
8. *The Soul of the Indian,* Charles A. Eastman, Library of Alexandria, 1973, pg.34
9. *Yellowtail, Crow Medicine Man and Sun Dance Chief: An Autobiography, ,* ,Michael Oren Fitzgerald, University of Oklahoma Press,1994, Pg. 193
10. *Empires in World History: Power and the Politics of Difference,* Jane Burbank &,Frederick Cooper, Princeton University Press, 2010, pg. 266
11. *The Destruction of the Bison: An Environmental History, 1750-1920,* Andrew C. Isenberg, Cambridge University Press, 2001, pg. 134
12. *The Great Father: The United States Government and the American Indians,* Francis Paul Prucha, University of Nebraska Press, 1995, pg. 561
13. *Buffalo Nation,* Valerius Geist, Voyageur Press,1998, pg. 84
14. *Buffalo Bone Days,* M. I. McCreight, Nupp Printing Co., 1939
15. *Report of the joint committee on the conduct of the war, at the second session thirty-eighth congress:* Sherman-Johnston, light-draught monitors, massacre of the Cheyenne Indians, ice contracts, Rosecrans's campaigns, miscellaneous, United States. Congress. Joint Committee on Conduct of the War, Government Printing Office, 1865, pg. 56
16. *Testimony of Colonel J. M. Chivington,* April 26, 1865, Joint Committee on the Conduct of the War, Massacre of Cheyenne Indians, 38th Congress, 2nd Session, Washington, 1865, pp. 4-12
17. *Bury my heart at Wounded Knee,* "War Comes to the Cheyenne" Brown, Dee, Macmillian. 2001, pp. 86–87
18. *Testimony of Colonel J. M. Chivington,* April 26, 1865, Joint Committee on the Conduct of the War, Massacre of Cheyenne Indians, 38th Congress, 2nd Session (Washington, 1865), pp. 4-12
19. Ibid
20. *American History: a survey,* Brinkley, Alan, McGraw-Hill. 1995, p. 469.
21. *Testimony of John S. Smith,* April 26, 1865, Joint Committee on the Conduct of the War, Massacre of Cheyenne Indians, 38th Congress, 2nd Session (Washington, 1865), ppg. 4

22. *Holocaust and Denial in the Americas, 1492 to the Present,* Ward Churchill, City Lights Books, 1998, pg. 232
23. *An American Savage,* J. Flash, iUniverse, 2003 pg. 130
24. *A comprehensive history of the Church of Jesus Christ of latter-day saints,* Church of Jesus Christ of Latter-Day Saints, Deseret news press, 1930, pg. 35
25. *Massacre at Bear River: first, worst, forgotten,* Rod Miller, Caxton Press, 2008, pg. 154
26. *Sagwitch: Shoshone Chieftain, Mormon Elder (1822–1887),* Christensen, Scott R., Utah State University Press, 1999, pg. 52
27. *History of California,* Volumen 3, Theodore Henry Hittell, N.J. Stone, 1898, pg. 899
28. *Indians of California: The Changing Image, James J. Rawls, University of Oklahoma Press, 1986, pg. 180*
29. *Blood and Soil: Modern Genocide 1500-2000,* Ben Kiernan,, Yale University Press, 2007, pg. 353
30. *The wild frontier: atrocities during the American-Indian War from Jamestown Colony to Wounded Knee,* William M. Osborn, Random House, 2000, pg. 118
31. *Racial Fault Lines: The Historical Origins of White Supremacy in California,* Tomás Almaguer, University of California Press, 1994, pg. 127
32. *Wounded Knee Memorial and Historic Site, Little Big Horn National Monument Battlefield:* hearing before the Select Committee on Indian Affairs, United States Senate, One Hundred First Congress, second session, on to establish Wounded Knee Memorial and Historic Site and proposal to establish monument commemorating Indian participants of Little Big Horn ... September 25, 1990, Washington, DC., United States. Congress. Senate. Select Committee on Indian Affairs, U.S. G.P.O., 1991, pg. 246
33. *The Ghost Dance Religion and the Sioux Outbreak of 1890,* James Mooney, in Fourteenth Annual Report of the United States Bureau of Ethnology (Washington, D.C.: U.S. Government Printing Office, 1896) Part Two, p. 877
34. *American Indian Children's Fund,* http://www.americanindianchildren.org/living_conditions.html
35. *Mid-America: an historical review,* Volúmenes 59-60, Loyola University of Chicago. Institute of Jesuit History, Illinois Catholic Historical Society, Loyola University of Chicago, Loyola University, 1977, pg. 57
36. *McKinney's session laws of New York,* Volumen 2, New York (State), West Publishing, 1990, pg. 2642
37. *Words of the True Peoples/Palabras de Los Seres Verdaderos: Anthology of Contemporary Mexican Indigenous-Language Writers/Antología de Escritores Actuales en Lenguas Indígenas de México:* Volume Three/Tomo Tres: Theater/Teatro, Carlos Montemayor, Donald H. Frischmann, pg. 139
38. *Honored Feathers of Wisdom,* Robert L. Boggs, iUniverse, 2004, pg. 55
39. *Ibid,* ´pg- 139
40. *Indian Spirit,* Judith Fitzgerald, James Trosper, World Wisdom, Inc, 2006, pg. 8
41. *Mustang Fever,* Stephen Gladish, Aisling Press, /2007, pg. 123
42. *The Good in Nature and Humanity:* Connecting Science, Religion, and Spirituality With the Natural World, Stephen R. Kellert, Timothy J. Farnham, Island Press, 2002, pg. 192

43. *For love of the world:* essays on nature writers, <u>Sherman Paul</u>, University of Iowa Press, 1992, pg. 161

44. *Readings from world religions,* Selwyn Gurney Champion, Dorothy (Field) Short, Beacon Press, 1951, pg. 44

45. *Wisdomkeepers: Meetings with Native American Spiritual Elders,* <u>Harvey Arden</u>, <u>Steve Wall</u>, Beyond Words Publ., 1991, pg. 75

46. *Native American Proverbs,* http://ladysno.tripod.com/NativeAmerican.html

47. *The Catholic Church and the Indians*, D. Manley, The Catholic World, Vol. 55 (1892), p. 477.

48. *The Shoshoni-Crow Sun Dance,* <u>Fred W. Voget</u>, University of Oklahoma Press, 1998, pg. 275

49. *Rules Governing the Court of Indian Offenses*, Department of the Interior, Office of Indian Affairs, Washington, March 30, 1883

50. *Johnson and Graham's Lessee V McIntosh* 21 U.S. (8 Wheat.) 543, 5 L.Ed. 681(1823).

51. *Popular Science Monthly,* Professor T. T. Waterman, Vol. 86,N.º 15, Bonnier Corporation, March 1915, pg. 233

52. *America from Concept to Discovery. Early Exploration of North America,* David B. Quinn, Alison M. Quinn, Susan Hillier, Arno Press, 1979, pg. 261

53. *Pueblo nations: eight centuries of Pueblo Indian history,* <u>Joe S. Sando</u>, Clear Light, 1992, pg. 61

54. *America, history and life,* Volumen 36,Número 2, <u>American Bibliographical Center</u>, <u>EBSCO Publishing (Firm)</u>, Clio Press., 1999, pg. 293

55. *I have spoken: American history through the voices of the Indians,* <u>Virginia Irving Armstrong</u>, Sage Books, 1971, pg. 161

LOS EXPERIMENTOS DEL VECINO

1. The Becker Hospital Review, Construction of Tuskegee Institute hospital, 1900
2. U.S. Department of Health and Human Services, about HHS, http://www.hhs.gov/about/
3. *Pathologies of Power: Health, Human Rights, and the New War on the Poor,* Paul Farmer, University of California Press, 2003 , pg. 315
4. *A Short History of Medical Ethics,* Albert R. Jonsen, Oxford University Press, 2000, pg. 108
5. *Bad blood: the Tuskegee syphilis experiment,* James Howard Jones, Tuskegee Institute, Free Press, 1993, pg. 10
6. Centers for Disease Control and Prevention, Sexually Transmitted Diseases, http://www.cdc.gov/std/syphilis/stdfact-syphilis.htm
7. *The Tuskegee Syphilis Study: The Real Story and Beyond,* Fred D. Gray, NewSouth Books, 1998, pg. 61
8. *Apology For Study Done in Tuskegee*, The White House, Office of the Press Secretary, May 16, 1997
9. **The Experiments in Guatemala,** Opinion Page, New York Times, October 7, 2010
10. *Ethically Impossible: STD Research in Guatemala from 1946-1953*, Presidential Commission for the Study of Bioethical Issues, 19 September 2011
11. *A Commentary on Reports by the Presidential Commission for the Study of Bioethical Issues,* John Hopkins Medical Center, http://www.hopkinsmedicine.org/news/stories/study_bioethical_issues.html
12. *Human experiments: First, do harm,* Matthew Walter, Nature, International Journal of Science, February 8, 2012
13. *Ethically Impossible*, STD Research in Guatemala from 1946 to 1948, Presidential Commission for the Study of Bioethical Issues, Washington, D.C., September 2011
14. *Time*, Volume 58, Issues 14-27, Briton Hadden, Henry Robinson Luce, Time Incorporated, 1951
15. *French bread spiked with LSD in CIA experiment*, The Telegraph, France, June 17, 2012
16. Declassified MK-Ultra Project Documents, Human testing issues U.S. citizens and foreign nationals, Inspector General & Agency controls over MK-Ultra Projects, doc. 004
17. *The Sword and the Dollar: Imperialism, Revolution, and the Arms Race*, Michael Parenti, St. Martins Press, 1989, pp.74-81
18. *Forensic Aspects Of Chemical And Biological Terrorism,* Cyril H. Wecht, Lawyers & Judges Publishing Company, 2004, pg. 424
19. *Hypnosis comes of age*, Estabrooks, G.H.. Science Digest, 44-50, April 1971

20. *America's nuclear legacy,* Wayne D. LeBaron, Nova Publishers, 1998, pg. 109-111

21. *Ex-Inmates Sue Penn and Kligman over Research,* The Pennsylvania Gazette (The University of Pennsylvania). Jan/Feb 2001

22. *Rights Group Strips Racist Scientist's Name from Award*, Packard, Gabriel.. IPS.org 29 April 2003

23. *American Indian History: A Documentary Reader,* Camilla Townsend, John Wiley & Sons, 2009, pg. 79

24. *The Indian Health Service and the Sterilization of Native American Women,* Jane Lawrence, American Indian Quarterly, Vol. 24, No. 3. (Summer, 2000), pp. 400-419.

25. U.S. Department of Commerce, Bureau of the Census, 1970 Census Report of the Population Subject Report: American Indians (Washington dc: Bureau of the Census, June 1971), 141-47; U.S. Department of Commerce, Bureau of the Census, 1980 Census of the Population Subject Report: Characteristics of American Indians by Tribes and Selected Areas: 1980 (Washington DC, Government Printing Office, 1981), 150-2.02..report on the Indian Health Service.

26. *Three Generations, No Imbeciles: Eugenics, the Supreme Court, and Buck V. Bell,* Paul A. Lombardo, JHU Press, 2008, pg. 166

27. *"Sterilization Abuse: A Task for the Women's Movement,"* Chicago Committee to End Sterilization Abuse (CCESA), January, 1977

28. *Choice & Coercion: Birth Control, Sterilization, And Abortion In Public Health And Welfare,*
Johanna Schoen, Univ of North Carolina Press, 2005

29. *About the history of forced sterilization in Puerto Rico.*
http://www.libertadlatina.org/Crisis_Forced_Sterilization.htm

30. *Code of Federal Regulations, Title 3, The President, 2009 Compilation, and Pt. 100-102, Revised as of January 1, 2010,* Office of the Federal Register, Government Printing Office, 15/12/2010

31. *Code of Federal Regulations, Title 3, The President,* 2009 Compilation, and Pt. 100-102, Revised as of January 1, 2010, Office of the Federal Register, Government Printing Office, 15/12/2010

32. *Psychochemical Weapons,* Sydney Katz, Associate Editor of *Macleans*, April 21, 1962.

33. *Conspiracies and secret societies: the complete dossier,* Brad Steiger, Sherry Hansen Steiger, Visible Ink, 2006, pg. 154

34. *Block v. Secretary of Veterans Affairs,* Winthrop J. BLOCK, Patrick M. Burns, Brenda Iwasyk, David M. Jacobs and Verborie W. Shaw, Petitioners, v. Secretary of Veterans Affairs
Respondent.No. 2010–7045., April 14, 2011

35. *Human Radiation Experiments, United States. Advisory Committee on Human Radiation Experiments,* Oxford University Press,1996, pg. 272

36. **Toxic Secrets, Fluoride & the A-Bomb Program,** Joel Griffiths, Chris Bryson, Nexus Magazine, Volume 5, #3, April-May 1998 *Many books list the source of this information as the Christian Science Monitor. The truth is that after a year of research, the article was submitted to the Monitor and editors praised*

it. For reasons known only to the Christian Science Monitor, however, the article was never published in their newspaper.

37. **Centers for Disease Control and Prevention,** http://www.cdc.gov/fluoridation/safety/dental_fluorosis.htm
38. ***Toxic Secrets, Fluoride & the A-Bomb Program,*** Joel Griffiths, Chris Bryson, Nexus Magazine, Volume 5, #3 April-May 1998
39. ***Fluoride*** , Volume 39 International Society for Fluoride Research., 2006, pg. 170
40. ***The Fluoride Deception,*** Christopher Bryson, Seven Stories Press, 2004, pg. 27
41. ***Abuse Your Illusions: The Disinformation Guide To Media Mirages And Establishment Lies,*** Russell Kick, The Disinformation Company, 2003, pg. 304
42. ***Fluoride, teeth and the A-bomb.*** Joel Griffiths & Chris Bryson, Earth Island Journal, December 22, 1997
43. ***Environmental evaluation of fluoride in drinking water at 'Los Altos de Jalisco' in the Central Mexico region,*** Hurtado R, Gardea-Torresdey J., Toxicol Environ Health A 67, 2004
44. ***Experts Suspect Military Testing Behind Mass Bird and Fish Deaths*** http://europebusines.blogspot.mx/2011/01/lord-stirlings-news-blog-europe_09.htm
45. ***More birds fall from sky — this time in Louisiana*** , NBC, msnbc.com and news services, 1/4/2011
46. ***Final Reckoning,*** Ward Ciappetta, Xulon Press, 2005, pg. 173
47. ***Sonar Killed Whales, Navy Admits,*** Cat Lazaroff, Washington, DC, December 23, 2001 (ENS)
48. Center for Strategic and International Studies, http://csis.org/topics/defense-and security?source=sourceGoogle&subsource=subsourcedepartment%252520of%252520defense%252520dod&gclid=CLXOwt-C97ACFYQGRQodjXC8KQ
49. ***Angels don't play this HAARP: advances in Tesla technology,*** Nick Begich, Earthpulse Press, 2002, pg. 129
50. ***The Key to the Truth,*** Courtney Stripes, AuthorHouse, 2008, pg. 206
51. Ibid
52. ***Weather Warfare,*** Jerry E. Smith, Adventures Unlimited Press, 2006 , foreward xiv
53. ***Asymmetries of Conflict: War Without Death,*** John Leech, Routledge, 2002, pg. 166
54. ***"60 Minutes,"*** CBS News (5/12/96)
55. ***U.S. Gives Green Light to Publish Controversial Bird Flu Research,*** HealthDay News, April 20, 2012 http://article.wn.com/view/2012/04/21/US_Gives_Green_Light_to_Publish_Controversial_Bird_Flu_Resea_v/
56. ***Children may be vaccinated with anthrax to test if they can survive bioterrorism attack,*** Daily Mail, October 25, 2011 http://www.dailymail.co.uk/news/article-2053344/Children-vaccinated-anthrax-test-survive-bioterrorism-attack.html#ixzz204LjfOzi
57. ***Testing anthrax vaccine's on children ?,*** Health & Medicine, October 25, 2011
58. ***Federal advisers endorse testing anthrax vaccine in children,*** Rob Stein, Washington Post, National News, October 28, 2011

59. *Human Radiation Experiments,* United States. Advisory Committee on Human Radiation Experiments, Oxford University Press, 1996, pg. 274
60. *The "Taguba Report*, Major General Antonio M. Taguba, May 2004, On Treatment Of Abu Ghraib Prisoners In Iraq". Findlaw.com. http://news.findlaw.com/hdocs/docs/iraq/tagubarpt.html. Also: Taguba report annexes ar 15-6 investigation of the 800th military police brigade
61. *Broken Laws, Broken Lives: Medical Evidence of Torture by US Personnel and Its Impact : a Report by Physicians for Human Rights,* Physicians for Human Rights, 2008
62. *The etiology of acute infectious gingivostomatitis (Vincent's stomatitis),* Black WC.. The Journal of Pediatrics **20** (2), February 1942, pg. 145–60
63. *The Nazi Doctors and the Nuremberg Code: Human Rights in Human Experimentation,* George J. Annas, Oxford University Press, 1992, pg. 216
64. *The Best Pharmaceuticals for Children Act of 2002: The Rise of the Voluntary Incentive Structure and Congressional Refusal to Require Pediatric Testing*, Lauren Hammer Breslow,. *Harvard Journal of Legislation*, Vol. 40
65. *In the Name of Science: A History of Secret Programs, Medical Research, and Human Experimentation,* Andrew Goliszek, St. Martin's Press, 2003, pg. 130-131
66. Ibid, pg. 132-134
67. *Textbook of Research Ethics: Theory and Practice*, Sana Loue, Springer, 2000, pg. 19 - 23
68. *America's nuclear legacy*, Wayne D. LeBaron, Nova Publishers, 1998, pg. 97–98
69. *International handbook of white-collar and corporate crime*, Henry N. Pontell, Gilbert Geis, Springer, 2007, pg. 62

EL VECINO Y SU PATIO TRASERO

1. *The International Criminal Court: Global Politics and the Quest for Justice,* William Driscoll, Joseph P. Zompetti, Suzette Zompetti, IDEA, 2004, pg. 168
2. *U.S. war crimes-atrocities in Iraq/Afghanistan exposed: Attempted cover-up foiled,* Daya Gamage   US National Correspondent Asian Tribune , Asian Tribune is published by World Institute For Asian Studies, Vol. 11 No. 444, July 4, 2010
3. *Accustomed to Their Own Atrocities in Iraq, U.S. Soldiers Have Become Murderers,* Chris Hedges, AlterNet, July 27, 2007
4. *Prisoner Taking and Prisoner Killing in the Age of Total War: Towards a Political Economy of Military Defeat,* Niall Ferguson, *War in History*, 2004, 11 (2): p.18
5. *Against the Crime of Silence; On Genocide*, Anthony D'Amato, 57 California Law Review 1033 (1969) Code BR1-69.
6. *The United Nations and the Rationale for Collective Intelligence,* Bassey Ekpe, Cambria Press, 2009, pg. 296
7. *Bush Convicted of War Crimes in Absentia* , Yvonne Ridley, Foreign Policy Journal, May 12, 2012
8.   *Death and After in Iraq*, Chris Hedges, Truthdig, March 21, 2011. http://www.truthdig.com/report/item/the_body_baggers
9. *The United States is a Leading Terrorist State*, Monthly Review, Volume 53, Issue 06, June 14, 2012
    Inside the Company: CIA Diary, Philip Agee, 1975, New York, New York; Bantam, page 522
10. AlterNet, August 2, 2006 Title: "Evidence of Election Fraud Grows in México" Author: Chuck Collins and Joshua Holland http://www.alternet.org/story/39763 Revolution, September 10, 2006 Title: "Mexico: The Political Volcano Rumbles" Authors: Revolution Newspaper Collective http://revcom.us/a/060/mexico-volcano-en.html Researchers: Bill Gibbons and Erica Haikara Faculty Evaluator: Ron Lopez, Ph.D. Overwhelming evidence reveals massive fraud in the 2006 Mexican Election
11. *NACLA Report on the Americas, "Another SOA?: A Police Academy in El Salvador Worries Critics*, Wes Enzinna, March/April 2008
12. *NACLA Report on the Americas, "Venezuela, the Revolution Will Not be Televised,"* Jon Beasley Murray, July / August 2008
13. *Bush versus Chávez: Washington's war on Venezuela,* Eva Golinger, Monthly Review Press, 2008, pg. 61
14. *Project censored yearbook*, Volumen 2007, Carl Jensen, Peter Phillips, Project Censored (U.S.)Shelburne Press, 2003, pg. 72
15. *Chavez in Spanish king coup jibe,* BBC News, Sunday, 11 November 2007

16. *"...Latin America - Paraguay president may need "a little help from 'upstairs' to govern" says U.S,* Luis Agüero Wagner , Wikileaks, http://ecuador.indymedia.org/media/2011/01//34682.pdf

17. **Ibid**

18. *The United States: Orchestrating a Civic Coup in Bolivia,* Roger Burbach, Transnational Institute, November 2008

19. *THE PRINCIPLE OF NON-INTERVENTION IN CONTEMPORARY INTERNATIONALLAW: NON-INTERFERENCE IN A STATE'S INTERNAL AFFAIRS USED TO BE A RULE OF INTERNATIONAL LAW: IS IT STILL? A summary of the Chatham House International Law discussion group meeting held on28 February 2007.*The meeting was chaired by Elizabeth Wilmshurst. Participants included legal practitioners, academics, NGOs, and government representatives. Speaker: Sir Michael Wood, Legal Adviser to the Foreign and Commonwealth Officefrom 1999 to 2006; barrister, 20 Essex Street.

20. *Venezuela is the Fifth Happiest Country in the World,* Aletho News, AVN / Press Office – March 30, 2012

21. *First World Happiness Report Launched at the United Nations,* The Earth Institute, Colombia University, The Huffington Post, July 8, 2012

22. *U.S. aid implicated in abuses of power in Colombia,* Washington Post, August 20, 2011

23. *Top FARC leader killed by troops,* BBC News , March 1, 2008

24. *U.S. Department of State,* January 18, 2012, *"Our concerns about Rangel Silva are well known and of long standing. In 2008, the Department of Treasury designated Rangel Silva under the Kingpin Act for materially assisting the narcotics trafficking activities of the Revolutionary Armed Forces of Colombia (FARC), a narco-terrorist organization."*

25. *The US have lost control: Latin America has 'created its own neighbourhood',* Federico Fuentes, March 18, 2008, greenleaf.org, http://www.mondialisation.ca/PrintArticle.php?articleId=9014

26. *Revamping Plan Colombia,* John Lindsay-Poland. Foreign Policy in Focus, July 21, 2009

27. *Former Asst. Sec. Of Treasury Under Reagan Doubts Official 9/11 Story,* Greg Szymanski, The Arctic Beacon, June 24, 2005

28. *German Sept 11 theory stokes anti-US feeling,* The Telegraph, June 20, 2012

29. *The Honorable Paul Hellyer, Former Minister of National Defense and Deputy Prime Minister of Canada,*Interview with Kyle Hence of 911CitizensWatch.org (Transcribed by Bill Douglas of National 911Visibility.org, May 27, 2004, International 9-11 Inquiry Toronto, Canada.

30. *Japan Questions 9/11 and the Global War on Terror* , Rense.com and Rock Creek Free Press, January 14, 2008

31. GALLUP, *"Trust in Government Remains Low,"* September 18, 2008, http://www.gallup.com/poll/110458/trust-government-remains-low.aspx

32. George W. Bush, *"The Struggle for Democracy in Iraq,"* Speech to the World Affairs Council of Philadelphia, December 12, 2005, Presidential Archives

33. Iraq Centre for Research and Strategic Studies and the Gulf Research Center, November 2006.

34. *The Changing Situation in Iraq: A Progress Report*, Cordesman, Anthony, Center for Strategic and International Studies, 4/4/09

35. *Mexico Still Waiting for Answers on Fast and Furious gun program,*Ellingwood, Ken, Los Angeles Times, Sept. 19, 2011

36. *Cuba becomes major issue at hemispheric summit,* Sibylla Brodzinsky, The Miami Herald
April 15, 2012

37. *'Let Cuba In!' Sixth Summit of Americas sends ultimatum to US*, Adrian Salbuchi, RT News, April 17, 2012

38. *Intimate Ties, Bitter Struggles: The United States and Latin America Since 1945,* Alan L. McPherson, Potomac Books, Inc., 2006, pg. 76

39. *National Briefing, New York Times*. April 27, 2006.
http://www.nytimes.com/2006/04/27/us/27brfs.html. Retrieved 2009-02-17.
"*A Cuban militant accused of masterminding the 1976 bombing of a Cuban airliner has applied to become an American citizen, his lawyer said Tuesday. The man, Luis Posada Carriles, has been jailed in El Paso on immigration charges since May. Mr. Posada, a former C.I.A. operative and a fervent opponent of President Fidel Castro, is accused by Cuba and Venezuela of plotting the 1976 bombing while living in Venezuela. He has denied involvement in the bombing, which killed 73 people. Mr. Posada escaped from a Venezuelan prison in 1985 while awaiting retrial on the airline bombing charges, and Venezuela has formally sought his extradition.*"

40. *The Globalization of Propaganda And The Rise of The Alternative Media*, Saman Mohammadi, Prison Planet, June 8, 2012

41. **Return of the Death Squads,** Honduran oligarchs target members of the National Front of Popular Resistance, Jeremy Kryt, In These Times, April 27, 2010

42. *Exclusive Interview with Manuel Zelaya on the U.S. Role in Honduran Coup, WikiLeaks and Why He Was Ousted,* Amy Goodman, Democracy Now, May 31, 2010

43. *Four U.S. Presidents and Four UK Prime Ministers Charged With Genocide*, Glen Ford, *Black Agenda Report*, October 13, 2009

44. **Ibid**

45. *Secret US Forces Carried Out Assassinations in a Dozen Countries, Including in Latin America,* Seymour Hersh, *Democracy Now!*, March 31, 2009

LOS INMIGRANTES Y EL VECINO DEL NORTE

1. *The lynching of persons of Mexican origin or descent in the United States, 1848 to 1928*, Journal of Social History, William D. Carrigan

2. *Cirila Baltazar Cruz, et al. v. Mississippi Department of Human Services, et al.*, Southern Poverty Law Center, Case Docket

3. *The Laws of Virginia (1662, 1691, 1705)*, *dev.prenhall.com/divisions/hss/app/historyresourcecenter*

4. Alabama State Constitution, Section 102

5. Florida Statute 798.05

6. Public Policy Polling, "*Southern voters glad North won Civil War*," April 25, 2011

7. *The lynching of persons of Mexican origin or descent in the United States, 1848 to 1928*, Journal of Social History, William D. Carrigan

8. Barstow, David P. Barstow's Recollections: Statement of Recollections of 1849-51 in California 1878

9. The Chronicle of Watertown, Wis., August 27, 1851

10. San Francisco Picayune, Univ of California, Los Angeles Collection, 1851

11. *The lynching of persons of Mexican origin or descent in the United States, 1848 to 1928*, William D. Carrigan

12. Ibid

13. Documents on the Brownsville Uprising of Juan Cortina, *Proclamation to Texans*, September 1859

14. U. S. Congress, House, *Difficulties on the Southwestern Frontier*, 36th Congress; 1st Session, 1860, H. Exec. Doc. 52, pp.70-82

15. Descendents of Don Jose Manuel de Goseascochea and Dona Maria Francisca Xaviera de la Garza y de la Garza, John D. Inclan

16. *The lynching of persons of Mexican origin or descent in the United States, 1848 to 1928*, William D. Carrigan

17. *Rebellion in the Borderlands: Anarchism and the Plan of San Diego, 1904–1923*, James Sandos, Norman: University of Oklahoma Press, 1992.

18. Ibid

19. Commission on Wartime Relocation and Internment, *Personal Justice Denied*, Chapter 4

20. *U.S. Baptists said surprisingly nice things about Hitler*, Loyd Allen, McAfee School of Theology

21. Bernhard Rust, in a speech to a mass meeting of German Christians on June 29, 1933. Helmreich, Ernst Christian, "*The German Churches Under Hitler*," Wayne State University Press, 1979, p. 138] NOTE: *For some reason Helmreich identifies Rust as a "evangelical minister" but authenticated resources list him as the Nazi Minister of Science, Education and National Culture for the Nazi regime.*

22. Alabama Baptist XCIX 36 (September 6, 1934

23. Hermann Göring, Wikiquote, http://en.wikiquote.org/wiki/Talk:Hermann_G%C3%B6ring

24. Franklin H. Littell, "Foreword" in Bonifas, Prisoner 20-801: A French National in the Nazi Labor Camps, p. vii.

25. *Understanding the Vatican During the Nazi Period*, Michael Marrus, Jewish Virtual Library

26. Albert Camus, in a statement made at the Dominican Monastery of Latour-Maubourg in 1948

27. *Heroes of the Holocaust The Righteous: The Unsung Heroes of the Holocaust,* Martin Gilbert, Doubleday

28. *International law and litigation in the U.S.,* Jordan J. Paust, Joan Fitzpatrick, Jon M. Van Dyke, Thomson/West, 2005, pg. 421

29. *The Dark Side of Camelot*, Seymour Hersh, Little, Brown & Company

30. *The secret war against the Jews : how western espionage betrayed the Jewish people*, John Loftus and Mark Aarons, New York: St. Martin's Griffin, 1994

31. *Greedy Bastards: How We Can Stop Corporate Communists, Banksters, and Other Vampires from Sucking America Dry*, Dylan Ratigan, Simon & Shuster, September 20, 2011

32. David Armstrong, *Dick Cheney's Song of America,* Harper's Magazine, October 2002; Robert Dreyfuss, *The Thirty-Year Itch,* Mother Jones, *March 2003; John Pilger, Hidden Agendas,* http://pilger.carlton.com, *Dec. 12, 2002.)*

33. *The Tyranny of Good Intentions: How Prosecutors and Bureaucrats Are Trampling the Constitution in the Name of Justice,* Paul Craig Roberts and Lawrence M. Stratton, Crown Publishing Group, 2002

34. *Manhattan Rental Market Report,* MNS is Real Impact Real Estate by www.mns.com

35. *Conservative leaders denounce SPP/NAU*, New American, The / Sept 17, 2007

36. *America's Secret ICE Castles,* Jacqueline Stevens, Nation Magazine, January 4, 2010

37. *Secret Courts Exploit Immigrants*, Jacqueline Stevens, Nation Magazine, June 16, 2009

38. *Faces of Hutto Sexual Abuse,* American Civil Liberties Union, October 12, 2011

39. *Report says female farmworkers suffer sex abuse*, Tracie Cone, Associated Press, May. 16 12:05

40. *My Life as an Immigrant,* B. Roque Hernández, Community Alliance, June 2006

41. *Truth, Fiction and Lou Dobbs,* David Leonhardt, Published: May 30, 2007

42. *Glen Beck and Lou Dobbs lies incite people to Murder,* ThingsComeUndone Sunday July 12, 2009

43. *Lou Dobbs quits CNN,* Los Angeles Times, November 12, 2009

44. *Shots Fired Close To Lou Dobbs's Wife,* The Canadian Sentinel, October 30, 2009

45. *NJ Law Enforcement Appear to Contradict* Dobbs, Huffington Post, October 30, 2009

47. *Was CNN Host Lou Dobbs Really Shot at?,* Lukasz Lisowsk, AlterNet, October 30, 2009

48. *Fox News Will Not Be Moving Into Canada After All,* huffingtonpost.com, March 1, 2011

49. *Fl Appellate Court Rules Media Can Legally Lie,* Mike Gaddy, SierraTimes.com, March 1, 2003

50. *Sparring in Spanish,* The Annenberg Public Policy Center, University of Pennsylvnia, September 19, 2008

51. *The State of Hate: Escalating Hate Violence Against Immigrant,* The Leadership Conference, 2009

52. *Fox News Lies; An Elderly Woman Dies,* karoli, March 20, 2012

53. *Dying to Come to America - Immigrant Death Toll Soars; Water Stations Sabotaged,* Miriam Raftery, East Country Magazine, July 9, 2012

EL VECINO GUERRERO

1. *Presidential Morality,* G.G. Stoctay PhD, Elmer Miller, Roy Cohan, www.prisoners.com, September 26, 2005

2. *The Intimate World of Abraham Lincoln,* C.A. Tripp, Free Press, 2012, pg. 147

3. *Presidential Sex: From the Founding Fathers to Bill Clinton,* Wesley O. Hagood, Wesley Hagood,,1998, pg. 181

4. *In the President's Secret Service: Behind the Scenes with Agents in the Line of Fire and the Presidents They Protect, Ronald Kessler*, 2009, Crown Press, pg. 217

5. *Rogue States and U.S. Foreign Policy: Containment After the Cold War,* Robert S. Litwak, Robert Litwak, Woodrow Wilson Center Press, 2000, pg. 253

6. *Hating America: A History,* Barry M. Rubin, Judith Colp Rubin, Oxford University Press, 2004, pg. 128

7. *Rogue State: A Guide to the World's Only Superpower,* William Blum, Zed Books, 2002, pg. 21

8. *Superterrorism, MegaLinks in Criminal Justice.* O'Connor, T., 2011, Retrieved from http://www.drtomoconnor.com/3400/3400lect06b.htm.

9. *Colossus: The Price of America's Empire*, Niall Ferguson, Penguin, 2004, pg. 67

10. *American Doctrine,* Dario Lisiero, Lulu.com, 2008, pg. 207

11. Authorized public school history textbook, 1964

12. *Face to Face With Kaiserism,* James W. Gerard, Kessinger Publishing,, 2004, pg. 94

13. *Air Warfare: an International Encyclopedia: A-L,* Walter J. Boyne, ABC-CLIO, 2002, pg. 18

14. *AZ School District Suspends Controversial Mexican-American Studies Program*, The Blaze, January 11, 2012

15. *Colorado Congressman Tom Tancredo Speaks Out on Education*, Yorktown Patriot, April 1, 2004

16. *In the Footsteps of Davy Crockett,* K. Randell Jones, John F. Blair, Publisher, 2006, pg. 109

17. *A Line in the Sand: The Alamo in Blood and Memory,* Randy Roberts, James S. Olson, Simon and Schuster, 2001, pg. 162

18. *Empire's Workshop: Latin America, The United States, And the Rise of the New Imperialism,* Greg Grandin, Henry Holt and Company, 2007, pg. 188

19. *Class and Race Formation in North America,* James W. Russell, University of Toronto Press, 2009, pg. 178

20. *Decolonial Voices: Chicana and Chicano Cultural Studies in the 21st Century,* Arturo J. Aldama, Naomi Helena Quiñonez, Indiana University Press, 2002, pg. 368

21. 6-year-old brings gun to Houston school; 3 hurt, Officials say the gun accidentally discharged when it fell out of child's pocket, msn news, April 19, 2011.

22. *Seattle Boy Who Accidentally Shot Third-Grade Classmate Charged, Judge to Decide Whether Case Proceeds,* ABC National News, Feb 24, 2012

23. *10-Year-Old Brought Gun to School to Protect Himself From Bullies ,* Jeanne Sager The Stir,April 18, 2012

24. *Endorsement of conspiracy theories is influenced by personal willingness to conspire.* Ellen, RF , University of Kent Academic Repository, 2011

25. *Constitutional Law for a Changing America: Institutional Powers and Constraints,* Lee Epstein, Thomas G. Walker, Cq Press, 2010, pg. 112

26. *Towers of Deception: The Media Cover-Up of 9/11,* Barrie Zwicker, New Society Publishers, 2006, pg. 105

27. *The 9/11 Encyclopedia,* Stephen E Atkins, ABC-CLIO, 2011, pg. 328

28. *9/11 Ten Years Later: When State Crimes Against Democracy Succeed,* David Ray Griffin, Interlink Books, 2011, pg. 176

29. *Hallowed Ground, Peter Perl, Washington Post, 5/12/2002*

30. *Flight 93 victims' effects to go back to families, Steve Levin, Pittsburgh Post-Gazette , December 30, 2001*

31. *Among the Heroes: United Flight 93 and the Passengers and Crew Who Fought Back,* Jere Longman, Paw Prints, 2008, pg. 207

32. *The crash of American Airlines Flight 191 near O'Hare, The worst air disaster in American history claims 273 lives,* David Young, Chicago Tribune, May 25, 1979

33. *Italian pilots mourned,* Houston Chronicle News Services, September 1, 1988 Houston Chronicle, Section A, Page 19

34. *Hijackers' lost luggage conveniently solves so many 9/11 mysteries ,* Michael Dorman, *Newsday,* April 17, 2006

35. *CIA unit's wacky idea: Depict Saddam as gay, Jeff Stein, Washington Post, May 25, 2010*

36. *2nd Witness Arrested; 25 Held for Questioning,* Washington Post , September 16, 2001

37. *Hijack 'suspects' alive and well,* BBC, September 23, 2001

38. *'Suicide hijacker' is an airline pilot alive and well in Jeddah*, By Robert Fisk, News Independent, 17 September 2001, http://newsmine.org/content.php?ol=9-11/suspects/hijackers-alive/alive-in-jeddah.txt

39. *Revealed: the men with stolen identities,* David Harrison, The Telegraph, September 23, 2001

40. *On Flight 77: 'Our Plane Is Being Hijacked,'* Marc Fisher and Don Phillips, Washington Post , September 12, 2001

41. *Homeland Security Scams,* James T. Bennett, Transaction Publishers, 2006, pg. 140

42. *Will Bush cancel the 2008 election?* Harvey Wasserman & Bob Fitrakis, The Free Press, July 30, 2007, http://www.freepress.org/departments/display/19/2007/2722

43. *Sin Perdón,* David R. Stevens, AuthorHouse, 2008, pg. 15

44. *Manifest Destiny,* Steven Robert Travers, February 27.2012

http://redroom.com/member/steven-robert-travers/blog/manifest-destiny-1

45. *A history of the Mexican War, or, Facts for the people: showing the relations of the United States government to slavery,* Loring Moody, B. Marsh, 1848, pg. 74

46. *A Complete History of the Mexican War,* Nathan Brooks, Applewood Books, 2009, pg. 319

47. *Mexico Under Fire: Being the Diary of Samuel Ryan Curtis, 3rd Ohio Volunteer Regiment, During the American Military Occupation of Northern Mexico, 1846-1847,* Samuel Ryan Curtis, TCU Press, 1994, pg. 261

48. *Obama embraces a lie,* Dennis Mitzner, Jerusalem Post, May 22, 2011

49. *The Sherman Letters: Correspondence Between General and Senator Sherman from 1837 to 1891,* Rachel Sherman Thorndike, Kessinger Publishing, 2005, pg. 47

50. *Spanish Settlement in North America,* Matthew Kachur & Jon Sterngass, Infobase Publishing,, 2006, pg. 33

51. *The movement for the acquisition of all Mexico: 1846-1848,* John Douglas Pitts Fuller, Da Capo Press, 1969, pg. 84

52. *The Johns Hopkins University studies in historical and political science,* Johns Hopkins University, Johns Hopkins University. Dept. of History, Johns Hopkins University. Dept. of Political Economy, Johns Hopkins University. Dept. of Political Science, Johns Hopkins University Press, 1936, pg. 94

53. *Annex Mexico... Everybody Wins ../ Poll,* July 9, 2011, http://newbigtech.newsvine.com/ news/2011/07/09/7050298-annex-mexico-everybody-wins-poll

54. *Does America need to Invade Mexico through military force, and annex the failed nation into the Union?* August 7, 2011, http://mycanada.ws/blog/immigration/does-america-need-to-invade-mexico-through-military-force-and-annex-the-failed-nation-into-the-union/

55. *Could Mexico Successfully Invade Mexico?* http://www.abovetopsecret.com/forum/thread602638/pg1

56. *Money and Debt Issues of Emerging Adults,* Joan Gray Anderson & Barbara M. Newman, University of Rhode Island press, 2012